辉煌交通

丛书主编◎欧国立

建党百年看中国交通运输发展

水运篇

余思勤 主 编
张丽娟 等编写

中国财经出版传媒集团
经济科学出版社
Economic Science Press

图书在版编目（CIP）数据

建党百年看中国交通运输发展．水运篇/余思勤主编；张丽娟等编写．—北京：经济科学出版社，2021.5（2021.10 重印）
（辉煌交通）
ISBN 978-7-5218-2565-7

Ⅰ.①建…　Ⅱ.①余…②张…　Ⅲ.①水路运输-交通运输史-中国　Ⅳ.①F512.9

中国版本图书馆 CIP 数据核字（2021）第 096743 号

责任编辑：杨　洋　卢玥丞
责任校对：刘　昕
版式设计：陈宇琰
责任印制：范　艳　张佳裕

辉煌交通
建党百年看中国交通运输发展
水运篇
余思勤　主　编
张丽娟　等编写
经济科学出版社出版、发行　新华书店经销
社址：北京市海淀区阜成路甲 28 号　邮编：100142
总编部电话：010-88191217　发行部电话：010-88191522
网址：www.esp.com.cn
电子邮箱：esp@esp.com.cn
天猫网店：经济科学出版社旗舰店
网址：http://jjkxcbs.tmall.com
北京季蜂印刷有限公司印装
710×1000　16 开　20 印张　260000 字
2021 年 8 月第 1 版　2021 年 10 月第 2 次印刷
ISBN 978-7-5218-2565-7　定价：89.00 元
（图书出现印装问题，本社负责调换。电话：010-88191510）

辉煌交通
建党百年看中国交通运输发展丛书编委会

顾 问 委 员 会："老交通"智库老部长顾问团

编 委 会 主 任：王稼琼

编 委 会 成 员（按姓氏拼音首字母为序）：

胡　凯　李　刚　李晓津　李忠奎

李　彤　欧国立　孙启鹏　吴洪洋

王明志　吴文化　向爱兵　徐　婧

余思勤　张　力

丛 书 主 编：欧国立

水运篇

主　　　编：余思勤

参与编写人员：张丽娟　黄顺泉　宫晓婷　周辉宇

总序

2017年10月31日，习近平总书记带领中共中央政治局常委专程赴浙江嘉兴瞻仰南湖红船。抚今追昔，习近平总书记感慨："小小红船承载千钧，播下了中国革命的火种，开启了中国共产党的跨世纪航程。"① 中国共产党，就是从这小小交通工具出发，驶过百年光辉征程，阔步走向中华民族伟大复兴的。从建党开始，交通就与党和国家的命运紧紧联系在了一起。百年来，中国共产党始终围绕中华民族复兴和中国人民幸福发展交通运输事业，实现了中国交通运输的历史性跨越，有力支撑了中华民族从站起来、富起来向强起来的伟大飞跃。

一、新民主主义革命时期：从不自主到自主——中国共产党领导人民夺回交通权，实现人民交通为人民

2019年1月17日，习近平总书记在天津港码头考察时强调，经济要发展，国家要强大，交通特别是海运首先要强起来②。这一重要论断思想深刻、内涵丰富，是对交通与强国关系的历史性总结和规律性认识。交通是强国之基、兴国之要。近代，中华民族的耻辱始于海上，海上交通权的丧失加快了清政府丧权辱国的速度。晚清的政界、学界已普遍认识到，"凡一国之盛衰，在于制海权之得失""能主管海上贸易，即能主管世界之富源"。自第一次鸦片战争始，西方列强凭借坚船利炮，从海上打开了中国国门，强迫签署了一

---

① 《习近平：铭记党的奋斗历程时刻不忘初心　担当党的崇高使命矢志永远奋斗》，人民网，2017年11月1日。

② 《习近平：稳扎稳打勇于担当敢于创新善作善成　推动京津冀协同发展取得新的更大进展》，人民网，2019年1月19日。

系列不平等条约，我国的重要港口经营权、江海运输权、铁路修筑权悉被列强所扼，以图疯狂掠夺。1842 年中英《南京条约》约定了五口通商；1858 年《天津条约》约定增开十处通商口岸，外国商船和军舰可以在长江口岸自由航行。1885 年《中法新约》明确中国以后修铁路要找法国人商办。清政府虽开展洋务运动兴办轮船招商局、铁路等实业，然其腐朽至极，已无法阻止国势日衰。1910 年爆发的保路运动，导火索就是反对清政府将川汉、粤汉铁路名为收归“国有”、实则拱手让与列强的卖国行径，由此也成为辛亥革命的前奏。民国时期，当选大总统的袁世凯在 1912 年宣布“统一路政”，把各省已经建成和正在兴建的铁路全部收归国有，用以抵借外债，形成了帝国主义掠夺中国铁路路权的第二次高潮，4 年间列强夺得路权多达 13000 多公里。彼时的交通实质已是列强之交通、权贵之交通，而非中华之交通、人民之交通。

交通是一面镜子，能够折射出一个深刻道理：封建主义、资本主义救不了中国。要解决中国发展进步问题，必须找到能够指导中国人民进行反帝反封建革命的先进理论，必须找到能够领导中国社会变革的先进力量。1921 年 7 月，中国工人阶级先锋队——中国共产党的诞生，是开天辟地的大事，深刻改变了近代以来中华民族发展的方向和进程，深刻改变了中国人民和中华民族的前途和命运，深刻改变了世界发展的趋势和格局。从交通领域来看，在革命战争的洪流中，中国共产党组织领导广大海员和铁路、港口工人，先后参加香港中国海员大罢工、京汉铁路工人大罢工、省港大罢工等一系列重要工人运动，给盘踞在中国大地上的帝国主义和封建主义以沉痛打击。在全民族抗日的浪潮中，中国共产党把交通线作为抗战的生命线，粤汉铁路、长江航运、滇缅公路、驼峰航线、中印输油管道等重要交通线路堪称抗日战争不同时期的“生命通道”，“铁道游击战”“水上游击战”等多种经典战法痛击了日寇。在建设无产阶级革命政权的探索中，中国共产党高度重视交通运输，在中央苏区、抗日根据地、中央解放区建立后，先后成立专门的交通运输管理机构，发动民众修桥铺路、运送物资、支援前线。随着解放战争节节胜利，铁路、公路、水路、航空、邮政也逐步回到人民手中。

这一时期，中国交通最大的变化是从“不自主”走向“自主”。在中国共产党领导下，恢复了国家主权，使中国交通开始走向自主、自足、自强的道路。

二、社会主义革命和建设时期：从自主到自立——交通逐步发展，有力支撑了中华民族“站起来”

新中国成立之初，山河重整、百废待兴，中国交通虽走上自主发展之路，但还远远不能自立。现代意义的交通设施、设备几乎无法国产，铁路仅有2.18万公里，公路仅有8.07万公里，内河航道处于自然状态，民航只有7条国内航线，不少地区的邮政还靠马运人扛，交通运输基础十分薄弱，远不能满足恢复生产和社会主义建设的需要。

以毛泽东同志为主要代表的中国共产党人十分重视交通运输事业发展。早在1948年人民解放战争即将胜利之时，毛泽东就指出：“而恢复和发展工业生产和农业生产则需要有较好的组织工作……首先是解决交通运输和修理铁路、公路、河道的问题。”① 1954年9月，周恩来根据党中央和毛泽东的指示，在第一届全国人民代表大会一次会议《政府工作报告》中提出：“如果我们不建设起强大的现代化的工业、现代化的农业、现代化的交通运输业和现代化的国防，我们就不能摆脱落后和贫困，我们的革命就不能达到目的。”这是我们党第一次提出“四个现代化”，其中就包括了“现代化的交通运输业”。为适应经济发展需求，1973年周恩来总理发出了“三年改变港口面貌”的号召，国务院成立了以粟裕为组长、谷牧为副组长的港口建设领导小组，极大地推进了港口建设进程。在中国共产党的领导下，“一五”

① 《毛泽东选集》第四卷，人民出版社1991年版，第1348页。

期间，中国交通开创了若干自主创新“第一次”。1952年新中国第一台蒸汽机车“解放型”机车出厂，1954年第一架国产初教-5型教练机首飞成功，1956年第一辆“解放”牌汽车试制成功，1958年第一艘万吨远洋货轮下水。随着国家投资向交通运输不断倾斜，交通基建和运输规模不断扩大。到1978年，铁路营业总里程达到4.6万公里，公路达到78.36万公里，全国主要港口泊位数达到735个，民航国际航线达到8条，国内航线也增加到123条，国家交通大动脉逐步打通，有力支撑了社会主义建设。

这一时期，中国交通最大的变化是从“自主”走向“自立”。在中国共产党的领导下，推进了我国现代交通运输业的发展，有力支撑了中华民族“站起来”。

三、改革开放和社会主义现代化建设新时期：从自立到自足——基本建成交通大国，有力支撑中华民族“富起来”

改革开放初期，随着经济社会快速发展，交通运输供给短缺问题开始凸显，买票难、乘车难、运输难，压港压货成为常态，交通运输严重滞后于经济社会发展，形成瓶颈制约。

以邓小平同志为主要代表的中国共产党人，推动交通运输解放思想、放开搞活。邓小平同志提出“先把交通、通信搞起来，这是经济发展的起点”“我赞成加强基础工业和农业。基础工业，无非是原材料工业、交通、能源等，要加强这方面的投资，要坚持十到二十年，宁肯欠债，也要加强。这也是开放，在这方面，胆子要大一些，不会有大的失误。多搞一点电，多搞一点铁路、公路、航运，能办很多事情。”① 在党的领导下，交通运输行业率先放开搞活。1979年1月31日，中央批复同意了由广东省、交通部联合报送的《关于我驻香港招商局在广东宝安建立工业区的报告》，同年7月蛇口工

① 《邓小平文选》第三卷，人民出版社1993年版。

业区成立，打响了改革开放的开山第一炮。在党的领导下，“有水大家行船，有路大家走车”“贷款修路、收费还贷”“以港养港，以收抵支”等创新政策陆续推出，交通运输市场化进程明显加快，供给不足问题得到初步缓解。

以江泽民同志为主要代表的中国共产党人，推动交通运输抓住机遇、加快发展。江泽民同志在党的十五大报告中提出：“特别要改善居住、卫生、交通和通信条件，扩大服务性消费。”在党的十六大报告中提出：“继续加强基础设施建设”“走新型工业化道路”“实施西部大开发战略”。在党的领导下，铁路开展建设大会战，1997 年起 5 年间实现四次铁路大面积提速。应对 1998 年亚洲金融危机，国家实施扩大内需战略，推动交通基础设施加快发展，交通基础设施瓶颈制约得到明显改善。

以胡锦涛同志为主要代表的中国共产党人，推动交通运输与时俱进、科学发展。胡锦涛同志在党的十七大报告中提出：“加强基础产业基础设施建设，加快发展现代能源产业和综合运输体系。”在党的领导下，伴随着中国加入 WTO，交通“大部制”改革深入推进，综合交通运输发展驶入快车道。至 2012 年底，我国高铁营业里程达 0.94 万公里，居世界第一；高速公路通车里程达 9.6 万公里，超越了美国，居世界第一；初步形成干支衔接的水运网，民用机场体系基本成型，乡设所、村通邮总体实现，交通运输对国民经济的瓶颈制约得到总体缓解。

这一时期，中国交通最大的变化是从“自立”走向“自足”。在中国共产党的领导下，我国交通运输实现了从“瓶颈制约”到“初步缓解”再到“总体缓解”的历史性突破，有效解决了交通运输“够不够”的问题，基本建成了交通大国，有力支撑了中华民族“富起来”。

四、中国特色社会主义新时代：从自足向自强——聚焦解决交通运输“好不好”的问题，加快建设交通强国，奋力支撑中华民族“强起来”

党的十八大以来，中国特色社会主义进入新时代，社会主要矛盾发生变化，交通运输发展重心从解决“有没有”“够不够”的问题，转向解决“好不好”的问题，需要在交通大国的基础上加快建设交通强国。

以习近平同志为核心的党中央高度重视交通运输发展，习近平总书记多次对交通运输工作作出重要论述，强调“加快建设交通强国”“建好、管好、护好、运营好农村公路”，等等，这为交通运输的发展提供了科学指引，推动新时代交通运输发展取得了历史性成就。截至2020年底，全国铁路营业总里程达14.6万公里，是新中国成立初期的6.7倍，其中高铁3.8万公里，居世界第一。全国公路通车里程520万公里，是新中国成立初期的63.3倍，其中高速公路16.1万公里，居世界第一。铁路、高速公路对城区常住人口20万以上城市的覆盖率均超过95%。全国内河航道通航里程12.8万公里，居世界第一，其中高等级航道1.6万公里；城市轨道交通运营里程7354.7公里，居世界第一。港口货物吞吐量世界排名前10的港口中，中国占7席；旅客吞吐量世界排名前10的机场中，中国占7席，境内民用颁证通航机场340个，民航运输机场已覆盖92%的地级市；邮政实现乡乡有网点、村村直通邮，我国综合立体交通基础设施网络初步形成。更令我们自豪的是，港珠澳大桥、北京大兴国际机场等一批超级工程震撼世界，“复兴号”动车组、C919大飞机等大国重器闪耀全球，网约车、共享单车、网络货运等新业态蓬勃发展，中国路、中国桥、中国港、中国高铁成为亮丽的“中国名片”。正如习近平总书记在庆祝改革开放40周年大会上所讲，“公路成网，铁路密布，高坝矗立，西气东输，高铁飞驰，巨轮远航，飞机翱翔，天堑变通途”。

这一时期，中国交通最大的变化是从“自足”迈向“自强”。在以习近平同志为核心的党中央坚强领导下，我国交通运输在“基本适应”的基础上向“适度超前”迈进了一大步，并开启了加快建设交通强国的新征程，有力支撑了实现党的第一个百年奋斗目标，正为实现党的第二个百年奋斗目标不懈奋斗。

栉风沐雨、薪火相传。站在建党百年的历史新起点上，回看这一波澜壮阔的发展历程，中华大地改天换日，中国交通沧桑巨变，孙中山先生在《建国方略》中提出的“10 万英里的铁路和 100 万英里的公路，疏浚现有运河和开挖新的运河……开辟全新的北方、东方、南方三大商用港口，从这些港口出发的铁路将远抵西藏、新疆、蒙古和满洲”的宏伟设想，在中国共产党的领导下变为了现实。我们用 70 年特别是改革开放 40 多年的时间，建立了现代综合交通运输体系，对比发达国家已经实现了局部赶超，成功走出了一条具有中国特色的交通运输发展道路。我们还将继续努力，实现到 2035 年基本建成交通强国、到 21 世纪末全面建成人民满意、保障有力、世界前列的交通强国目标。

在中国共产党一百周年华诞之际，我们谨以此套丛书展现我国百年交通发展奋斗历程及深刻启示，诠释在中国共产党领导下中国交通运输事业所发生的翻天覆地的变化。丛书分为七册，分别为：综合交通运输篇、铁路篇、公路篇、水运篇、民航篇、城市交通篇、邮政篇。丛书由国家信息中心、国家发展改革委综合运输研究所、交通运输部科学研究院、北京交通大学、长安大学、上海海事大学、大连海事大学、中国民航大学、中国民航管理干部学院、山东财经大学、华北水利水电大学、内蒙古财经大学、国家邮政局发展研究中心、中国铁路经济规划研究院有限公司等单位专家学者共同编写。丛书编纂过程中，有幸得到“老交通”智库老部长顾问团的指导，在此表示深深的感谢！

《辉煌交通·建党百年看中国交通运输发展》
丛书编委会
2021 年 5 月

前言

2021年是中国共产党成立100周年，也是建设交通强国的起始之年，站在新时代的坐标点，我们不忘初心，牢记使命。百年来，中国共产党始终围绕中华民族复兴和中国人民幸福来谋划交通运输发展，交通运输事业取得了辉煌成就，有力支撑了中华民族从站起来、富起来向强起来的伟大飞跃。

2018年11月，习近平总书记在上海考察时指出，“经济强国必定是海洋强国、航运强国”。习近平总书记的重要论述，深刻阐明了航运与经济、航运与国家战略的关系，为我们建设海洋强国、航运强国指明了方向，也让我们在实现中华民族伟大复兴中国梦的历史征程中，更加深刻认识到“航运强国”的责任与担当。

中国历史上曾经是一个航运大国和航运强国，特别是在东西方“海上丝绸之路”的开辟与发展方面，中国人的航运活动贡献巨大，在人类文明发展史上写下了不朽篇章。明朝是我国古代航运发展的高峰，郑和七次下西洋，航行距离、规模和技术均遥遥领先于世界；与之相对应，郑和七下西洋所处的永乐年间，中国的综合国力和总人口均排名全球第一。而明朝中后期和清朝的海禁，令我国航运业落后于西方，国力也快速衰落。从1840年鸦片战争到1949年中华人民共和国成立的109年间，中国遭受了帝国主义列强的侵略，中国航运业日益衰败；而一场甲午海战，更把中国拖入深渊。孙中山认为“自世界大势变迁，国力之盛衰强弱，常在海而不在陆，其海上权力优胜者，其国力常占优胜”，并在《建国方略》中对发展航运和港口做了专门论述。

江海奔腾、港通天下，勇立潮头、踏浪先行。新中国成立后，中国水运事业经过70多年发展，特别是自1978年中国实行改革开放，水运业进入了“由小到大”“由弱到强”的发展轨道。中国海运承担了我国九成以上的外贸货物运输量，今天以更加开放融合的姿态，加速与世界同频共振、深度交融。

中国已经是名副其实的航运大国：海运量世界占比达26%，全球第一；生产性码头泊位2.3万个，其中万吨级及以上泊位数量2520个，内河航道通航里程12.7万公里，全球第一；全球港口货物吞吐量和集装箱吞吐量排名前10名的港口，我国港口均占7席。上海港已经连续10年稳坐全球集装箱吞吐量第一大港。全球规模最大、自动化程度最高的码头——上海港洋山深水港区四期自动化码头，从设备到“大脑”，均为“中国制造”。

百年征程波澜壮阔，红色初心历久弥坚。中国水运在中国共产党的领导下砥砺奋进，传承着“始终听党话、永远跟党走”的红色基因，中国水运开放融合，在服务国家重大战略中彰显了韧劲和力量，为畅通国内国际物流大通道发挥了重要作用。肩负着“航运强国”的历史使命。

本书作为《辉煌交通·建党百年看中国交通运输发展》从书之一，踏寻历史轨迹，阐释中国水路运输的变迁与发展。全书以时间为线条，严谨性与通俗性并重，重要事件节点与逻辑线条分明，力求展现中国共产党成立以来水路运输发展的历史脉络，感悟中国水路运输的红色初心，深刻认识“航运强国”的责任与担当，践行习近平总书记“海洋强国，航运强国”的重要嘱托。

全书共五章，按照时间顺序编撰成册。

第一章为新中国成立前的中国水运。回溯中国共产党的航运梦想：中国水运从不自主走向自主。记述了新中国成立之际，“海辽”号归来和招商局轮船起义的历史，为中国水运的红色基因溯源。

第二章为新中国诞生至改革开放时期的中国水运（1949～1978 年）。追忆交通部成立开启新中国水运从自主走向自立的发展历史。水路运输发展初显成就；中波公司引领航运企业中外合资发展；中国远洋运输起航等，完成了中国水运的开创性壮举。

第三章为改革开放至党的十八大的中国水运（1978～2012 年）。记述改革开放至党的十八大期间的奋进之路。水运基础设施建设从自立走向自足。港口管理体制改革激发活力；水路运输市场开放步伐加大；国际航运中心建设拉开序幕；航运交易所建设方兴未艾；航运政策为航运业发展保驾护航；水运文化与教育软实力凸显；海事安全与应急能力不断提升；大陆与港澳台间航运平稳发展。中国水路改革与发展理念不断创新，水路运输成绩不断取得新的突破，中国水路进入一个全新的历史阶段。

第四章为党的十八大以来的中国水运（2012 年至今）。回顾党的十八大至今中国水运的发展进程，新时代凯歌高奏。海运强国战略全面推进，从自足走向自强；港口整合协同效应持续显现；自动化集装箱码头后来居上；航运央企“强强联合”；邮轮产业快速发展；上海国际航运中心基本建成；自贸区政策创新助推航运发展；21 世纪海上丝绸之路重大倡议。水路运输与社会经济发展深度融合，在新时代中国特色社会主义建设道路中做出了自己的独特贡献。

第五章为奋发图强的水运未来发展。百年华诞共襄盛举，复兴之志历久弥新。2021 年，是中国共产党成立一百周年，是中国“十四五”的开局之年，是全面建设社会主义现代化国家新征程的开启之年，站在党和国家发展的重要历史节点，从交通强国建设、打造具有全球竞争力的国际海港枢纽；促进智能航运、自动化码头的发展；完善港口集疏运体系；内河航运安全管控与应急搜救技术研发；强化与 IMO 接轨的水运节能减排和污染防治；推进中国特色自由贸易港建设；实现水运治理体系和治理能力现代化；继往开来迈向新辉煌。畅想中国水路奋发图强的未来发展。

本书由上海海事大学余思勤教授担任主编，主要编写成员有上海海事大学余思勤、张丽娟、黄顺泉，大连海事大学宫晓婞，北京交通大学周辉宇。本书编写过程中得到了来自同行专家学者以及相关单位的大力支持和帮助，值此付梓之际，谨向所有关心支持本书编写工作的同仁表示衷心感谢，向中国共产党百年华诞表示衷心的祝贺！

由于笔者水平有限，书中难免有疏漏和错误之处，恳请各位专家同行与广大读者不吝斧正。

目录

Contents

第一章

新中国成立前的中国水运

第一节　中国共产党的航运梦想：中国水运从不自主走向自主

作为一个历史悠久的文明古国，中国屹立于世界民族之林已有五千余年的历史。其中波澜壮阔的航运发展史是中华文明的重要组成部分，对整个中华文明史的形成和发展产生了巨大的影响。

中国是一个具有大陆和海洋特征的国家，发展水运的自然条件也十分优越。大陆海岸线长 1.8 万多公里①，河流 5 万多条，总长 42 万多公里，湖泊 900 多个②。海洋辽阔，岛屿环绕，沿海港口众多，可通往世界各大洲。古往今来，持续为促进中外经济文化交流创造出有利条件。中国航运业的创造史和发展史，不仅是中华文明的华美篇章，也是世界文明交流与发展不可磨灭的印记。

中华文明史中，中国水运史扮演了举足轻重的角色。早在新石器时代，独木舟和排筏就已经普及。春秋战国时期，水运十分频繁。到汉代，中国已经拥有了强大的船只，可以通航至日本、韩国、东南亚和南亚等地。宋朝使用指南针导航。明朝初期，郑和七次下西洋，船只 200 多艘、人员 2 万多的庞大船队，遍历了 30 多个国家和地区③，是中国古代航海事业达到巅峰的标志。

---

① 李悟洲、李传光：《水运工程建设五十年》，载《水运工程》1999 年第 10 期。
② 朱光富：《美国内河航运发展经验值得借鉴》，载《珠江水运》2003 年第 11 期。
③ 《明史》卷三百四十《郑和传》。

一、最早的水运记载“泛舟之役”

水路运输具有成本低廉、装载量大和节省人力等优点，因此，水路运输成为中国古人主要的交通方式。中国历史上第一次有明确记载的内河运输重大事件，发生在公元前647年。秦穆公十二年，晋国因大旱“请粟”于秦国，秦穆公在与百里奚、公孙支等人商议后，“卒与之粟。以船漕车转，自雍相望至绛”①，这便是《左传·僖公·僖公十三年》所言的“泛舟之役”（见图1-1）。用“役”来形容一次“援粟”，足见秦国此次长距离转运粮食投入的车、船及人力规模，堪比一场战役的消耗。

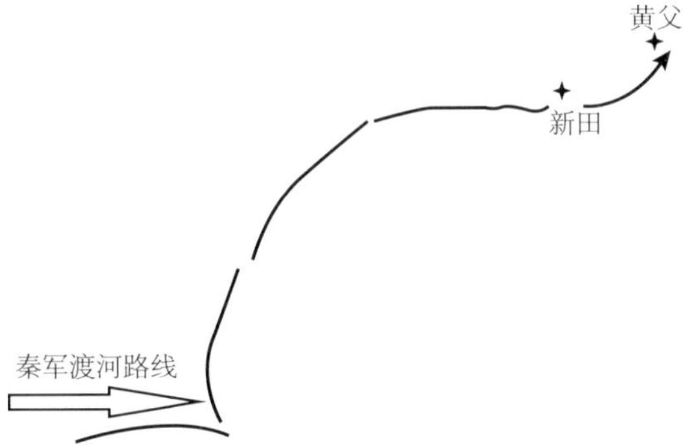

图1-1 “泛舟之役”路线

资料来源：《左传·僖公·僖公十三年》。

“泛舟之役”是发生在春秋时代的特殊“战争”，是一场关于民心的争夺战，是秦晋两国关于霸权归属的重要博弈。秦人用真诚举动履行了作为

① 《史记·秦本纪》。

西垂伯侯的义务，以“混合夷夏、天下一家”① 的作风得到了晋国受灾百姓的心，让天下诸侯看到，秦人不仅能战，而且能以仁义得天下。而晋君则在权谋欺诈中失去了底层群众的支持，秦穆公和晋惠公高下立见。

“泛舟之役”这场秦晋双方关于“请粟”的民心之战再次印证了“水能载舟，亦能覆舟。”的道理②。自古以来，“得人心者得天下，失人心者失天下”③。在新民主主义革命时期，共产党小米加步枪能够打败国民党的飞机大炮，根本原因就在于人心向背。毛主席曾告诫全党：“共产党是为民族、为人民谋利益的政党，它本身决无私利可图。它应该受人民的监督，而决不应该违背人民的意旨。”④

“得道多助，失道寡助。”⑤ 人心向背是决定一个政党、一个政权盛衰的根本因素。中国共产党一路走来之所以能够战胜各种艰难险阻并取得胜利，就是因为党的根本宗旨是全心全意为人民服务，能够得到广大人民的支持和拥护。我们无论走多远、迎来多么辉煌的未来，都不能忘记这一根本宗旨和根本立场。在新时代，必须适应我国社会主要矛盾的变化，全面推进民主、法治、公平、正义、安全、环境等建设，满足人民在经济、政治、文化、社会、生态等方面不断增长的需要，让改革发展成果更多、更公平地惠及全体人民。

二、海上丝绸之路的叙事史诗

2000 多年前，一条以中国徐闻港、合浦港等港口为起点的海上丝绸之

---

① 结合《左传》《史记》总结得出。

② 《荀子·哀公》。

③ 《孟子·离娄上》。

④ 《毛泽东选集》第三卷，人民出版社 1991 年版，第 809 页。

⑤ 《孟子·公孙丑下》。

路成就了世界性的贸易网络。海上丝绸之路作为古代中国与东南亚、西亚、北非，乃至欧洲之间文化贸易往来的海上航线，在中外交流的历史诗篇中留下了浓墨重彩的一笔。

（一）古代海上丝绸之路

海上丝绸之路的雏形在秦汉时期便已存在，已知有关中外海路交流的最早史载来自《汉书·地理志》，当时中国与南海诸国有所往来，而现已出土的遗迹实物则表明中外交流可能更早于汉代。

在唐朝中期以前，中国对外主通道是陆上丝绸之路，而后，在战乱、经济重心转移等因素的影响下，海上丝绸之路逐渐取代陆路成为中外贸易交流主通道。唐代，中国东南沿海有一条叫作“广州通海夷道”的海上航路，这便是中国海上丝绸之路的最早叫法。这条航线全长 1.4 万千米，是当时世界上最长的远洋航线，途经 100 多个国家和地区[①]。其在宋元时期是范围覆盖大半个地球的人类历史活动和东西方文化经济交流的重要载体。海上通道在隋唐时运送的主要大宗货物是丝绸，所以后世把这条连接东西方的海道叫作“海上丝绸之路”。到了宋元时期，瓷器出口逐渐成为主要货物，因此又称作“海上陶瓷之路”。同时，由于输出商品有很大一部分是香料，也称作“海上香料之路”。

（二）海上丝绸之路的深远影响

古代海上丝绸之路从中国东南沿海，经过中南半岛和南海诸国，穿过印度洋，进入红海，抵达东非和欧洲，成为中国与外国贸易往来和文化交流的海上大通道，并推动了沿线各国的共同发展。中国输往世界各地的主

---

① 《新唐书·地理志》卷四十三下。

要货物，从丝绸到瓷器与茶叶，形成一股持续吹向全球的东方文明之风。尤其是在宋元时期，中国造船技术和航海技术的大幅提升以及指南针的航海运用，全面提升了商船远航能力，私人海上贸易也得到发展。这一时期，中国同世界60多个国家有着直接的“海上丝路”商贸往来。“涨海声中万国商”的繁荣景象，透过意大利马可·波罗和阿拉伯伊本·白图泰等旅行家的笔墨，引发了西方世界一窥东方文明的大航海时代的热潮。

通过海上丝绸之路，中国还传播着民族工艺和儒家、道家思想，对“海上丝路”沿线国家和地区以及欧洲各地产生不同程度的影响，甚至掀起了“中国热”。其中，瓷器和茶叶对世界有着很大的影响。俄国、法国、埃及等很多国家都崇尚收藏中国瓷器或以之为外交礼品，也曾把中国的瓷器作为身份的象征或类似黄金的代货币。在中国瓷器的影响下，世界各国的制瓷工业得到发展，从阿拉伯国家仿制中国式的瓷坛，到波斯结合中国瓷器造型的波斯陶器，之后泰国、越南、埃及、荷兰、法国、德国、俄国、丹麦、英国、西班牙等国家也都掌握了制瓷技术，甚至通过中国瓷器工艺与本国文化的结合，创新出许多产品。随着这些国家崇尚中国瓷器之风，他们的生活方式和审美观念也有了一定的改变，崇尚中国瓷器的观念也融合到宗教文化之中。

同时，茶文化也传播到世界各地，并从生活方式到思维理念对许多国家产生了一定影响。9世纪日本刮起一股“弘仁茶风”，贵族间出现了模仿中国人品茶的风潮。12世纪，日本僧人到中国将茶种带回日本种植，此后经过长期的本土化孕育，最终形成独特的日本茶道。17世纪初，荷兰率先通过海上丝绸之路将茶叶输入欧洲，开始推行饮茶之风。十八九世纪，茶叶在英国开始由奢侈品转变为大众饮品，饮茶也成为英国传统文化的组成部分。

历史证明，由海上丝绸之路带动的不同文化的交流碰撞，推动了世界的进步和发展，国际化视野的开放交流也因此成为世界发展的思想共识。

第二节　中华人民共和国成立之际，“海辽”号归来[①]

中华人民共和国成立之际，1949 年 6 月 18 日，国民党当局宣布开始实施“关闭政策”，即自 1949 年 6 月 26 日起，关闭北起辽河口、南至闽江口的中国领海，所有外籍船舶及航空器均不得进入上述区域，而区域内的港口，也从即日起停止对外开放。国民党当局凭借其具有绝对优势的海空军，封锁了解放区的领海和港口。随着东南沿海省市的相继解放，国民党当局实施海上“关闭”的区城也逐步扩大，到 1950 年 2 月 12 日，国民党当局已将“关闭”范围扩展到中国大陆全部沿海（海岸），对凡是他们能够到达的大陆的沿海港口、近海航道和岛屿都实施封锁。[②]

从 1921 年 7 月 23 日中国共产党成立到 1949 年 10 月 1 日中华人民共和国成立这段时期，中国处于内忧外患之中，要推翻帝国主义、封建主义和官僚资本主义三座大山，中国共产党深知航运的重要性，“好的水运”是促进经济发展、保持社会稳定的基础。急需发展之际，中国共产党努力壮大各方力量。通过开展地下工作，与招商局上层人员和广大船员们进行交涉，弘扬先进思想，组织招商局和海轮起义。外国船舶与航运知识的不断输入也间接地推动了中国航运的发展。越来越多的仁人志士外出求学，

① 朱士秀：《招商局史》（现代部分），人民交通出版社 1995 年版，第 1～22 页。
② 中国远洋海运集团：《中国远洋海运发展史》，人民交通出版社 2020 年版。

学习船舶制造技术，学习海运管理运营知识，回国发展商运，在后期地下工作组织策划推动的船舶起义中都发挥着重要的作用①。

1949 年，中国取得了新民主主义革命的伟大胜利，压在中国人民头上的三座大山终于被彻底推翻，帝国主义在中国的政治、经济特权被取消，官僚资本被没收，封建制度从此废除。从此，中国的航海事业真正掌握在人民手中，中国人民才能够重建航海事业。

1953 年版的 5 分纸币正面右侧正乘风破浪前行的轮船正是“海辽”号。新中国成立前夕，“海辽”号轮和其他被国民党军队征用的招商局轮船一直往返于中国大陆和台湾之间，运送物资和国民党军队。在中国共产党的带领下，海员们反对压迫、追求民主的意志越发清晰、坚定，“海辽”轮在南海首举义旗，拉开了在国民党控制下的香港、台湾海员驾船起义的序幕。这一义举，沉重地打击了国民党反动派，为以后香港招商局起义和一系列海轮起义树立了楷模，鼓舞了所有富有正义感的中国海员，也坚定了他们的斗争决心。

一、起义背景，大势所趋

1949 年 1 月下旬，蒋介石为保存实力，下令将国民党招商局划分成三部分。将大部分轮船撤至台湾和香港，共 197 艘轮艇，39.2 万吨位②，原台湾招商局成为招商局总管理处。在运送国民党物质和军队的过程中，招商局的船员被兵痞抢食、殴打，本想和家人安稳度日的他们被卷入国民党发起的内战中。长期的迫害使得船员们开始思变，为维护自身利益，船员

① 朱士秀：《招商局史》（现代部分），人民交通出版社 1995 年版，第 1～70 页。

② 樊勇：《香港招商局起义》，政协深圳市委员会网站，2003 年 6 月 13 日。

们与饥饿、迫害展开了激烈斗争。

1949年4月13日晚，“中102”登陆艇配合国民党第三次伞兵团起义，1949年4月15日晚成功驶向连云港解放区，拉开了香港招商局海员摆脱国民党控制，奔向解放区的帷幕，为“海辽”轮等轮船的起义树立了榜样。

1949年4月23日，上海外滩招商局高级船员休息室发布了国民党京沪杭警备司令汤恩伯发布的《非常时期国营招商局实行军事管理办法》。该办法宣布，从现在起，将征用招商局商船以抢运物资和军队，对擅自离开船舶的船员，将以军法论处。这意味着招商局的船只和船员随时会被转移至台湾，在这个动荡的时期，更多的船员希望留在上海与家人团聚，而这一规定将迫使他们与家人分离。

吴淞商船校友金月石推动收回引航权的事情也促进了招商局起义，1949年5月27日，他在新华广播电台向海外船员发表题为《彻底摧毁反动政权，中国航业才有出路》的演讲，呼吁香港、台湾、海外海员和航运业各界人员认清时事，回归祖国的怀抱。中华人民共和国成立初期，金月石到港与方枕流、陈天骏等人交谈，推动了招商局十几艘海轮起义。1949年6月12日，“海辽”轮停靠在黄埔码头后，方枕流前往香港寻找刘双恩，并告诉刘其打算找机会把船开回解放区。刘双恩立即请示上级组织，组织认为方枕流在“海辽”轮有基础，同意其积极准备起义。

时值中秋佳节，“海辽”号船员们一起上甲板赏月。船员们回忆起以往中秋的欢庆热闹，而如今有家不能回，生活颠沛流离，思乡之情涌上心头。舵手徐阿荣悄悄地跟马骏说：“船一出港，就开回去吧！只是不知道船长愿不愿意？”这句话透露出相当数量的船员渴望回到家乡，回到解放区的急切心情。

二、民心所向，“海辽”起义[①]

起义前，方枕流在翻看《世界航务录》时发现“海辽”号和英国“玛丽·莫勒”号船身非常相似，于是决定伪装“海辽”号。19日晚，方枕流命令全体船员抓紧时间，连夜利用油漆对“海辽”号进行改造、伪装。一夜之间，“海辽”号改头换面，乍看之下就是英国莫拉轮船公司的“MARYMOLLER”号轮船。

20日午夜，“海辽”轮在菲律宾北部的巴林塘海峡遭遇“红胡子”海盗，在海盗拦路阻挡、挑衅袭击下，方枕流将马力开到最大，“海辽”号像一匹脱缰的野马，直冲“红胡子”的船撞去。该船坚固的船身把海盗船撞毁，方枕流命令抓回一名海盗带路，“海辽”轮没花太多时间便驶出巴林塘海峡，来到太平洋中部。

1949年9月28日清晨，当东方露出鱼肚白时，又伪装成“安东尼亚”挂着巴拿马国旗的“海辽”轮，飘扬着“我要进港加水”的国际信号旗，缓缓驶入大连港。经过8天9夜惊心动魄的航行，冒着生命危险起义的船员们终于看到故土，都欢呼起来，互相拥抱，互相祝贺。

同时，台湾招商局似乎已经猜测到“海辽”轮在哪里，决定杀一儆百。国民党派出数架B－24轰炸机沿长江和海岸线进行搜索，其中数架直逼大连，而停泊在海上的“海辽”轮无处藏身。当时，苏联和国民党政府仍然保持外交关系，在苏联引水员的引导下，“海辽”轮没有直接入港，而是撤退至大连港边界。将船停泊在港口线上，这表明苏方没有主动接受这艘船，国民党飞机也不敢接近骚扰。

---

① 朱士秀：《招商局史》（现代部分），人民交通出版社1995年版，第9～22页。

1949 年 9 月 28 日上午 8 时 30 分，“海辽”轮在大连港外抛锚，抵达解放区大连港。中共中央办公厅大连办事处主任徐德明等一行人代表党组织登上“海辽”轮，向参加起义的全体船员表示热烈欢迎和亲切慰问。随后，旅大区党委领导和各界人士也热情、隆重地欢迎“海辽”轮的回归。

1949 年 10 月 1 日，毛泽东在北京天安门广场庄严宣告：“中华人民共和国中央人民政府今天成立了”，中国人民从此站起来了。“海辽”轮全体船员在甲板上举行了升旗仪式，升起了鲜艳的五星红旗。同年 10 月 24 日，毛泽东给方枕流和“海辽”轮全体船员发去电报表示祝贺和鼓励。10 月 26 日，上海海员工会也发来贺电[①]。“海辽号”起义后，改名为“东方 1 号”，参与北洋运输，1953 年又改名为“和平 8 号”。

第三节　回归新中国，招商局轮船起义[②]

招商局香港分局和聚集在香港的 13 艘海轮在中共党组织和招商局上海总部的精心策划下，顺应历史潮流，不顾流血牺牲，进行起义，回归到祖国的怀抱。

一、招商局轮船起义背景

抗日战争胜利后，由于国民党发动内战，招商局被迫运输国民党军队

① 朱士秀：《招商局史》（现代部分），人民交通出版社 1995 年版，第 21 页。

② 朱士秀：《招商局史》（现代部分），人民交通出版社 1995 年版，第 22～70 页；中国航海学会：《中国航海史》（现代航海史），人民交通出版社 1989 年版，第 15～25 页。

和军用物资，正常经营被打断，发展受挫。1949 年初，在“币制改革”和“限价政策”彻底失败，中共中央发动的三大战役之后，国民党的统治逐渐崩塌。蒋介石为保持自己的实力，开始将剩余军队撤回到沿海岛屿。3 月，招商局被一分为三。

受到人民革命战争胜利形势的鼓舞和中共地下党的教育，总经理胡时渊、副总经理黄慕宗、总船长马家骏等招商局领导人员决心留在上海，抵制向台湾地区搬迁。在他们的示范和带动下，招商局各分局共有 2/3 以上的工作人员约 9300 人坚持在自己的岗位上，他们盼望着新中国的发展，积极做好护产工作，以实际行动迎接解放。

1949 年 6 月 5 日，上海市军管会举行交接仪式，接管招商局上海总部，上海和台湾成为招商局两大权力中心。在港英政府管理下的香港招商局和撤退到香港的海轮，由于特殊的历史背景，面临着是回到新中国，还是跟随国民党退回台湾的重要历史抉择。1949 年 9 月 19 日“海辽”号起义的成功，以及 1949 年 11 月“两航”起义的成功，激发了香港招商局和 13 艘停泊在香港的海轮上全体海员的斗争决心。正是在这种的历史背景下，招商局轮船起义开始了。

二、招商局和 13 艘海轮起义

中华人民共和国的成立极大鼓舞了广大海员，为争取香港招商局，中国共产党很早就派出地下党务人员与香港招商局高层进行联络。根据中央指示，香港招商局起义的政策是：第一，争取尽可能多的船起义，而不是一次一艘船；第二，因为船长有司法权，所以先从船长开始入手工作。对于停在香港的海轮起义，一方面做好上级工作，另一方面做船长船员的工作，以做船长的工作为主。

1949 年 10 月 14 日，广州解放。杨林和刘若明从香港返回广州，向中共中央华南分局报告香港招商局起义和海轮起义的准备工作。根据党中央指示，香港招商局起义加快筹备，与此同时，起义和反起义的斗争也愈演愈烈。

自“海辽号”起义以来，国民党当局一直极为惊慌，试图加强防范，破坏起义，稳定自己的力量。招商局台湾总管理处董事长徐学禹对抵达香港的轮船心存戒备。此外，国民党政府在香港的残留军人和特工也在等待各种时机搞破坏，对起义的正常工作造成阻碍。所有这一切使得起义的组织工作变得更加困难。

从 1949 年 5 月开始，在香港招商局经理汤传篪和副经理陈天骏的组织策应下，13 艘海船经过辛酸苦涩的斗争后，陆续在香港聚集。

1949 年 6 月初，“民 312”轮和“林森”轮停留在香港。同月，“中 106”艇以“尾缆绞盘需要到香港修理”为名开进香港，并获得支持留在香港。

1949 年 7 月 29 日，“教仁”轮在回航广州黄埔途中的伶仃洋水面触雷爆炸，无法前行，只好拖回香港修理。

1949 年 8 月初，“蔡锷”轮从曼谷卸完货回来抵达香港。

1949 年 8 月至 9 月间，“海汉”轮奉命由基隆空放高雄，装载 800 吨糖运到香港。

1949 年 9 月中旬“登禹”轮顺应船员要求，驶达香港。

1949 年 9 月下旬“海康”轮抵达香港。

1949 年 10 月，“民 302”轮被国民党便衣武装人员登船洗劫后，船长十分气愤，经香港招商局同意返回香港待命。同月，“邓铿”轮受到国民党官兵压迫后，不顾台湾招商局命令，坚决驶向香港。

1949 年 11 月，“鸿章”轮从台湾抵达香港，按照香港招商局通知在此待命。同月，在香港至新加坡航线上行驶的客货班轮“海厦”轮在香港停航。

1949 年 12 月3 日，“成功”号顺应船员要求从曼谷驶进香港。

此时，已有13 艘海轮在香港聚集，共2.6 万多吨，船员539 人，组成了一支壮观的起义船队，其规模已达到党组织发动起义的预期目标。招商局起义和海轮起义的时机已经到来。

在香港招商局和招商局海轮在香港起义的影响下，“海玄”轮、“永灏”轮和“海辰”轮接连起义，为香港招商局起义画上圆满句号。1949年9 月24 日上午，“海玄”轮抵达香港昂船洲，在香港招商局领取了6 个月的工资和食物津贴，加满燃料、淡水和物资。

☞ 专栏1－1　招商局和13 艘海轮起义后记①

1950 年1 月15 日，在汤传篪、陈天骏的带领下，香港招商局和13 艘海轮、600 多名驻港海员坚决宣布起义，并举行了升旗仪式。十几面五星红旗同时升起，13 个汽笛轰鸣。就像一场热带风暴，震撼了香港和全世界。这次起义震惊世界，多家报纸争相报道。

起义后，香港招商局开始接受招商局上海总部的领导指示。1950 年1 月17 日，香港招商局保产候命委员会在香港海员工会举行了招待会，招待香港各界人士，郑重宣布香港招商局协全体工作人员将听从周恩来总理的指示，积极投入护产运动，并呼吁香港各界人士支持。

朝鲜战争爆发后，港英政府对在香港起义的船只采取强硬的态度，国民党也派高级官员到香港计划劫船。形势危急，组织船只返回祖国刻不容

① 朱士秀：《招商局史》（现代部分），人民交通出版社1995 年版；中国航海学会：《中国航海史》（现代航海史），人民交通出版社1989 年版。

缓。经过请示华南分公司，叶剑英同意将船开回广州，并指示了航线和准备工作。

1950年7月14日，谷源松不顾国民党特务威胁，奉命驾驶“民302”轮首航驶向中国内陆，顺利抵达广州。随后，“成功”“教仁”“民312”轮、“邓铿”“林森”“蔡锷”“中106”登陆艇和“鸿章”等海轮基本按照这一路线归航广州。

直到1950年10月20日，经过9个多月的艰险斗争，13艘起义海轮终于突破重重难关，全部返回广州。

1950年11月5日，周恩来总理向汤传篪、陈天骏和全体起义船员发来慰问和嘉勉的电报。这充分体现了党和政府对香港招商局和招商局起义船员的关心，也反映出招商局起义在建设新中国中所起的重要历史作用。

☞ 专栏1-2 “海玄”轮起义①

1949年10月17日，“海玄”轮在塞得港得知“两航”起义一事。

1950年1月6日，知晓英国政府已正式承认中华人民共和国。10天后，接到香港招商局和13艘海轮起义的消息后，船员都欢欣鼓舞，渴望早日回到新中国。

1950年1月19日，“海玄”轮接到香港招商局通知其到新加坡待命的电报。同时收到台湾传来的不准与香港招商局联系，并且立即返回台湾的命令。

1950年1月24日，“海玄”轮终于抵达新加坡，船员们庄严地升起五

---

① 朱士秀：《招商局史》（现代部分），人民交通出版社1995年版；中国航海学会：《中国航海史》（现代航海史），人民交通出版社1989年版。

星红旗，向全世界宣布："海玄"轮起义。

☞ 专栏 1-3 "永灏"轮和"海辰"轮起义①

"永灏"轮是中国油轮公司拥有的巨型油轮，招商局占有 33% 的股份，香港招商局起义后，"永灏"轮的船员也希望早日摆脱国民党控制，走上起义和爱国之路。

1950 年 3 月初，董华民、黄慕宗来到香港招商局上海总办事处，应志芳受组织委托与"永灏"轮的船员联系，组织他们发动起义。

1950 年 4 月 1 日，"永灏"轮在香港发出起义电报，这标志着香港招商局起义和海轮起义圆满结束。

1950 年 12 月 17 日，在邵良和左文渊的带领下，"永灏"轮举行升旗仪式，鲜艳的五星红旗飘扬在桅杆上。

1951 年 1 月，招商局"海辰"轮在从中国台湾地区出海前往日本的路上发动起义，返航途中，被国民党军舰拦截，起义失败，船长张丕烈和报务主任严敦华于 1951 年 7 月 11 日在台湾高雄慷慨就义。

四、香港招商局与 17 艘海轮起义的意义

解放战争中发生的香港招商局起义，经历了层层阻碍和困难，使得招商局彻底摆脱国民党的黑暗统治。它是继 1922 年香港海员罢工和 1925 年省港大罢工之后，中国海员革命运动史上的又一伟大斗争，是招商局发展史上具有里程碑意义的事件。集中反映出广大海员追求光

① 朱士秀：《招商局史》（现代部分），人民交通出版社 1995 年版；中国航海学会：《中国航海史》（现代航海史），人民交通出版社 1989 年版。

明、追求进步，他们和祖国同呼吸、共命运。在中国近代历史背景下，香港招商局和海轮的起义是对新生人民政权的有力支持，具有重要的政治意义。

香港招商局的起义，不仅具有重要的政治意义，而且具有重要的经济意义，为新中国航运事业发展奠定了基础。起义归来的 17 艘轮船（见表 1－1）在新中国成立初期成为一支极其重要的水运力量。起义归来的 700 多名招商局船员大多都成为新中国航运事业的技术骨干，1963 年广州远洋运输公司成立时，一大批前招商局起义船员加入远洋运输行列，他们为新中国航运事业的发展做出了重要贡献。

香港招商局起义也改变了招商局，招商局自此步入一个新的发展阶段。新中国成立之初，根据国家航政改革的需要，内地招商局改名为中国人民轮船总公司，只有香港分公司为避免财产转让等纠纷，继续使用原名[①]。

① 自 1951 年 2 月 1 日起，招商局香港分局继承了"招商局"的老字号招牌，开始了招商局总部在中国香港的发展阶段，也奠定了今日招商局集团的基础。

表 1－1　　香港招商局起义海轮概况

船名	船型	建造年份	船壳	总长（米）	总吨	载重吨	马力	航速（海里/时）	燃料	起义时间	起义地点	起义后去向
中 102	中型登陆艇	1944	钢	100	3326. 64	1900	1800	10	柴油	1949. 4. 13	从上海赴福州途中	返回连云港
海辽	澳菲旧轮		钢	79. 5	2667. 00	2500	1500	10	柴油	1949. 9. 19	从香港赴汕头途中	驶返大连
海康	澳菲旧轮	1919	钢	79. 5	2656. 01	2500	1500	10	柴油	1950. 1. 15	中国香港	返抵广州
海厦	Coaster	1923	钢	98. 3	3179. 41	2500	2000	11	煤	1950. 1. 15	中国香港	返抵广州
登禹	Grey－Type	1944	钢	100	3265. 13	3800	1176	10	煤	1950. 1. 15	中国香港	驶返广州
教仁	N3 型货轮	1945	钢	78. 9	1872. 80	2200	1300	11	柴油	1950. 1. 15	中国香港	返抵广州
邓铿	N3 型货轮	1944	钢	78. 9	1872. 80	2200	1300	11	柴油	1950. 1. 15	中国香港	返抵广州
蔡锷	N3 型货轮	1943	钢	78. 9	1872. 80	2200	1300	11	柴油	1950. 1. 15	中国香港	返抵广州
林森	N3 型货轮	1943	钢	78. 9	1872. 80	2200	1300	11	柴油	1950. 1. 15	中国香港	返抵广州
成功	N3 型货轮	1945	钢	78. 9	1872. 80	2200	1300	11	柴油	1950. 1. 15	中国香港	返抵广州
鸿章	N3 型货轮	1945	钢	78. 9	1872. 80	2200	1300	11	柴油	1950. 1. 15	中国香港	返抵广州
海汉	B－Type	1945	钢	68. 3	1351. 48	1400	900	10	柴油	1950. 1. 15	中国香港	返抵广州
中 106	中型登陆艇	1944	钢	100	3326. 64	1900	1800	11. 6	柴油	1950. 1. 15	中国香港	返抵广州

续表

船名	船型	建造年份	船壳	总长（米）	总吨	载重吨	马力	航速（海里/时）	燃料	起义时间	起义地点	起义后去向
民 302	远洋拖轮	1943	钢	43.6	596.80	2200	1900	12.5	柴油	1950.1.15	中国香港	返抵广州
民 312	远洋拖轮	1943	钢	45.4	597.45	1800	1200	12	柴油	1950.1.15	中国香港	返抵广州
海玄	自由轮	1944	钢	134.6	7223.13	9000	2500	11	柴油	1950.1.24	新加坡	就地出售
永灏	大型油轮	1942	钢	160.2	10519.00	12900	9500	18	柴油	1950.4.1	中国香港	被英国政府非法劫夺

资料来源：根据招商局档案《招商局现有船舶概况表》（1950 年 8 月 31 日）等有关资料综合整理。

第二章

新中国成立至改革开放时期的中国水运
（1949 ~ 1978 年）

第一节　交通部成立开启新中国水运从自主走向自立

1949 年 10 月 1 日，毛泽东在天安门城楼宣布中华人民共和国中央人民政府成立。

1949 年 10 月 19 日，中央人民政府委员会第三次会议正式任命章伯钧为交通部部长。

1949 年 10 月 31 日，毛泽东颁发交通部一枚铜质印章。

1949 年 11 月 1 日，交通部正式开始办公。新中国水路的恢复与建设工作在全国蓬勃开展。

一、交通部行政管理发展历程

（一）国民经济恢复时期（1949～1952 年）

新中国成立后，国民经济从战乱中得到恢复，中国人民取得抗美援朝战争胜利，国家开始走向新的历史发展阶段。交通部在组织恢复和发展交通运输的同时，初创了新中国交通部行政组织机构、交通运输管理体制和交通运输管理的基本制度，初步适应了国民经济恢复时期对交通运输的需要。

1949 年，交通部在北京召开全国首届航务、公路会议，提出并初步议定交通部机构设置、交通部直属水路公路运输系统组建方案、交通部职能、全国交通管理体制、新中国发展交通运输的方针与政策和 1950 年交通工作方针、任务、计划与相关措施等重要事项。

1950 年，我国明确了交通部行政总的职能和具体职能、交通部内设机构的职责，初步形成了交通部比较健全的组织机构。交通部总的行政职能是：受政务院领导及政务院财政经济委员会指导，主管国家航务公路行政事务。1952 年底，交通部机构设置基本确定，形成了较为完整的中央级行政组织机构。

交通部推动实施水运建设各项措施，疏浚各主要港湾及内河航道，改善各重要港口，恢复和建设助航设备及灯塔标志。完成了国民经济恢复时期最大的航务工程塘沽新港一期工程的建设任务。

交通部推动恢复和初步发展航运事业，开始普遍推行航运计划运输，成立中波航运公司，开始新中国的现代远洋运输。初步建立全国交通监理制度、水上交通安全监督和海事处理基本制度。

（二）社会主义改造时期（1953～1957 年）

我国实施国民经济第一个五年计划，对私有制生产资料进行社会主义改造，确立计划经济体制。交通部完成对私营公路运输业和航运业的社会主义改造，建立起高度集中的交通运输计划经济体制；平稳地调整、健全交通行政机构，明确中央和地方对交通分工管理的权限；稳步推进交通基础设施建设与养护、交通运输和交通支持保障等各方面工作。

交通部完成内河干线的恢复整修工作，并有重点地进行新建，逐渐增强海上与内河运输能力。1956 年底，完成“一五”时期国内最大的水运基建项目湛江港一期建港工程。

交通部统一经营管理海上与长江航运事业，在全国内河普遍推广一列式拖驳运输方法，进一步推动水陆联合运输。修造船工业贯彻“以修为主、以造为辅”方针。1954 年，我国自行研制的大型客轮“民众号”首次航行在长江上。

1956 年，交通部完成对私营公路运输业和航运业的社会主义改造，确立了以公有制为主导、高度集中的交通运输计划经济管理体制，对公路水路运输实行严格的“三统”政策。

（三）“大跃进”和国民经济调整时期（1958 ~ 1965 年）

交通部推动发展远洋运输。1961 年，悬挂我国国旗的远洋船直接参加接侨，是我国远洋运输事业发展的一个里程碑。

交通部重视交通发展规划。制定了“六横四纵”全国河运网干线布局规划、港口初步发展规划、远洋运输规划、交通科技十年发展规划（1963 ~ 1972 年）、全国交通院校布局和专业设置规划草案等一系列交通发展规划。

（四）“文化大革命”时期（1966 ~ 1976 年）

1972 年，我国恢复在联合国合法地位，对外贸易规模迅速扩大，海上运输量的迅猛增长，全国普遍出现港口严重压船现象。1973 年，交通部根据中央“三年改变港口面貌”的要求，加大对港口的建设力度，形成建港高潮。交通部开始利用银行贷款购船，加强远洋运输船队建设，远洋船队逐步壮大。

（五）历史性转变时期（1977 ~ 1978 年）

“文化大革命”结束，党的十一届三中全会召开，正本清源、拨乱反正，改革开放开始，中国社会发生了根本性转变。交通部执行中央“调整、改革、整顿、提高”的八字方针，既注重恢复和整顿被“文化大革命”破坏的交通经济秩序，又适应改革开放的要求，调整发展思路，开始交通运输经济体制改革，谋划未来交通运输事业发展。

交通部开拓内陆集装箱运输，开展沿海港口疏运工作，开辟中国国际集装箱运输航线，发展水路客运，恢复台湾海峡通航，组建交通部公路交通工业公司，加快发展公路交通工业。

二、交通部航运管理机构发展历程

（一）调整航运管理机构

新中国成立后，党中央和国务院对航运事业高度重视。

1950 年 2 月 21 日，政务院发布《关于 1950 年航务、公路工作的决定》，确立全国航务管理体制，在交通部下设航务总局及国营轮船总公司，领导航务建设、航务管理与航运工作。交通部为适应全国航运形势的发展，对于航运管理机构进行适时的调整。

1951 年 2 月 1 日，交通部直属国营轮船总公司更名为中国人民轮船总公司，与交通部航务总局合署办公，下设上海、天津、青岛、广州、汉口区人民轮船公司。各地区也相继成立地方国营轮船公司及其管理机构。

1951 年 8 月 1 日，为了适应运输生产日益发展的需要，根据第二届全国航务会议决定，并经政务院批准，交通部撤销航务总局和中国人民轮船公司，新成立了海运管理总局和河运管理总局、航道工程总局、船舶登记局。全国海上运输由海运管理总局统一管理，并根据海域不同，分别在大连、上海、广州设北洋、华东、华南区海运管理局，其中在海运管理总局内设远洋运输科。

1953 年 8 月，为了适应当时远洋业务发展的需求，交通部将远洋运输科扩编为远洋运输处。

1956 年 7 月，交通部进行体制改革，撤销了原有的海运管理总局和河运管理总局，新设海河运输局，原海运管理总局内的远洋运输处改为海河运输局内的远洋运输处。

（二）组建远洋运输局

1956 年 7 月 5 日，海运管理总局向交通部党组呈送《关于加强交通部船舶建造和远洋工作的意见》中指出：“目前中国的远洋运输事业大大落后于对外贸易的发展，与中国的国际地位很不相称，中波海运公司和中国委托捷克斯洛伐克代营的两艘船舶是目前中国远洋运输的唯一基础，从船舶吨位来看，中国现时仅有 8.5 万吨，依靠这样微小的吨位，显然不能满足中国对外贸易的运输需要，外贸部不得不在国际市场上租用外国船只，给国家增加了大量的外币运费负担。根据外贸部运输计划，1956 年的租船任务高达 127 万吨。由此可见，积极地发展中国的远洋运输事业，已是当时中国航运事业中的迫切任务，极具政治经济意义，必须迅速加强和健全远洋运输领导机构，统一筹划远洋运输的发展和领导现有的远洋运输企业”。建议立即着手建立远洋运输局，作为部属管理远洋运输工作的综合性职能机构，并提出了远洋运输局的组织方案。

1957 年 9 月 10 日，交通部公布机构改革文件，并规定自 1958 年 2 月 26 日新机构开始运行。新机构中，以原海河运输局为基础，归并商务、机务、船厂、电讯、港航监督、航道等局，组成海河总局，担负海河运输方面的管理责任。在这次机构改革中，交通部考虑到对外贸易逐渐开展，中外合营的海运企业已经有一定程度的扩大和发展，为国家远洋运输业务的发展积极做好准备，遂将原海河运输局所属的远洋运输处划归机构改为海河总局内新成立的国际业务局，以加强远洋运输和国际联络工作。

1958 年 7 月 11 日，交通部又将海河总局内的国际业务局改组为远洋运输局（外轮代理总公司），简称为远洋局，成为交通部直接领导下掌管全国远洋运输事业，经营远洋运输船队及外轮代理业务，管理对外水上运输合作企业及其他有关水上运输涉外事宜的全能局。

第二节　水路运输发展初显成就*

一、水运基础设施建设起步

1949年新中国成立初期，我国交通运输水运基础设施十分落后，水运基础设施数量少、质量差、等级低、布局偏。内河航道里程共7.36万公里，泊位200多个，以通用件杂货码头泊位为主。水路运输因其利用天然航道，投资省、见效快。20世纪50年代中后期，内河航道建设掀起高潮，重点实施了川江整治、京杭运河扩建等航道整治工程，内河航道里程增长很快。沿海和长江干线主要港口实行中央集中管理，政府直接指挥和组织企业的生产活动，形成了政企合一、高度集中的管理模式。由于基础设施建设均由国家投资，且国家资金相对短缺，导致水运基础设施建设资金严重不足，供需矛盾较为突出。尤其是随着国民经济的发展，这种港口管理体制的制约和经营机制的落后弊端越来越凸显，已不能适应我国经济社会发展和经济体制改革的要求，压船、压货、压港现象比较普遍。1973年，周恩来总理提出“三年改变港口面貌”，我国迎来第一次港口建设高潮，港口吞吐能力大幅提高。

---

* 本节数据来源：中华人民共和国交通运输部：《中国交通统计年鉴》，人民交通出版社2009年版；张倩：《中国水路建设60年：“中国因素”成世界海运需求主导力量》，中国经济网，2009年8月14日。

从新中国成立到改革开放以前，我国内河航道里程达到 13.6 万公里，沿海基础设施建设成绩斐然，截至 1978 年底，全国沿海主要港口共拥有生产型码头泊位 311 个，其中万吨级泊位 133 个；内河主要港口生产型码头泊位 424 个。

二、水路运输发展水平明显提高

（一）水路运输装备发展加快

1949 年新中国成立初期，全国拥有民用轮驳船 4525 艘、40 万载重吨、17 万载客位、9 万千瓦拖船，拥有 30 万艘帆船，品种单一、吨位小、技术落后。20 世纪六七十年代，水泥质船快速增长，1973 年达 30 万载重吨。1961 年中国远洋运输总公司成立时，远洋运输船仅 4 艘、2.26 万载重吨。改革开放前，我国主要从国外购置二手船为主大力发展远洋船队。到 1978 年，全国民用轮驳船达到 10.3 万艘、1592 万载重吨位、54 万载客位、79 万千瓦拖船，分别为 1949 年的 22 倍、39 倍、3 倍和 8 倍。

1978 年改革开放初期，从解放和发展水运生产力需要的角度出发，先后提出了“有水大家行船”“各部门、各地区、各行业一起干，国营、集体、个体和各种运输工具一起上”等一系列政策措施，打破航区限制和地区分割，使得水路运输经济发生了深刻变化，形成了多形式、多层次、多渠道的水路运输经济新格局，有力地促进了水路运输装备的发展，有效地缓解了船舶运力紧张的严重矛盾。

（二）水路运输发展水平提高

1949 年新中国成立初期，水路客货运输量很小，1949 年的水路客运量、货运量分别为1562万人和2543万吨，旅客周转量、货物周转量分别为15.7亿人公里和63.1亿吨公里。港口装卸主要依靠人挑肩扛，作业效率很低，全国港口货物吞吐量仅1000万吨。改革开放前，我国实行计划经济，水运和其他行业一样，实行政企合一的计划组织和运作模式。到1978年，水路客运量、货运量则分别达到23042万人和43292万吨，旅客周转量、货物周转量分别为100.6亿人公里和3779亿吨公里，分别是1949年的7倍和13倍；港口货物吞吐量达2.8亿吨，是1949年的28倍。

三、水路运输发展主要成就

（一）中国内河航道发展成就

1949～1978年，中国内河航道里程从7.36万公里发展到13.60万公里，增长了85%（见表2－1）。

表2－1　　中国内河航道年末里程（1949～1978年）　　单位：万公里

年份	内河航道里程	年份	内河航道里程
1949	7.36	1970	14.84
1950	7.36	1971	14.16
1955	9.99	1972	14.06
1960	17.00	1973	13.88
1965	15.77	1974	13.74
1966	14.72	1975	13.56
1967	14.78	1976	13.74
1968	14.78	1977	13.74
1969	14.81	1978	13.60

资料来源：中华人民共和国国家统计局：《中国交通统计年鉴》，人民交通出版社2009年版。

（二）中国水运客运量和旅客周转量发展成就

1952～1978年，中国水运客运量从3605万人发展到23042万人，增长了539%（见表2－2）。中国水运旅客周转量从24.50亿人公里发展到100.63亿人公里，增长了311%（见表2－3）。

表2－2　中国全社会客运量总计和水运客运量及构成（1952～1978年）

年份	全社会客运量总计（万人）	水运客运量（万人）	水运客运量构成（%）
1952	24518	3605	14.7
1957	63821	8780	13.8
1962	122154	16397	13.4
1965	96334	11369	11.8
1970	130056	15767	12.1
1975	192969	21015	10.9
1978	253993	23042	9.1

资料来源：中华人民共和国国家统计局：《中国交通统计年鉴》，人民交通出版社2009年版。

表2－3　中国全社会总计和水运旅客周转量及构成（1952～1978年）

年份	全社会总计（亿人公里）	水运旅客周转量（亿人公里）	水运旅客周转量构成（%）
1952	248.02	24.50	9.88
1957	496.55	46.38	9.34
1962	1085.56	83.92	7.73
1965	697.04	47.37	6.80
1970	1031.05	71.01	6.89
1975	1434.55	90.59	6.31
1978	1743.06	100.63	5.77

资料来源：中华人民共和国国家统计局：《中国交通统计年鉴》，人民交通出版社2009年版。

（三）中国水运货运量和货运周转量发展成就

1952～1978 年，中国水运货运量从 5141 万吨发展到 43292 万吨，增长了 8.42%（见表 2－4）。中国水运货物周转量从 145.8 亿吨公里发展到 3779.2 亿吨公里，增长了 25.92%（见表 2－5）。说明水运货运量和货运周转量增加非常明显和快速。

表 2－4　中国全社会总计和水运货运量及构成（1952～1978 年）

年份	全社会总计（万吨）	水运货运量（万吨）	水运货运量构成（%）
1952	31516	5141	16.3
1957	80365	15438	19.2
1962	85521	17464	20.4
1965	121083	22993	19.0
1970	150359	25444	16.9
1975	202478	34987	17.3
1978	248946	43292	17.4

资料来源：中华人民共和国国家统计局：《中国交通统计年鉴》，人民交通出版社 2009 年版。

表 2－5　中国全社会总计和水运货物周转量及构成（1952～1978 年）

年份	全社会总计（亿吨公里）	水运货物周转量（亿吨公里）	水运货物周转量构成（%）
1952	761.8	145.8	19.1
1957	1809.5	415.6	23.0
1962	2236.0	452.6	20.2
1965	3464.3	670.2	19.3

续表

年份	全社会总计（亿吨公里）	水运货物周转量（亿吨公里）	水运货物周转量构成（%）
1970	4565.7	931.3	20.4
1975	7295.6	2574.7	35.3
1978	9829.4	3779.2	38.4

资料来源：中华人民共和国国家统计局：《中国交通统计年鉴》，人民交通出版社2009年版。

（四）中国水运旅客及货物平均运程发展成就

1950～1978年，中国水运旅客平均运程从62公里降低到44公里，说明短途水运旅客运输发展较快。中国水运平均运程从191公里发展到873公里，说明长途水运货物运输发展较快（见表2－6）。

表2－6　中国全社会总计和水运旅客及货物平均运程（1950～1978年）　单位：公里

年份	全社会总计		水运	
	旅客	货物	旅客	货物
1950	118	211	62	191
1955	96	232	62	259
1960	83	215	50	236
1965	72	286	42	291
1970	79	304	45	366
1975	74	360	43	736
1977	71	356	43	711
1978	69	395	44	873

资料来源：中华人民共和国国家统计局：《中国交通统计年鉴》，人民交通出版社2009年版。

第三节　中波公司引领航运企业的中外合资发展*

中波轮船股份公司（以下简称“中波公司”）作为新中国第一家中外合资企业、第一家远洋运输企业，为国家贸易发展和经济建设作出了巨大贡献。

1951年6月15日，中波轮船股份公司成立。毛泽东亲自批示要“好好办!”，周恩来确定了公司的名称，陈云则亲自签发了公司的营业执照。

一、中波公司创办的历史背景

中国幅员辽阔，是个海洋大国，有着长达1万海里的海岸线，沿海岛屿众多，港湾林立，有许多优良的海港直通世界五大洲。中国也是世界上发展航海事业最早的国家之一。早在汉武帝时期，中国对外的海上交通和贸易已较发达，中国的航海技术已居世界领先地位。特别是明朝永乐年间，伟大的航海家郑和在1405年至1433年率领两万七千多艘海船，组成庞大船队，七下西洋，途径亚非30多个国家和地区。然而随着明清政府的腐朽无能，帝国主义列强对中国的侵略，中国航海业逐渐衰败下来。国民党统治时期，航运业也是惨淡经营，在中华人民共和国成立前夕，留在大陆的江海船只几乎被国民党政府洗劫一空，各大口岸码头毁坏严重，航道

* 本节案例及数据来源：中波轮船股份公司：《中波轮船股份公司发展史（1951－2011）》，上海古籍出版社2011年版。

淤塞，留给新中国的航运业几乎是一张白纸。

1949 年 10 月 1 日，新中国宣告成立，成为社会主义阵营中又一支新生力量。这无疑给帝国主义反动派以极大的打击，但这一新生的政权，仍处在帝国主义反动派的包围之中，百废待兴。当时世界上发达国家对新中国抱反对怀疑态度的并不在少数，这些发达国家和帝国主义列强害怕这一新生政权的诞生和巩固，影响到各自的既得利益，千方百计纠合周边的国家反对新中国，企图通过封锁和包围，切断社会主义阵营与我国之间的联系和支援，把新中国扼杀在摇篮之中，面对这样严峻的国际局势，如果新中国不采取积极主动的态势，冲破封锁，走向世界，那只能坐以待毙。

1950 年 6 月 25 日朝鲜战争爆发，1950 年 10 月志愿军响应毛主席“抗美援朝，保家卫国”的号召出兵朝鲜，与美帝国主义展开了面对面的斗争，1951 年 5 月 18 日，在美国的操纵下，联合国大会通过了对中国大陆实行禁运的决议案。美国、英国、法国、加拿大等 43 个国家禁止各自注册的船只与中国进行贸易和在中国港口停泊。同时，台湾国民党当局，以金门、马祖等沿海岛屿为阵地，对大陆进行种种骚扰和破坏活动，并在美国的怂恿下猖狂地破坏国际法，公然掠夺和炮击在台湾海峡和台湾周围公海上航行的各国商船，阻挠远东航运和贸易正常发展。这加快了新中国建立自己远洋运输事业的步伐，也促成了中波公司的成立，赋予了中波公司特殊的使命。

面对长期战争以后百废待兴的新中国，要使满目疮痍的城市和乡村早日恢复生机，需要大量的建设和战略物资，粮食、燃油、汽车、机器设备等，运输这些物资，光靠火车、汽车无疑是杯水车薪，而有些货物，陆上运输根本办不到，必须要有大吨位的船舶，正如毛泽东指出的要“建立海上铁路”，才能最终彻底打破帝国主义对我国的封锁禁运。

在成立中波公司之前，新中国对发展远洋运输事业从没停止过努力。1950年，在香港注册了华夏公司，购买了三般远洋船舶，由于这三艘船的英文名字的第一个字母都是“M”，摩得拉（MODLA）、摩得利（MODR-ELE）和蒙德沙（MOTESA），人们称为“3M”船。在朝鲜战争爆发后，由于国际上都知道“3M”船是新中国所有，因此，这三艘船舶不仅不能挂五星红旗，而且，连挂巴拿马“方便旗”出去也有困难。因为自第五届联合国大会作出对华和对朝鲜民主主义人民共和国禁运案后，巴拿马政府也跟着下了禁令，禁止挂巴拿马旗的船舶挂靠中国（大陆）港口，连世界各地的加油站也拒绝给悬挂五星红旗的船舶加油。在这种情况下，新中国远洋运输必须另辟蹊径，找到一个合适的国家建立联合船队才能打破这种局面。同时，国内技术力量的缺乏以及巨大的投资成本也给建立国有船队造成了很大的困难。

新中国的成立，曾得到了以苏联为首的东欧社会主义阵营国家的大力支持。当时，从东欧进口的大量援华物资和机器设备，都堆积在东欧港口，亟须大吨位船舶承运回国。波兰那时是东欧地区的大国，有3000万人口，并在美国有3000万波兰侨民。波兰与我国具有同样受帝国主义侵略的历史遭遇，又同属社会主义阵营，因此对我国持友好态度。在新中国成立后，就与我国建立了外交关系，并在天津开设了驻远东办事处，开辟了波中（波兰—中国）航线。这期间，波兰是航运大国，波兰远洋运输公司拥有186艘远洋船舶，有庞大的远洋船员队伍和发达的航海技术。同时，波兰还有格丁尼亚（GDYNIA）、格但斯克（CDANSK）、什切青（SZCECIN）等良好港口，可以集中匈牙利、保加利亚、捷克等东欧友好国家的援华物资，直运中国，这就为中波公司的成立提供了坚实的政治基础和客观条件。

二、中波公司的成立与发展

1950 年 6 月 2 日，波兰向中国提出两国政府合股组建中波轮船公司的建议，1950 年 11 月 2 日至 23 日，中国和波兰两国政府在北京就合资组建中波公司进行会谈。

1951 年 1 月 23 日，陈云致函交通部转达周恩来的指示，同意成立中波合资公司。

1951 年 6 月 15 日，中波两国股东在天津马场道 158 号举行中波公司创立会。同年 9 月 7 日，中波轮船波兰分公司在波兰格丁尼亚市 2 月 10 号街宣告成立。

1951 ~ 1960 年，在中波公司成立的第一个十年中，公司船队由成立之初的 4 艘旧船，迅速发展到 1960 年底的 18 艘船舶，共为国家承运货物 5355941 吨，其中 1958 ~ 1960 年平均运货达 78 万吨。公司共创利润总额 9800 万瑞士法郎。1956 年利润最高达 1244 万瑞士法郎，创历史纪录。经过十年的发展中波公司已成为初具规模的国际航运企业。

1960 ~ 1978 年，随着新中国在国际上的威信日益提高，影响力不断扩大。到 1960 年 9 月，中国已与 100 多个国家和地区建立了外交和外贸关系，国内外经济和政治形势都发生了根本的变化，台海局势也渐趋缓和，中国的对外贸易快速发展，中波公司的船队规模已经远远不能满足国内外形势发展的需求。与此同时，中波公司经过多年的经营发展，培养了一批政治素养硬，业务技能高，拉得出、打得响的航运人才队伍，也积累了丰富的航运经营管理经验，初步形成了一套较为完整的管理经营体系，为国家创建自营远洋船队奠定了基础。

1961 年 4 月，经国务院外事办公室批准，中国远洋运输公司正式成立。此后，中波公司充分利用这大好形势带来的难得机遇，一方面不断为远洋系统输送人才，另一方面在两国政府的关心和支持下，发挥自身优势，不断完善航线布局，推进船队更新发展，合理配载，积极发挥人才优势，为谋划公司的长远发展，步入了良好发展的轨道（见表 2－7）。

表 2－7　　中波公司 1951～1978 年运输生产情况

年份	年终船舶艘数（艘）	年终船舶吨位（夏季）	运量（吨）	周转量（千吨海里）	营运利润率（%）
1951	9	90865	140038	1642793	27.81
1952	10	100465	236589	2587441	16.81
1953	11	109485	395920	4307038	28.84
1954	12	120622	510163	3574137	23.29
1955	13	130427	623958	5717386	19.67
1956	13	130470	602063	5279072	24.70
1957	16	166392	605102	6272147	22.42
1958	17	176668	778901	6269508	20.40
1959	16	170924	778839	6359990	21.80
1960	18	201591	777849	6972118	20.80
1961	18	201246	810236	7205171	13.40
1962	20	224644	624429	6466728	0.17
1963	19	224630	767798	7661635	8.63
1964	19	224630	803171	7889217	14.89
1965	19	224630	815864	7804407	15.15
1966	19	224630	794837	7513111	21.32
1967	19	224630	528482	5663369	15.48
1968	17	203788	509473	6293313	14.72
1969	16	193983	448586	5976146	25.08

续表

年份	年终船舶艘数（艘）	年终船舶吨位（夏季）	运量（吨）	周转量（千吨海里）	营运利润率（%）
1970	16	199165	410766	6091943	20.55
1971	17	214465	433316	6492374	14.01
1972	16	204336	502561	6823577	5.81
1973	15	195966	468590	7074663	5.35
1974	17	226166	477524	6701767	17.00
1975	18	241266	591945	7661913	28.35
1976	18	241266	648198	7462657	17.36
1977	20	273556	642817	7304613	15.82
1978	21	287276	708784	8143343	13.57

资料来源：中波轮船股份公司：《中波轮船股份公司发展史》，中国古籍出版社 2011 年版。

第四节　中国远洋运输起航*

一、新中国成立初期的远洋运输（1949～1952 年）

1949 年新中国成立，百业待兴，在中国共产党的领导下，久陷苦难深渊的中国人，以极大的热情，集中全力医治战争创伤，恢复国民经济。当时，恢复海上运输业任务特别艰巨，因为，溃逃到台海的国民党当局，实

* 本节案例及数据来源：中国远洋海运集团：《中国远洋海运发展史》，人民交通出版社 2020 年版。

施以武力对中国大陆进行全面封锁的“关闭政策”。1950 年 6 月，朝鲜战争爆发后，以美国为首的国际敌对势力对新中国实行封锁、禁运，企图切断新中国与其他国家之间的联系和支援，把新中国扼杀在摇篮之中。

新中国政府采取租用外轮、在中国香港建立航运公司以及与波兰等社会主义国家合作组建合营航运公司等形式，最终打破了敌对势力对新中国的封锁、禁运，巩固了新生政权。新中国的远洋运输事业也在打破国内外敌对势力的封锁、禁运中，坚定地迈出了艰难的步履。

（一）新中国成立初期的海运状况

中国有着5000 多年文明史，既是一个大陆国家，又是一个海洋国家。中国的大陆海岸线北起鸭绿江口，南到北仑河口，长达 1.8 万余千米。此外，还有 1.4 万余千米岛屿海岸线，海岸线总长 3.2 万余千米。有 5000 多个大小岛屿，150 多个较大的优良海湾，众多港阔水深的天然港口直通世界五大洲。

从 1840 年鸦片战争到 1949 年新中国成立前，中国遭受了帝国主义列强的侵略，逐步沦为半殖民地。东西方列强胁迫腐败的清王朝和国民党政府，签订了多个不平等条约，控制了中国的各个对外通商口岸，掠夺了中国沿海和内河的航行权。外国资本经营的20 余家轮船公司，垄断着中国的沿海运输和远洋运输业务。毛泽东指出：“帝国主义列强根据不平等条约，控制了中国一切重要的通商口岸，并把许多通商口岸划出一部分土地作为它们直接管理的租界。它们控制了中国的海关和对外贸易，控制了中国的交通事业。”

1872 年，李鸿章在中国最大的对外通商口岸、航运业最集中的上海，创办了轮船招商局。这是中国最早的轮船公司，也是最早的民族航运企业。

1949年上海解放前夕，全国只有包括招商局和民生公司在内的116家航运公司、100余万总吨的船舶。

（二）1949年前夕国民党当局的掠夺、破坏和封锁

1949年，上海解放前夕，国民党政府将能开走的江海船只全部劫去台湾，来不及掠夺以及不能开走的船只，有的被炸毁，有的被凿沉于长江、黄浦江，用以阻塞航道。在长江口布设大量水雷，以封锁进出上海的船舶。广州解放前夕，国民党政府又将余下的船只，悉数开到中国香港。因此，在中华人民共和国成立前夕，留在大陆的江海船只几乎被国民党政府洗劫一空。当时，中国（不包括港澳台地区）口岸到处是码头坍塌、航道淤塞的凄凉景象，已经沦落到有海无船的地步。

（三）国际敌对势力对新中国实施的封锁禁运

第二次世界大战结束后，世界形成了美苏两极对转的格局，国际社会进入冷战时代。新中国成立后，遭遇了以美国为首的西方阵营的全面封锁和压制，政治和经贸活动面临极端困难的局面。随着1950年6月25日朝鲜战争爆发，美国对中国的封锁禁运步步升级。同年6月27日美国命令其海军第七舰队开入台湾海峡，并派遣空军、海军部队驻扎台湾和台湾国民党军队一起对台湾海峡实行军事封锁。1951年5月18日，第五届联合国大会在美国的操纵下，通过了对中国大陆实行禁航禁运的第500（五）号决议案，要求会员国对中朝两国实行战略物资禁运。截至1953年3月，参加对中国禁运的国家达到45个，中国的外贸和航运面临极大的困难。以美国为首的西方国家企图通过封锁和禁航禁运，把新中国扼杀在摇篮里。

（四）新中国沿海部分航线恢复

新中国成立后，面对恢复海上运输的艰巨任务，经过3年的时间，基本恢复了中国沿海运输航线。

1950年主要是恢复渤海湾内的各港口之间的航线，共恢复航线16条，3415海里，使渤海湾内的海上运输得以恢复和发展。1950年9月起，开始恢复长江以北各港口之间航线，首先配合海军扫清长江口的水雷，并开辟新航道，打开上海封锁局面。经过1年多的努力，打通了长江口以北各港间的航线。1951年，长江以北各航线通航。1950年1月~10月，香港招商局起义船舶和北归船舶陆续返回，在此基础上，于1951年9月恢复了华南航线。当时沿海共恢复航线40条，1.3万海里。1952年又在武装护航下，恢复了福建沿海航线。到1952年底，大陆沿海共恢复航线60条，23316海里。

☞ 专栏2-1　新中国成立后招商局的发展历程（1949~1953年）

轮船招商局（以下简称“招商局”）由清政府北洋大臣李鸿章创办。在中国近代航业中占有重要的地位。

1872年12月26日，清政府批准李鸿章奏折，成立招商局。1873年1月17日，招商局在上海南永安街正式开业。同年8月7日，迁上海三马路新址。以轮船招商局为代表的中国新式航运企业诞生后，结束了外国资本主宰中国轮船运输的历史。开业后，招商局总局一直设立在上海（抗日战争时期曾在重庆和香港设立战时总局），分支局遍设包括台湾在内的中国沿江沿海各地，香港招商局的前身就是当年的招商局香港分局。

1949年，新中国成立，设于上海的招商局轮船股份有限公司以及各地分支机构，先后被中国人民解放军军事管制委员会接管。香港招商局及招商局17艘船舶，在新中国的召唤下，高举爱国主义的旗帜，也先后做出了顺应历史潮流的正确选择，毅然宣布起义，回到人民的怀抱。从此，招商局的性质就实现了根本性的转变，从而拉开了波澜壮阔的招商局现代史的序幕。

新中国成立后，招商局除迁台湾外留在大陆各地的所有机构，均由当地中国人民解放军军事管制委员会（以下简称“军管会”）分别接管。军管会对原招商局采取“分散经营，保本自给”的经营方式，由地方军管会直接经营管理。这种经营方式在当时对于解决各地军管会自身财政困难，是十分必要的。但是，随着解放战争的全面胜利，解放区从点到面，连成一片，客货运输范围扩大，运输量增加，分散经营的运输模式不适应运输需求的矛盾开始突出。如果继续保持这种分散经营的体制，势必在资金运用上和船舶调度上造成不必要的损失。经受战争严重破坏的航运企业，为了能更有效地发挥有限的剩余运力，统一经营、统一管理已成为当务之急。

1949年5月27日，上海解放，中国人民解放军上海市军事管制委员会航运处处长于眉、副处长邓寅冬等率领接管干部进驻招商局上海总公司。同年5月28日，陈毅、粟裕签署了“中国人民解放军上海市军事管制委员会命令”，任命于眉为驻招商局军事代表（后为军事总代表），邓寅冬为副代表，董华民等6人为助理代表，对招商局总公司执行军事监督及办理接管事宜。同日，招商局总经理胡时渊发布“总经理通知”，要求总部各部门，各码头、中华拖驳运输公司等予以积极响应。1949年6月5日，招商局轮船股份有限公司（历史上也称“招商局上海总公司”）由中国人民解放军上海军管会正式接管。

1949年11月1日，中华人民共和国中央人民政府交通部成立。1950年1月19日至2月27日，交通部召开首届全国航务公路会议，明确提出中国交通建设主要是学习苏联的经验，并指出：不论在航务、公路，对接收的机构、人员，以及遗留下来的旧制度、旧作风，必须加以整顿改造，对旧的经验和做法，必须以新的观点加以批判的接收。这次会议明确了当时的方针政策，确定了全国统一的各级航务机构、领导关系、职责分工及主要的工作制度。

1950年3月12日，中央人民政府政务院颁布执行《关于一九五〇年航务工作的决定》，正式启动航务企业管理体制的改革。在航务体制上规定，交通部下设航务总局及国营轮船总公司（将旧招商局业务归并），领导航务建设，管理航运工作。为了统一经营国营航业，交通部将招商局改组为国营轮船总公司，管理全国公营船舶和非运输部门所经营的500吨以上的海轮以及长江江轮的运输业务。

1950年1月，中央人民政府交通部代政务际财经委员会拟定《关于统一国有航运事业成立统一的国营轮船总公司的决定》一文，将招商局总公司改组为国营轮船总公司，直属交通部航务总局领导，成为“统一经营长江远洋沿海的长航运输的企业机构”和“统一组织全国水上运输，调配船只的航运管理机构”。交通部将该文呈中央财政经济委员会核示颁布，中财委批复：查国营轮船公司的领导关系，在航务工作决定中，已有原则规定可依照规定的原则，自行拟定实施方案报本委备案。

1950年4月20日，中央人民政府交通部指示上海招商局总公司依照原则的规定，速拟定实施方案报交通部核转。同年6月1日，上海招商局总公司将初步拟就的《成立国营轮船总公司实施方案草案》随文附发给各下属单位进行讨论，提供意见，以便加以补充修正后，呈请上级予以核定。但最后，有关国营轮船总公司的方案未能真正落实。

1951年1月25日，根据政务院财经委员会1950年8月19日的批示，交通部正式行文，决定自1951年2月1日，国营轮船总公司改名为中国人民轮船总公司（后又称为“中国人民轮船公司”），并将之迁往北京与交通部航务总局合并办公，原各地分支机构于同日一律改称中国人民轮船总公司某某（地名）分公司（或办事处）。

通过成立中国人民轮船总公司，招商局原有的总分支机构结束分散经营的方式，统一并入区域航业机构。1951 年 7 月，交通部根据全国第二届航务会议决定，并奉政务院第 86 次政务会议决定，撤销中国人民轮船总公司，在交通部内部成立海运管理总局和河运管理总局。交通部水运管理体制实行分工，海运与河运分开，并按区域管理的方式，参照沿海海区的划分，在大连、上海和广州分设北洋、华东和华南三个海运管理局，直属海运管理总局领导。

1951 年 9 月 19 日，交通部决定撤销中国人民轮船总公司长江区公司，招商局沿长江的机构与长江区域航运局合并，成立交通部长江航务管理局（1953 年 4 月 3 日改为长江航运管理局。），从此形成长江航运政企合一的体制，招商局沿长江的机构逐渐演变为长江航务管理局的直属港口单位。通过以上机构调整，原设在中国沿海和长江的招商局分支机构就分别归并于所在地水运管理机构，招商局的人员和资产基本逐渐流向所在地的港航单位，为全国水运体系的建立提供了支持。

二、中国远洋运输组建和发展（1953 ~ 1978 年）

（一）中国远洋运输企业成立

20 世纪 50 年代中期，毛泽东提出了组建和发展中国远洋运输船队的设想。由于当时受到历史条件的限制，中国政府一时还无力创建悬挂五星红旗的自营远洋运输船队。

“一五”期间（1953～1957年），国民经济建设取得显著成就，外贸货源剧增，急需大批商船运输，很多国家的航运界希望与中国发展海运贸易。考虑到对外贸易的需求，中外合营的海运企业也有一定程度的扩大和发展，为加强对远洋运输业务的领导，1958年7月，交通部成立远洋运输局，掌管全国远洋运输工作。同年9月，交通部又在广州成立了交通部远洋运输局驻广州办事处，开始筹建国家远洋运输企业和自营远洋船队。

1961年4月27日，中国远洋运输公司成立。同时成立了中国远洋运输公司上海分公司和天津分公司。中远广州分公司拥有船舶4艘，2.26万载重吨。这是新中国成立后第一批悬挂中华人民共和国国旗的远洋船舶，也是中国悬挂五星红旗自营远洋船队的发端。

由于体制以及财政经费方面的原因，船队发展缓慢。统计数据表明，到1964年末，中远广州分公司才拥有船舶8艘，8.33万载重吨。为此，1964年，中远公司开始尝试贷款买船，取得了良好的效果，开创了中国利用贷款发展远洋船队的先河。

“文化大革命”期间，远洋运输局（中国远洋运输公司）被撤销，远洋运输的管理一度处于混乱状态。在周恩来等老一辈无产阶级革命家的关怀和保护下，在党中央、国务院和交通部的领导下，远洋运输的混乱局面得到控制，生产秩序得到恢复，远洋运输事业得到发展。1972年，中国远洋运输总公司重新组建，1974年，恢复远洋运输局。1975年，中远总公司船队总载重吨位突破500万吨大关。根据中国经济发展对于远洋运输的要求，1976年、1978年中远总公司又相继组建了中远青岛分公司和大连分公司。到1978年底，中远总公司初步建成了以北京的总公司和设在中国主要港口城市的5大船公司为核心的、全国最大的远洋运输企业。

（二）中国远洋运输船队快速发展

20 世纪 70 年代，是中远船队快速发展时期。由于世界石油危机爆发，国际航运市场陷入低迷，中远公司抓住机遇，在党中央、国务院领导的关怀下，在国家计委、人民银行等部门的大力支持下，排除干扰，克服困难，利用香港地区中国银行的外汇资金大举买船，使中远船队规模以前所未有的速度壮大，到 1978 年底，中远船队已拥有船舶 510 艘，855.5 万载重吨。根据 1978 年世界商船吨位统计，截至 1978 年 7 月 1 日，在各国商船船队中，中国船队吨位增幅为世界第 3 位；在拥有 300 万吨重量以上商船的国家或地区中（不包括中国台湾地区），中国居第 17 位。基本满足当时中国外贸运输的需求。

1. 发展壮大远洋船队

中国远洋运输总公司船队的发展，得到国家的大力支持。国家抽调了大量资金，并且不断增加投资，发展壮大中国远洋船队（见表 2 – 8）。

表 2 – 8　　中远总公司 1961 ~ 1978 年投资船、贷款船统计

年份	总计		贷款船		投资船		贷款船比重（%）		投资船比重（%）	
	艘数	总载重吨	艘数	总载重吨	艘数	总载重吨	按艘数	按吨位	按艘数	按吨位
1961	25	22.99	6	4.30	19	18.69	24.00	18.70	76.00	81.30
1962	31	27.00	7	4.70	24	22.30	22.58	17.41	77.42	82.59
1963	36	33.13	13	11.40	23	21.73	36.11	34.41	63.89	65.59
1964	56	51.76	23	21.20	33	30.56	41.07	40.96	58.93	59.04
1965	63	60.18	26	25.50	37	34.68	41.27	42.37	58.73	57.63

续表

年份	总计		贷款船		投资船		贷款船比重（%）		投资船比重（%）	
	艘数	总载重吨	艘数	总载重吨	艘数	总载重吨	按艘数	按吨位	按艘数	按吨位
1966	71	70.66	33	34.20	38	36.46	46.68	48.40	53.52	51.60
1967	86	86.91	38	40.80	48	46.11	44.19	46.95	55.81	53.05
1968	89	90.36	45	48.70	44	41.66	50.56	53.90	49.44	46.10
1969	102	105.89	54	60.90	48	44.99	52.94	57.51	47.06	42.49
1970	107	112.28	62	70.90	45	41.38	57.94	63.15	42.06	36.85
1971	122	134.40	74	85.50	48	48.90	60.66	63.62	39.34	36.38
1972	184	214.10	135	161.80	49	52.30	73.37	75.57	26.63	24.43
1973	256	322.33	198	255.30	58	66.90	77.34	79.20	22.66	20.80
1974	304	449.98	228	358.10	76	91.88	75.00	79.58	25.00	20.42
1975	330	538.05	245	434.60	85	103.45	74.24	80.77	25.76	19.23
1976	347	565.42	257	454.47	90	110.95	74.06	80.38	25.94	19.62
1977	405	654.62	309	533.23	96	121.39	76.30	81.46	21.70	18.54
1978	510	857.36	396	738.54	114	118.82	77.65	86.14	22.35	13.86

注：表中数据均包括合营公司中方船舶及中远香港公司（中远租船）的运输船舶。

资料来源：中国远洋海运集团有限公司：《中国远洋海运发展史》，人民交通出版社 2020 年版。

2. 购买建造远洋船舶

根据 1978 年世界商船吨位统计，在各国商船队中，中国（不包括台湾地区）吨位的增幅为世界第三位；在拥有 300 艘以上商船的国家中，中国居第 17 位（见表 2－9）。

表 2 - 9　　1971～1978 年中远总公司购造船舶情况

年份	计划购买建造船舶（万载重吨）	实际贷款船舶（艘/万载重吨）	实际投资船舶（艘/万载重吨）	实际购买建造船舶合计（艘/万载重吨）
1971	15	16/18.7	2/1.8	18/20.5
1972	100	68/81.6	6.5/8.2	74.5/89.8
1973	100	73/107.8	11/13.8	84/121.6
1974	120	38/110.7	20/27.4	58/138.1
1975	110	32/94.5	11/13.1	43/107.6
1976	155	23/39.1	5/9.3	28/48.4
1977	100	73/108.8	7/17.2	80/126.0
1978	250	113/258.24	2/2.58	115/266.31

资料来源：中国远洋海运集团有限公司：《中国远洋海运发展史》，人民交通出版社 2020 年版。

3. 努力增加客货运输量

从 20 世纪 60 年代开始，随着中国国际地位的提高和自营远洋船队的创立和发展，中国远洋运输船舶不断开拓发展，为中国经济发展作出了巨大贡献（见表 2 - 10）。

表 2 - 10　　中国远洋运输总公司客货运输量（1961～1978 年）

年份	客运		货运						
			总计			其中：投资船			
	运量（万人）	周转量（亿人海里）	运量（万吨）		周转量（亿吨海里）	运量（万吨）		周转量（亿吨海里）	国轮承运的货物占我方派船比例（%）
			合计	其中：外贸		合计	其中：外贸		
1961	2.24	0.10	86.88	85.00	64.98	49.31	46.51	37.12	—
1962	2.41	0.11	81.82	79.00	63.35	45.02	42.82	35.63	—

续表

年份	客运		货运						
	运量（万人）	周转量（亿人海里）	总计			其中：投资船			国轮承运的货物占我方派船比例（%）
			运量（万吨）		周转量（亿吨海里）	运量（万吨）		周转量（亿吨海里）	
			合计	其中：外贸		合计	其中：外贸		
1963	0. 38	0. 11	89. 29	89. 19	70. 58	51. 09	50. 99	38. 51	—
1964	0. 09	0. 01	151. 00	136. 90	90. 70	45. 03	30. 93	11. 17	—
1965	0. 11	0. 02	246. 00	233. 00	127. 72	169. 00	115. 49	74. 46	—
1966	0. 66	0. 05	272. 00	229. 99	151. 21	196. 62	154. 61	92. 38	—
1967	0. 11	0. 02	238. 00	203. 55	142. 38	158. 75	124. 30	77. 97	—
1968	1. 54	0. 09	264. 00	227. 00	191. 48	175. 15	136. 31	97. 73	12. 7
1969	1. 37	0. 11	345. 00	298. 00	196. 91	218. 32	104. 55	116. 68	19. 2
1970	1. 82	0. 41	499. 00	355. 00	226. 50	200. 08	178. 48	114. 09	21. 3
1971	1. 65	0. 69	783. 00	450. 00	381. 66	206. 16	192. 68	137. 75	28. 6
1972	1. 58	0. 76	972. 00	539. 00	486. 40	215. 38	193. 67	131. 75	29. 8
1973	1. 83	0. 77	1270. 26	873. 68	689. 62	215. 91	196. 82	133. 20	35. 1
1974	1. 53	0. 77	1740. 64	1247. 17	795. 70	291. 31	242. 80	160. 96	44. 5
1975	1. 18	0. 57	2424. 83	1939. 73	949. 60	360. 46	323. 12	177. 94	68. 8
1976	0. 95	0. 31	2382. 33	1906. 14	870. 55	367. 16	347. 25	194. 20	71. 8
1977	2. 38	0. 21	2553. 26	2319. 33	939. 80	477. 73	455. 53	223. 60	74. 3
1978	129. 58	1. 51	3659. 77	3203. 36	1342. 74	687. 32	468. 12	220. 21	72. 8
说明	1. 1964 年投资船运量只包括广远、上远，没有包括合营公司；实际上，1964 年合营公司（中波、捷克和中阿）中方船舶运量 87. 05 万吨，货运周转量为 70. 09 亿吨海里； 2. 自 1964 年开始，货运量包括中远香港公司船舶货运量； 3. 1978 年的客货运输量包含中远大连海运管理局在内； 4. 货运量包括中远租船								

资料来源：中国远洋海运集团：《中国远洋海运发展史》，人民交通出版社 2020 年版。

4. 开辟国际新航线

到1978年底，中远远洋船队已经航行于99个国家或地区的410个港口，中远总公司开辟的国际新航线遍布了五大洲（见表2－11）。

表2－11　中远总公司远洋船舶到达国家或地区的情况（1961～1978年）

年份	到达国家或地区
1961	越南、中国香港、中国澳门、印度尼西亚、缅甸、新加坡、锡兰（斯里兰卡）
1962	英国、比利时、联邦德国、摩洛哥、南阿拉伯联邦、也门、亚丁、苏丹、几内亚
1963	柬埔寨、印度、叙利亚、阿尔巴尼亚
1964	朝鲜、日本、阿尔及利亚、塞内加尔、加纳、刚果（布）、坦桑尼亚、吉布提、荷兰
1965	巴基斯坦、肯尼亚、埃塞俄比亚、象牙海岸、休达、瑞典、法国、意大利、罗马尼亚、保加利亚、直布罗陀、苏联、土耳其
1966	孟加拉国、伊拉克、挪威、民主德国
1967	科威特、索马里、尼日利亚、毛里求斯、芬兰、希腊
1968	黎巴嫩
1969	南斯拉夫
1970	利比亚、西班牙属地（拉斯帕尔马斯）、加拿大、澳大利亚
1971	阿联酋、毛里塔尼亚、塞拉利昂、智利
1972	巴林、菲律宾、赤道几内亚、突尼斯、马达加斯加、马耳他
1973	马来西亚、阿联酋、伊朗、扎伊尔、墨西哥、西班牙、秘鲁
1974	卡塔尔、沙特阿拉伯、丹麦、古巴、巴拿马、牙买加、阿根廷
1975	莫桑比克、喀麦隆、几内亚比绍、加蓬、冰岛、泰国
1976	巴布亚新几内亚、新西兰、尼加拉瓜
1977	塞浦路斯、佛得角、多哥、圣多美和普林西比、圭亚那、危地马拉
1978	塞舌尔、巴西、厄瓜多尔
合计	99个国家或地区

资料来源：中国远洋海运集团：《中国远洋海运发展史》，人民交通出版社2020年版。

（三）中国外轮代理公司的成立与发展

中华人民共和国成立之前，中国沿海港口的船舶代理业务几乎全部被外籍航商和代理行所垄断。新中国成立以后，这些外籍航商和代理行一部分离开，一部分仍留在中国。由于复杂的历史原因以及中国各主要港口的外轮代理业务尚未成立统一的代理机构，新中国政府对此采取基本维持现状的方针，国际船舶代理业务仍然主要由外资洋行或报关行操作。当时，在天津、青岛、上海、广州等主要港口的船舶代理业务，主要由英商太古洋行、怡和洋行、茂记公司，美商美隆洋行，德商美最时洋行，丹麦宝隆洋行、瑞丰公司，日本的山下汽船公司，大连汽船公司，以及法国邮船公司、捷成洋行、百利洋行，荷兰贸易公司等办理。这些公司既用自己的船舶从事中国远洋、沿海及内河货物运输，又兼办自营船的代理业务。而大连港的外轮，除撤侨的日轮外，大都是苏联船舶，由苏联远东轮船公司大连办事处自行代理。国有企业所控制的外轮代理业务仅仅是一小部分，这项业务由各海运局、港务局内的机构——服务科（部）、业务科或代理组办理。国有企业的船舶代理业务处于分散不健全的状态。这种机构和领导关系不健全又不完善的局面，既不能为委托方提供良好的服务，又不能发挥新中国代理企业应有的作用。

20 世纪 50 年代初，中国国民经济得到迅速恢复和发展，外贸进出口量大增，货源充足，但是运力奇缺，急需大批商船运载外贸进出口物资。就在同时期，国际经济则处于萧条和不景气阶段，遭到了严重的危机。国际贸易量大减，货源不足，货运运价、租船价格等持续下跌，运力过剩。为此，那些在航运危机中受到严重损害的航商们，纷纷要求美国放宽对中国的封锁禁运政策，甚至不顾美方阻挠，与中国发展贸易、经济和航运关系。许多航商将船驶往中国港口，在此期间来中国开展贸易交往的船舶约计有 750 艘，承运外贸进出口货物计 400 余万吨，随着中国对外贸易运输的迅速发展及来华船舶和国家租船的日益增多，当时各地不成体系的代理机构已无法适应形势的需要，尽早建立自己的船舶代理机构迫在眉睫。

1. 中国外轮代理公司的成立

1952 年，莫斯科国际经济会议召开后，越来越多的国际航运商和贸易商开始与中国进行业务交往，来华船舶也日渐增多。此时设在各港口的少量代理机构已不能适应形势的发展要求，更不能代表新中国与各来华外籍航商及船舶进行交往。

为尽快解决这一问题，1952 年 10 月 13 日，经中央人民政府财政经济委员会主任陈云签批，交通部海运管理总局内设的远洋运输科在对外执行业务时，改用中国外轮代理公司的名义。

1952 年 12 月 17 日，交通部海运管理总局对于所属海运机构下发《海运管理总局关于远洋科对外执行代理业务时改以中国外轮代理公司名义出现由》，海运管理总局在北京召开成立外代会议。

1953 年 1 月 1 日，交通部海运管理总局下属的中国外轮代理公司（以下简称“外代公司”）正式成立，地址设在北京东黄城根 17 号。

1953 年 1 月 6 日，海运管理总局向外交部、中国海外运输公司、对外贸易部和中国进出口公司等单位发出《海运管理总局通知自 1 月 10 日起对外以“中国外轮代理公司”名义出现由》，并同时公布《中国外轮代理公司代理外轮业务暂行办法》，标志着中国外轮代理公司（以下简称“外代总公司”）开始对外营业，同时在大连、天津、秦皇岛、青岛、上海、广州设立分公司，国际电报挂号统一为 PENAVICO，即中国人民轮船公司（People's Navigation Company）英文字头的组合。外代总公司成立时，交通部海运管理总局副局长于眉为总经理。

1956 年 6 月 1 日，外代总公司就下属分公司的领导体制问题发文《关于中国外轮代理公司下属公司为外代总公司的独立单位的报告》，呈报交通部海运管理总局，同年8月海运管理总局批复同意。

1953～1960年，外代总公司及6家外代分公司的机构体制随着交通航运机构的变化而发生了几次变更。1957年以前，外代总公司隶属于交通部海运管理总局领导，其机构设置完整，是独立对外开展业务的实体公司。

1957年9月10日，《交通部组织机构职掌编制方案（议案）》经第19次和第20次部务会议通过，新成立海河总局，将原海河运输局所属的远洋运输处划出，设立国际业务局，以加强远洋运输和国际联络工作。

1958年3月1日，交通部发出《关于颁发组织机构职掌分工试行草案的通知》。该通知中明确：交通部新的组织机构业已确定，自1958年2月26日起，即按新机构调整组织进行工作。在新的组织机构中，将原海河运输局所属的远洋处划出，设立国际业务局（外轮代理公司），编在海河总局内。在此期间，外代总公司作为独立的业务机构，划归海河总局领导。

1958年7月11日，为发展国家远洋运输事业，交通部决定将国际业务局改组为远洋运输局（以下简称"远洋局"），成为受交通部直接领导，对全国远洋运输、外轮代理、对外水上运输合作企业及其他水上运输、涉外事宜进行管理的全能局。首任远洋运输局局长为冯于九，副局长为陈化明。

1958年9月10日，远洋运输局按新机构开始办公。各港的外代分公司由远洋局领导，有关对外工作仍以外轮代理总公司名义进行联系。

1960年2月29日，远洋运输局对局机构及人员定额进行了调整，将外代总公司本部作为远洋运输局内部的业务处，并由一位副局长兼任总经理主管代理工作，以加强对各外代分公司的领导。

远洋运输局成立后，外代公司的机构开始扩大。是时，中国沿海各港口大都已建立了外轮代理分公司。

2. 中国外代船舶代理业务的开展

（1）公司各项规章制度的建立与完善。

新中国成立初期，外代公司尚未成立，由于挂靠中国港口的外籍船舶及华侨商船各自委托在华的代理行及报关行办理船舶代理业务。因此，中国对来华的船舶代理尚无统一的规定。

1952 年 3 月 27 日，中央人民政府政务院核准交通部关于《外籍轮船进出口管理暂行办法》（以下简称《暂行办法》），1952 年 5 月 20 日，交通部对外公布执行。施行《暂行办法》的机构是交通部海运管理总局内设的远洋运输科。《暂行办法》共计十八条，明确规定了外籍船舶来中国港口所应遵守的制度及所应办理的手续等。

1953 年 1 月 1 日，外代公司宣布正式成立时，一并公布了《中国外轮代理公司代理业务暂行办法》（以下简称《办法》）。《办法》共 30 条，经交通部批准后，由外代公司施行，其中大部分条款沿用了交通部所制定的《暂行办法》的条文，是外代公司成立后所制定的第一个规定。与此同时，外代总公司还制定了《中国外轮代理章则》。

1954 年 6 月 10 ~ 12 日，外代总公司在北京召开了第三次代理业务工作会议，议题之一是讨论修改《中国外轮代理章则》。1955 年 1 月 1 日，《中国外轮代理业务章则》经交通部批准后施行，与之同时出台的还有《中国外轮代理公司费用及其结算》《中国外轮代理公司代办代理外轮供应办法》等。在其后的实施过程中，各外代分公司不断对《中国外轮代理业务章则》内容加以充实并进行修改，1959 年 1 月 21 日，修改后的《中国外轮代理业务章则》被确定为《中国外轮代理公司代理业务章程》（以下简称《章程》），此后在相当长的时期内，各外代分公司均按此《章程》及其他规章制度开展业务工作。

在经营管理方面，自1954年开始，外代总公司逐步建立并完善了一系列规章制度，相继建立了《业务财务联系制度》《航次船舶辅助登记表》《班轮运费明细计算表》，增设了《辅助备忘纪录》，修改了《收入情况月报表》的格式，设计了新的费收单据格式，以及《往来报账注意事项》等。

通过建立与完善一系列规章制度，明确了工作流程，促进了工作效率的提高。在各项规章制度的贯彻落实中，全系统的工作质量在这一时期有了较为明显的改观。

（2）积极开展船舶代理业务。

新中国成立初期，随着中国对东南亚地区、印度、缅甸和日本等国贸易的发展，班轮代理业务增加，新开辟了印度尼西亚、澳大利亚、印度、缅甸、马来西亚、加拿大等班轮航线。1957年11月28日，中国外轮代理公司和中国对外贸易运输总公司联合行文下发了《关于中国对外贸易运输公司期租船在港口揽货配载工作的暂行力法》，规定揽货、配载工作改由外代公司统一办理。船舶代理业务也随着中国对外贸易的发展迅速增长，1953年，即外代公司成立的当年，只代理了1702艘次的进出口船舶；到1961年，代理船舶艘次已达到4812艘次，增长了近2倍。代理进出口货运量1953年为301.5万吨；到1961年，增加到1800.71万吨，增长近5倍。

外代公司自1960年10月1日起开始执行修订的《中国外轮代理公司业务章程》。当年外代公司共代理船舶达6256艘次，代理货运量1913万吨，与33个国家和地区的253家航商建立了业务联系（见表2－12）。

表 2－12　　外轮代理公司 1949～1961 年业务量统计

年份	船舶艘次（次）	代理货运量（吨）	接待船员人次	营业收入（万元）
1949	18	—	—	—
1950	100	—	—	—
1951	227	172000	—	—
1952	1175	1969525	2590	
1953	1702	3015532	19444	62. 5
1954	2278	4464650	28993	155. 2
1955	2732	4892398	37447	236. 6
1956	3687	6936608	63460	320. 0
1957	4697	7699321	88951	571. 4
1958	5736	14498384	100960	701. 5
1959	6128	19217996	107375	897. 4
1960	6256	19129878	112428	917. 5
1961	4812	15842005	95175	803. 3

资料来源：中国远洋海运集团：《中国远洋海运发展史》，人民交通出版社 2020 年版。

自 20 世纪 50 年代起，中国工农业生产得到迅速恢复和发展，并与世界上 90 多个国家和地区建立了外贸、外援关系，对外客货运输量成倍增长，特别是经过国家实行第一个五年计划后，中国的外贸运输呈现出前所未有的好形势。而此时，中国还没有挂五星红旗的自营远洋船队，外籍船舶挂靠中国港口的数量日益增多，外代公司为完成中国外贸货运任务发挥了重要作用。

第三章

改革开放至党的十八大的中国水运
（1978 ~ 2012 年）

1978 年 12 月召开的党的十一届三中全会，开启了我国改革开放的新时期，在改革方针指引下，水路运输行业不断解放思想，大力推进改革，积极实行开放，抓住发展机遇，加快建设水路运输交通基础设施，不断完善水路运输体系，水运事业有了较快发展，取得了举世瞩目的成就，为我国建立全面协调发展的综合交通运输体系做出了贡献，为我国改革开放和经济社会发展提供了强有力的支撑和保障。

第一节　水运基础设施建设从自立走向自足

水运基础设施建设经历了新中国成立初期的恢复阶段、20 世纪 70 年代“三年大建港”、改革开放初期建设、大建设大发展、优化调整发展等阶段。从改革开放到党的十八大 30 多年的跨越式发展，水运基础设施建设成效显著，港口、航道等基础设施建设成果丰硕，我国形成了布局合理、层次分明、功能齐全、河海兼顾、优势互补，配套设施完善、现代化程度较高的港口体系，港口向大型化、深水化、专业化方向发展。沿海港口基本建成功能明确、节约资源、安全环保、便捷高效、衔接协调的煤、矿、油、粮和集装箱五大运输系统。内河航运基本形成长江、珠江、京杭运河和长江三角洲、珠江三角洲“两横一纵两网”国家高等级航道网，港口生产和运营能力达到前所未有的水平，水路运输面貌发生了历史性变化，踏上建设现代化港口新征程，对我国国民经济快速发展起到了重要作用。

一、沿海港口建设发展

（一）沿海港口的发展历程

1. 逐步恢复发展阶段（1978～1990年）

这一时期沿海港口吞吐能力较为紧张，与国民经济和对外贸易发展不相适应。通过“六五”“七五”10年的港口建设计划，努力缓解基础设施薄弱和能力不足的问题，特别是在经济复苏、外贸运量迅速增长的形势下，沿海港口1981年、1983年和1985年先后三年出现港口严重堵塞，上海港、天津港的压港压货尤为严重，沿海港口从20世纪80年代初开始掀起建港热潮。

“六五”期间（1981～1985年），沿海开工建设万吨级以上深水泊位132个，建成投产54个，新增吞吐能力1亿吨，使沿海港口吞吐能力达到3.17亿吨，新建一批大型专业化泊位，包括5万、10万吨级的石油、煤炭和矿石码头，3万吨级散粮码头、木材码头、重大件码头和集装箱码头等。这一期间，港口建设仍以老港口扩建为主，重点解决煤炭、集装箱泊位的不足问题。改革开放前，我国港口大都设备老化，机械化程度低，装卸工艺落后，因此，“六五”期间，沿海主要港口通过技术改造新增吞吐能力2800万吨①。全国港口码头建设成果，相当于改革开放前10年的总和。1984年5月，中共中央、国务院决定进一步开放大连、秦皇岛、天津、烟台、青岛、连云港、南通、上海、宁波、温州、福州、广州、湛江、北海

① 中华人民共和国交通运输部：《中国交通运输改革开放40年》（综合卷），人民交通出版社2018年版。

等14个沿海港口城市和海南省，实行经济特区的某些特殊政策。这些港口城市和4个经济特区，在沿海连成一线，形成了我国对外开放的前沿地带。开放城市港口被列为建设发展的重点而备受关注，并兴起又一轮建港高潮。

“七五”期间（1986～1990年），建成90多个深水泊位，沿海23个主要港口的276个万吨级以上泊位已全部实现机械化。1990年底，沿海主要港口已拥有大中小泊位1167个，其中万吨级以上泊位284个，比1980年增加3倍多，年吞吐能力达到4.83亿吨，沿海港口货物吞吐量年均增长7%，港口吞吐能力严重不足的局面初步得到缓解①。

2. 大建设大发展阶段（1991～2002年）

这一时期港口深化管理体制改革，扩大企业经营自主权，扩大开放，国家层面第一个公路水运发展中长期规划提出“三主一支持”（公路主骨架、水运主通道、港站主枢纽、交通运输支持保障等）长远规划设想，沿海港口抓住基础设施建设的机遇，步入大发展阶段，港口设施、规模和能力大幅提升。

“八五”期间（1991～1995年），沿海主要港口建成泊位293个，其中，万吨级以上深水泊位110个，中级泊位51个，新增吞吐能力1.35亿吨。其中，建成集装箱泊位14个，新增吞吐能力100多万吨，煤炭专用泊位11个，新增装船能力1500多万吨、卸船能力1300多万吨。深水泊位建成数为1950～1980年30年间增加总数的125%，新增深水泊位吞吐能力为1950～1980年30年间增加总数的120%。秦皇岛港煤码头四期、上海港外高桥港区一期、青岛港前湾港区一期、大连港大窑湾港区一期前4个

① 中华人民共和国交通运输部：《中国交通运输改革开放40年》（综合卷），人民交通出版社2018年版。

泊位、广州港新沙港区一期前5个泊位等一批具有现代化装备的港口重点建设项目建成投产。到1995年底沿海主要港口深水泊位达到400多个，吞吐能力约6.4亿吨[①]，已基本形成环渤海、长江三角洲和珠江三角洲三大港口群格局，初步形成了大中小港口齐全、专业通用配套的格局。

"九五"期间（1996～2000年），建成万吨级以上泊位96个，新增吞吐能力1.9亿吨，沿海主枢纽港建成万吨级以上泊位75个，新增吞吐能力1.5亿吨，煤炭、矿石、原油，集装箱、散粮和散装水泥等运输系统不断完善。2000年之后，随着港口体制改革的深入，沿海港口建设步伐明显加快，截至2002年底，全国沿海港口共拥有生产性泊位3822个，其中万吨级以上泊位700个[②]，港口基础设施和装备在规模和结构上发生较大变化，极大改善了港口能力制约问题。

3. 建设与优化调整发展阶段（2003～2012年）

随着我国加入世界贸易组织（WTO），沿海港口发展外部环境明显改善，参与国际竞争的能力明显提升，港口市场化程度不断提高，沿海港口发展进入了建设与优化调整同步进行的阶段。"十五"期间（2001～2005年），沿海港口建成投产专业化泊位920个，其中万吨级以上泊位188个，新增吞吐能力5.4亿吨，分别是"九五"期间的1.3倍、1.9倍和2.1倍。截至2005年底，全国沿海港口（含长江干线南京以下港口）共有生产性泊位4933个，吞吐能力为28.91亿吨，其中万吨级以上泊位1108个，吞吐能力为23.13亿吨[③]。

为适应新时期经济社会发展的需要，交通部编制了《全国沿海港口发

---

①② 中华人民共和国交通运输部：《中国交通运输改革开放40年》（综合卷），人民交通出版社2018年版。

③ 中华人民共和国交通部：《2005年中国航运发展报告》，人民交通出版社2006年版。

展战略》①、长三角、珠三角及渤海湾三个区域的港口建设规划、《全国沿海港口布局规划（2006年）》等一系列规划，重点强化上海国际航运中心和沿海主要港口的建设，加快煤炭、原油、矿石、集装箱和粮食等重点货种的专业化码头和深水航道建设。

截至2010年底，全国沿海港口共有生产性泊位5452个，其中万吨级以上泊位1343个，分别比“十五”时期末增加1155个和496个。

2011年，交通运输部出台的《关于促进沿海港口健康持续发展的意见》，有效防止港口建设“过度超前”和低水平重复建设。截至2012年底，全国沿海港口共有生产性泊位5623个，其中万吨级以上泊位1517个，分别比2002年底增加1801个和817个，一批大型专业化码头建成投产，基本解决了沿海港口通过能力不足的问题。布局合理、工艺先进和配套齐全的水运基础设施，有力地支撑了水路运输的快速发展，保障了我国能源、原材料等大宗货物运输。党的十八大以后，我国沿海港口迈入建设现代化港口的新征程。

（二）沿海港口的发展成就

1. 规划引领港口发展

改革开放以来，我国始终重视港口规划的引领作用。在一系列五年规划的指导下，沿海港口布局不断完善，基础设施建设步伐不断加快，有力支撑了国民经济和对外贸易的快速发展。经过长期的建设发展，沿海港口整体上形成了分布合理、层次清晰、与经济社会发展基本适应的港口格局。形成了以上海、天津、宁波舟山、深圳、广州、青岛、大连等24个主

---

① 中华人民共和国交通运输部：《中国交通运输改革开放40年》（综合卷），人民交通出版社2018年版。

要港口引领，地区性重要港口、一般港口共同发展的分层次格局；形成了以集装箱、煤炭、外贸进口原油、外贸进口铁矿石四大货种为代表，以大型深水专业化码头为主体，与产业布局、开放型经济相适应的专业化运输系统港口格局；形成了环渤海、长江三角洲、东南沿海、珠江三角洲和西南沿海五大区域港口布局。

2. 港口能力总体提升

改革开放初期，港口通过能力明显不足的问题长期制约着国民经济发展。1978 年，全国港口生产性泊位为 735 个，沿海规模以上港口生产性泊位为 311 个，其中万吨级以上泊位 133 个。2012 年，全国港口生产性泊位为 31862 个，沿海规模以上港口生产性泊位 5623 个，其中万吨级以上深水泊位达 1517 个，沿海港口建设呈现迅猛发展态势，大型深水泊位主要分布在沿海港口（见表 3－1）。

表 3－1　　1978～2012 年我国港口泊位统计数据　　单位：个

年份	全国生产性泊位数	其中万吨级及以上	沿海泊位数	其中万吨级及以上	内河泊位数	其中万吨级及以上
1978	735	133	311	133	424	—
1985	844	189	373	173	471	—
1990	4657	312	967	284	3690	28
1995	6187	438	1263	394	4924	44
2000	32858	784	3700	651	15299	133
2005	35242	1034	4298	847	30944	187
2006	35453	1203	4511	978	30942	225
2007	35947	1337	4701	1078	31246	259
2008	31050	1416	5119	1157	25931	259

续表

年份	全国生产性泊位数	其中万吨级及以上	沿海泊位数	其中万吨级及以上	内河泊位数	其中万吨级及以上
2009	31429	1554	5320	1261	26109	293
2010	31634	1661	5453	1343	26181	318
2011	31968	1762	5532	1422	26436	340
2012	31862	1886	5623	1517	26239	369

资料来源：历年交通统计资料汇编、交通运输行业发展统计公报。

3. 港口业务快速增长

1978 年，全国港口货物吞吐量为 2.80 亿吨，沿海港口货物吞吐量为 2.00 亿吨，没有一个亿吨级大港。2012 年，全国港口货物吞吐量为 107.76 亿吨，其中，沿海港口货物吞吐量为 68.80 亿吨，沿海占比为 63.8%（见表 3－2）。1979 年，全国港口集装箱吞吐量仅为 2521 吨，发展到 2010 年，我国规模以上港口货物吞吐量达到 80.2 亿吨，集装箱吞吐量达到 1.45 亿吨，拥有 22 个亿吨大港，港口货物和集装箱吞吐量连续 8 年位居世界第一，在世界排位前 20 名的亿吨大港和集装箱大港中，中国大陆分别占了 12 个和 9 个①。

表 3－2　1978～2012 年我国港口生产发展情况　单位：亿吨

年份	港口吞吐量	外贸吞吐量	沿海吞吐量	沿海外贸吞吐量	内河吞吐量	内河外贸吞吐量
1978	2.80	0.60	2.00	0.60	0.80	—
1985	4.30	1.40	3.10	1.30	1.10	0.06

① 中华人民共和国交通运输部：《中国水运建设 60 年》（建设成就卷），人民交通出版社 2011 年版。

续表

年份	港口吞吐量	外贸吞吐量	沿海吞吐量	沿海外贸吞吐量	内河吞吐量	内河外贸吞吐量
1990	7.20	1.80	4.80	1.70	2.30	0.09
1995	11.20	3.30	8.00	3.10	3.10	0.20
2000	22.00	6.20	12.90	5.70	9.10	0.50
2005	48.54	13.67	30.09	12.53	18.45	1.14
2006	55.70	16.14	35.30	14.75	20.40	1.39
2007	64.10	18.49	40.42	16.91	23.68	1.58
2008	70.22	19.86	44.89	18.25	25.33	1.61
2009	76.57	21.80	48.74	19.94	27.83	1.86
2010	89.32	25.01	56.45	22.88	32.88	2.13
2011	100.41	27.86	63.60	25.44	36.81	2.42
2012	107.76	30.56	68.80	27.86	38.96	2.71

资料来源：历年交通统计资料汇编、交通运输行业发展统计公报。

4. 航道建设成就显著

为了适应船舶大型化趋势和大型专业化泊位的建设，沿海港口进出港深水航道建设也取得了举世瞩目的成就，建成了天津港、广州港和黄骅港等一批人工深水航道。2008 年，宁波舟山港虾峙门口外 30 万吨级深水航道建成，是我国首条人工疏浚形成的 30 万吨级深水航道。我国沿海港口外贸进口原油、外贸进口铁矿石、集装箱、煤炭下水等重要货类运输系统码头所在的港区中，基本具备与港区内码头泊位等级相匹配的通航能力。

5. 港口专业码头能级不断提升

改革开放以来，特别是进入 21 世纪，为了适应工业化特别是重化工业发展进程加快的需要，我国沿海主要港口不断向专业化、大型化和深水化发展，在发展通用件杂货、散货码头的基础上，大力发展专业化码头和运输系统。以集装箱、煤炭、油品、矿石等货种为重点，构架了具有我国特色的运输系统。我国专业化码头的软硬件设施已经步入世界一流水平，港口装卸技术和服务效率也走在了世界前列。

（1）集装箱码头。

随着经济建设的快速发展，对外经济贸易规模的不断扩大，我国集装箱运输业也得到了前所未有的发展。从1978年我国开辟第一条国际集装箱班轮航线，并开始启动集装箱码头建设，1980年，天津新港建成我国第一个集装箱码头，后又建成中转站。经过多年的建设与发展，2009年，我国沿海集装箱泊位已达近300个，其中95%以上为万吨级以上深水泊位。1980年底，我国港口开通国际班轮航线15条，到2005年底，已经开辟140多条国际集装箱班轮航线。从2003年起，我国港口集装箱年吞吐量一直为世界各国之首。从2010年起，上海港集装箱吞吐量首次超过新加坡港居世界第一位，一直保持至今。纵观我国港口集装箱运输的发展历程，自1973年从零开始至100万吨用了16年，由100万吨到1000万吨用了9年（1997年为1076.51万吨），由1000万吨到5000万吨用了7年（2004年为6160万吨），由5000万吨到1亿吨仅用了3年（2007年为1.14亿吨），由1亿吨到2亿吨用了7年（2014年为2.02亿吨）①，实现了跨越式发展。我国已成为全球集装箱海运规模最大、港口最繁忙的区域。上海港、宁波舟山港、深圳港、厦门港、天津港、大连港等港口建设了一大批设备先进、作业效率高，吞吐能力大的集装箱专业化码头，我国沿海港口大型化、深水化、自动化程度不断提高，我国沿海港口在全球航运网络中的竞

① 中华人民共和国交通运输部、《中国交通运输改革开放40年》丛书编委会：《中国交通运输改革开放40年》（综合卷），人民交通出版社2018年版。

争力不断提升。

（2）专业化煤炭码头。

我国煤炭资源主要分布在东北、华北、西北地区，而经济发达、煤炭需求量较大的华东、华南等地区则煤炭资源较为匮乏，基本形成了我国“北煤南运”“西煤东运”的总体流向。20 世纪 80 年代后，随着我国经济开始腾飞，煤炭需求不断增长，为了解决煤炭运输的“瓶颈”制约，国家实施煤炭运输大通道建设计划，开始大规模建设煤炭专业化码头泊位。以秦皇岛港、天津港、黄骅港、唐山港、青岛港、日照港和连云港为建设重点，努力提高北方地区港口煤炭装船能力。以建设上海、宁波、广州和电厂专用煤码头为重点，提高南方地区港口煤炭卸船能力。环渤海区域建成了世界上煤炭吞吐量最大、煤炭专业化码头泊位密度最高的煤炭装船港群。秦皇岛港从 2003 年起，连续多年煤炭装船量超过亿吨，成为世界最大的煤炭装船港。除长江三角洲和珠江三角洲水网地区外，沿海煤炭运输维持了以直达为主的方式，形成了以电力、冶金等大型用煤企业自备码头为主，公用码头为辅、分散接卸的格局，公用码头主要为沿江和水网地区社会中小用户服务。

（3）专业化原油码头。

随着石油等能源需求的不断增长，我国成为世界石油资源主要进口国之一。我国自 1993 年成为石油净进口国后，石油需求量增长迅速。为适应进口原油的快速增长，我国专业化原油码头建设加快。依托石化企业布点，我国沿海港口已经建成一大批大型原油接卸泊位，主要分布在环渤海地区、长三角地区、珠三角地区、福建、广西和海南沿海地区等。自 2006 年大连港和青岛港的 30 万吨级油品专业化码头建成投产，到 2012 年宁波舟山港大榭港区实华二期亚洲最大的、中国首个 45 万吨级原油码头投产，我国原油码头布局不断完善，专业化码头总体规模和能力迈上了新的台阶，沿海形成了以30万吨级大型原油接卸码头为主体、以海管联运为主要方式、与炼油产业布局及原油管网布局相适应的专业化进口原油运输系统港口格局。专业化油码头已成为国家能源战略的重要组成部分，油品专业化码头接卸系统技术先进，作业自动化水平不断提高，我国港口油品专业化码头的技术水平与专业化程度已达到国际先进水平。

（4）专业化铁矿石码头。

随着我国钢铁工业的不断发展，对进口铁矿石的需求逐年增加。按照布局规划，沿海专业化铁矿石泊位主要分布在环渤海地区、长三角地区、西南沿海地区。外贸铁矿石进口运输系统港口布局已经形成了以20万吨级及以上大型接卸码头为主体、沿海一程接卸和长江海进江中转运输的基本格局。其中，环渤海湾地区已经形成了以大连、营口、唐山、天津、烟台、青岛、日照等港口为主的外贸铁矿石接卸港的布局，长江三角洲地区已经形成由外海宁波舟山港和长江口内上海、南通、苏州等港口组成的外贸铁矿石运输体系港口布局，华南沿海基本形成以湛江、防城、珠海、福州等4港专业化泊位为主的矿石接卸系统港口布局，至此，我国矿石专业化码头已达到国际先进水平。

二、内河港口和航道发展

（一）内河港口和航道发展历程

1. 逐步恢复发展阶段（1978～1990年）

为适应经济社会发展形势，中央与地方政府有关部门在促进内河水运发展的政策和体制改革方面做了一些探索，实行了“有河大家走船”的政策，放开并活跃了水运市场；投融资体制也有所改变，由以往港口、航道、船舶全部由政府投资，逐步向政府重点投资建设航道和支持保障系统，适当扶持港口、运输船舶由市场配置的模式过渡。内河水运逐步恢复，货运量以年均4.3%的速度增长，1990年达5.8亿吨[①]。同时，加强行业管理，统筹规划内河水运建设和发展，交通部先后设立了长江、珠江、黑龙江航务（航运）管理局以及长江、珠江、黄河、黑龙江和松辽水系航运规划办公室，组织了各水系内河航运规划。

“六五”期间，改造和扩建了长江煤炭转运码头和部分客运码头、分节驳锚地，扩建了京杭运河杭州至济宁段的煤港，在西江上建设了贯平航运枢纽。“七五”期间，长江港口建设项目有10个外贸码头泊位，100个中小码头泊位，9个客运站[②]。至此，内河港口能力严重不足的局面初步得到缓解。

2. 全面建设发展阶段（1991～2002年）

进入20世纪90年代，我国由计划经济逐步向社会主义市场经济体制转变，为改变公路水运发展的滞后局面，保障国民经济快速发展，交通部提出了建设“三主一支持”的长远规划设想，其中包括内河水运主通道，港口主枢纽布局规划，为指导内河水运建设和发展发挥了重要作用。1995年召开了全国内河航运工作会议，建立了内河航运建设基金，充分调动了中央和地方政府的积极性，以内河水运主通道和港口主枢纽为建设重点，水运建设资金投入力度明显加大，实施了一批航道、港口建设项目，内河水运基础设施建设显著加快，步入了全面建设的发展阶段。“八五”期间，内河港口新建改建泊位82个，其中千吨级以上泊位42个，新增吞吐能力

---

① 中华人民共和国交通运输部、《中国交通运输改革开放40年》丛书编委会：《中国交通运输改革开放40年》（综合卷），人民交通出版社2018年版。

② 中华人民共和国交通部水运司：《1998年中国航运发展报告》，人民交通出版社1999年版。

2300多万吨；长江干线建成客运站14个，新增客运泊位15个，初步改变了长江沿线客运设施落后面貌，内河主要港口码头泊位达到4500多个①。

3. 快速发展阶段（2003～2012年）

进入21世纪以来，我国全面建设小康社会，加快推进社会主义现代化建设的步伐逐渐加快，党中央以科学发展观统领经济社会发展全局，提出了要加快建设资源节约型，环境友好型社会的要求。随着国民经济的快速发展，国家以市场经济为导向全面开放港口建设和经营市场，启动了新一轮港口管理体制改革。2005年11月交通部与长江沿线七省二市高层召开座谈会，内河水运开启了中央与地方政府合力建设共促水运发展的新阶段。2007年国家发展和改革委员会与交通部联合印发了《全国内河航道与港口布局规划》，成为我国内河水运发展史上的重要里程碑。2011年国务院印发了《关于加快长江等内河水运发展的意见》，内河水运发展迎来了快速发展的机遇期，以"两横一纵两网"和内河主要港口为重点的水运基础设施建设取得了显著成效，带动了内河水运行业的全面发展。到2010年底，长江黄金水道等内河水运建设取得重大进展，成功实施了长江口12.5米深水航道治理工程②；珠江三角洲高等级航道网基本建成；京杭运河和长江三角洲高等级航道网建设工程成效明显，初步形成了国家高等级航道网络。党的十八大以来，内河水运建设现代化步伐越发加快。

（二）内河水运的发展成就

1. 投资力度持续加大

我国一直重视内河水运的发展，"九五"期以来，水运建设资金投入

① 中华人民共和国交通部水运司：《1998年中国航运发展报告》，人民交通出版社1999年版。
② 中华人民共和国交通运输部：《2010年中国航运发展报告》，人民交通出版社2011年版。

逐步增加，特别是2011年国务院《关于加快长江等内河水运发展的意见》实施以来，中央进一步加大内河航运建设基金投入规模，在中央预算内建设资金中安排部分内河航道建设支出等，中央投资建设资金从“十五”期间的68亿元增加到“十二五”期间的580亿元①。沿江部分省区市政府通过安排财政预算内资金、统筹交通专项税费和其他政府性资金，设立地方内河水运建设专项资金。大部分省区市均对符合条件的港航企业、内河水运重点建设项目等给予税费减免等优惠，对水运公益性项目建设涉及的征地、移民、拆迁等给予大力支持。随着港口投资市场全面开放，国有港口集团、各类民营企业等社会主体已成为内河港口投资发展主力军。

2. 航道通航能力大幅提升

在相关规划指导下，以“两横一纵两网十八线”内河高等级航道为重点的航道建设取得显著成效。长江干线航道系统化治理全面推进，上游、中游、下游分别进行航道整治工程，改善了航道通航条件，特别是下游的长江口深水航道治理工程，适应船舶大型化的需要。西江航运干线采取船闸扩能与航道整治相结合的手段，扩能升级加快推进。京杭运河通过航道整治、建设一批复线、三线船闸工程，扩能升级持续推进。长三角高等级航道网建设全面加快，初步形成了以长江干线和京杭运河为核心的航道网骨架。至此，珠江三角洲高等级航道网基本建成。

3. 航道技术等级进一步提升

“九五”和“十五”期间，内河航道以“两横一纵两网十八线”水运主通道建设为重点，航道通航里程大幅增加，其中通航300吨级船舶的五级及以上航道由1995年的1.86万公里增加到2005年的2.37万公里，通

---

① 中华人民共和国交通运输部、《中国交通运输改革开放40年》丛书编委会：《中国交通运输改革开放40年》（综合卷），人民交通出版社2018年版。

航1000吨级船舶的三级及以上航道由1995年的6715公里增加到2005年的8631公里。"十一五"期间以来，以"两横一纵两网十八线"内河高等级航道为重点的内河航道建设加快推进，航道建设成效显著，航道结构不断优化，三级及以上航道1.25万公里，是2005年的1.45倍[①]。

4. **港口规模化水平显著提高**

形成一批规模化、集约化港区。在港口规划指导下，按照集约利用，连片开发的思路，实施了一批内河港口建设重点项目，以重庆寸滩、宜昌云池、武汉阳逻、九江城西、芜湖朱家桥、南宁牛湾等为代表，建成了一批规模化、集约化港区。内河港口结构明显优化，港口设施和服务能力明显改善，日益成为重要的综合交通枢纽、区域性物流中心和对外开放的重要依托。

第二节　港口管理体制改革激发活力

港口是综合交通运输的枢纽，也是物流供应链的战略节点。1978年，改革开放的春风吹遍神州大地。作为通向世界的门户，港口成为改革开放的前沿阵地。我国港口管理体制的改革是顺应国家整体改革的进程进行的，在一定程度上反映了我国生产力发展和政治、经济改革的客观要求，走出了一条独具中国特色的改革之路、开放之路。在港口发展中，针对港口管理体制呈现的多样性和复杂性特点，不同时期我国采取的体制侧重点

---

① 中华人民共和国交通运输部、《中国交通运输改革开放40年》丛书编委员：《中国交通运输改革开放40年》（综合卷），人民交通出版社2018年版。

有所不同，总体来看，改革为港口发展助力的效果十分明显。

一、港口管理体制改革的积极探索

长期以来，我国对沿海和内河主要港口一直实行集中管理，直接指挥和干预企业的生产活动，形成了政企合一、高度集中的管理模式。随着国民经济的发展，特别是党的十一届三中全会以来，改革、开放、搞活经济的各项方针政策的实施，对外贸易迅速增长，国际航运迅速发展，这一管理模式已经不能适应我国政治、经济改革发展的需要，从 1984 年起，我国在不断探索港口管理体制改革之路。

（一）港口改革的基本过程

1. 沿海港口管理体制改革

1980 年，为解决当时的港口疏运问题，交通部成立了港口管理局（后并入水运局），对港口各方面工作实行集中管理。1984 年，中共中央、国务院批复交通部，天津市委市政府《关于天津港管理体制改革试点问题的请示》，同意在天津港进行体制改革试点，实行交通部与地方“双重领导，以地方领导为主”的管理体制，在财务上实行“以港养港，以收抵支，定额上交（或补贴）一定几年不变”。

1985 年 3 月，国务院在肯定天津港改革的基础上，对交通部直属港口的管理体制改革进行了部署。自 1986 年 1 月起，我国沿海的港口管理体制改革全面展开，1986 年 12 月，国务院要求有关部门和省区市抓紧各项准备工作，成熟一个下放一个。整个沿海港口管理体制改革工作从 1984 ~ 1988 年共分四批完成：第一批有天津港，于 1984 年 6 月 1 日完成，第二批包括上海港、大连港，于 1986 年 6 月 1 日完成；第三批包括烟台、青岛、连云港、南通、黄埔港（黄埔港与原广州港合并，组建了新的广州港务管理局），于 1987 年 1 月 1 日完成；第四批包括宁波、汕头、湛江、营口、日照、海南、张家港，于 1988 年 1 月完成。上述实行交通部和所在地政府“双重领导、地方为主”的管理体制，加强了港口所在地政府对港口工作的领导。

2. 内河港口管理体制改革

长江干线运输一直由交通部所属的长江航运管理局经管，其港口主要为交通部直属船舶服务。交通部于 1984 年 1 月撤销了长江航运管理局，分别组建了长江航务管理局和长江轮船总公司。长江航务管理局为交通部的派出机构，对长江航运进行行政、行业管理与宏观控制，长江轮船总公司为交通部直属一级航运企业，主要经营长江干线的客货运输和船舶修造业务。为了调动各方面建设和利用长江的积极性，加快港口建设，发展港口生产，增强港口活力，提高港口的经济效益和社会效益，促进长江水系航运事业的发展，1987 年 8 月，国务院批准了国家经委、交通部《关于长江管理体制改革的请示》①，确定将长江干线的重庆、武汉等 23 个主要港口全部移交给所在城市，实行交通部与地方政府双重领导，以地方为主的管理体制。与此同时，珠江水系和黑龙江水系的港口管理体制也相应进行了调整。

（二）改革的主要内容及成果

1. 港口管理体制改革的主要内容

港口管理体制改革后，交通部对港口实行行业管理，对港口生产发展建设的方针、政策、法规等实行统一领导和监督。对国家指令性计划和支

① 叶红军：《港口法解析》，人民交通出版社 2003 年版。

农、救灾、军运等重点物资运输直接管理，以保障关系国计民生的物质运输畅通。沿海主要港口（除天津港外）固定资产投资和计划管理，仍以交通部为主，实行“以港养港、以收抵支”的办法。从 1986 年起，基本建设投资由国家预算内拨款改为“拨改贷”的有偿使用政策。1988 ~ 1994 年，国家成立了交通投资公司，港口基本建设投资中的拨改贷改为经营基金，由国家交通投资公司安排。1994 年，国家对计划投资体制又进行了改革，撤销了国家专业投资公司，成立了国家开发银行，只负责安排基础设施大中型基本建设项目的资金配置（包括软、硬贷款），不再具有投资计划管理职能。

2. 港口管理体制改革的效果逐步体现

港口管理体制的改革，初步调动了中央和地方两个积极性，加强了地方政府对港口的领导，许多城市人民政府都充分认识到港口在城市发展以及对外开放中的重要地位和作用，在体制上确定了港务局是市政府的隶属机构，港口成为城市对外开放的窗口，提出了“港为城用，城以港兴”的口号，把城市建设发展规划和港口建设发展规划结合起来，统一考虑，使城市经济开发区与港口的发展互为依托，在征地拆迁、组织港口集疏运等方面做了大量的工作，有力地促进了港口的发展。

“以港养港”的财务办法，使港口有了部分较稳定的建设资金，增加了港口活力，增强了港口自我改造和自我发展的能力。据统计，1986 ~ 2001 年，全国沿海主要港口生产用泊位数从 686 个增加到 3718 个，其中万吨级深水泊位从 197 个增加到 677 个；货物吞吐量从 3.79 亿吨增长到 14.2 亿吨，其中外贸吞吐量从 1.4 亿吨增加到 6.0 亿吨；集装箱吞吐量从 59.1 万吨增加到 2456 万吨。同期，全国内河主要港口生产用泊位数从 1436 个增加到 29723 个，其中万吨级深水泊位从 20 个增加到 133 个；货物吞吐量从 1.66 亿吨增长到 4.7 亿吨，其中外贸吞吐量从 648.3 万吨增加到

0.5亿吨；集装箱吞吐量从3.95万吨增加到197万吨①。这些成就表明，双重领导港口体制对于我国港口发展和缓解港口紧张状况起到了历史性的积极作用。

二、20世纪90年代至21世纪初港口管理体制的改革

1994年，国家提出了新的水运体制改革方案，包括港监体制的改革、船检体制的改革、长江航运体制的改革、港口体制的改革四个方面。1994年，进一步对海南省港口管理体制进行改革，将双重领导港口全部下放海南省管理。1995年，深圳口岸管理体制改革中，在港口方面实行了政企分开。

（一）港口政企分开

2001年11月23日，国务院办公厅转发了交通部、国家计委、国家经贸委、财政部、中央企业工委《关于深化中央直属和双重领导港口管理体制改革的意见》，该意见明确将现由中央管理的秦皇岛港以及中央与地方政府双重领导的港口全部下放地方管理。港口下放后，原则上交由港口所在城市人民政府管理；需要由省级人民政府管理的，由省级人民政府按照“一港一政”的原则自行确定管理形式。港口下放后，实行政企分开，港口企业不再承担行政管理职能，并按照建立现代企业制度的要求，进一步深化企业内部改革，成为自主经营、自负盈亏的法人实体。改革港口现行的计划、财务管理体制。计划管理，由现行中央计划管理改为地方管理；财务管理，由“以港养港、以收抵支”改为“收支两条线”，取消港口企

① 叶红军：《港口法解析》，人民交通出版社2003年版。

业定额上缴、以收抵支的办法，同时按照国家税收管理有关规定征缴港口企业所得税。

2002年，进一步提出贯彻实施港口管理体制深化改革工作，港口管理体制深化改革应按照建立社会主义市场经济体制的要求，实现"一港一政"，明确职能，理顺关系，加强港口行政事务的统一管理，促进港口企业建立现代企业制度。通过这次体制改革，我国形成了较为合理的港口管理体系。改革后的港口管理机构主要有四种模式，一是建立单独的港（航）务管理局，进入政府序列；二是港政并入交通主管部门；三是港政并入交通主管部门下属的航管局（处）；四是在交通主管部门下设独立的港务管理局。另外还有一些城市成立了港口管理委员会，作为港口事务的决策和协调机构。

（二）引航管理体制改革

沿海港口的引航机构作为向各码头靠泊船舶提供引航服务的单位，应从港口企业中分离出来。在港口企业改革中，鉴于2001年引航机构与港口企业分离的条件尚未成熟，为平稳过渡，引航机构尚未与港口企业分离的港口可暂维持现状，过渡期为3年，在业务上接受港口管理机构的指导，为全港所有码头提供服务。长江引航机构作为独立向航行在长江的船舶提供引航服务的单位，仍隶属于长江航务管理局。在2003年对引航管理体制改革进行专门调查研究、2004年对引航机构进行资质认定的基础上。2005年，交通部下发《关于我国港口引航管理体制改革实施意见的通知》，要求本着"工作不断、管理不乱、平稳过渡"的原则组织实施，从2006年2月开始，用半年的时间完成。沿海港口按照一个港口一个引航机构设置。

为进一步加强我国港口引航管理，加快建立良好的港口公共服务环境，全面提升引航服务水平，2007年4月，交通部发布了《关于加强我国港口引航管理的通知》。截至2008年，全国共有41家引航机构，我国港口引航管理体制改革基本完成。2008年1月8日，中国引航协会成立，作为政府和引航机构间的桥梁，中国引航协会突出行业特色，围绕中介、管理、服务、咨询四大职能，创新运行机制，在加强行业自律和维护行业合法权益等方面发挥了积极作用。2010年3月，交通运输部下发了《关于加强引航机构管理的通知》，以加强引航机构管理，保障引航体制平稳过渡和港口安全生产。截至2012年，我国46家引航机构引领船舶37.4万艘次，其中，引领集装箱船约13.12万艘次，引领超大型船舶约7.88万艘次，为服务我国港口发展发挥了重要作用①。

（三）逐步放开理货市场

随着港口体制改革，为保证理货的公正性，进一步规范理货业务促进理货质量的不断提高，港口理货引入竞争机制，将各港外轮理货公司从港口企业中分离出来，作为独立的企业法人，自主经营。将中国外轮理货总公司向各港外轮理货公司收取管理费的方式改为持有各港外轮理货公司一定的股份，具体比例由交通部组织中国外轮理货总公司与港口企业共同协商确定后，报财政部办理相关的股权确认及产权变更手续。自2002年起，交通部先后颁发了《关于各港外轮理货公司改制工作有关问题的通知》②和《关于组建第二家外轮理货公司有关问题的通知》等相关文件以来，原有港口理货企业改制和建立第二家港口理货企业改革的步伐不断推进。

截至2007年底，理货改制工作基本完成，中国外轮理货总公司系统（以下简称“中理系统”）已有42家外轮理货分公司基本完成改制工作，中

① 中华人民共和国交通运输部：《2012年中国航运发展报告》，人民交通出版社2013年版。
② 中华人民共和国交通运输部：《2007年中国航运发展报告》，人民交通出版社2008年版。

联理货有限公司在23个港口成立了第二家的法人实体，规范运作，初步建立了公平、公开、竞争的港口理货市场①。2008年底，中理系统拥有的61家分支机构中有56家完成改制工作，中联理货13家合资公司、11家分公司②。两大理货公司，通过建立沟通协调机制，采取切实有效的措施，严控成本，实现了理货业务量的平稳发展。2010年12月23日，中国理货协会成立。协会坚持服务为本、反映行业诉求，规范行业行为、维持行业秩序，提升服务水平、加强队伍建设，维护行业正当权益等方面，发挥了桥梁纽带作用。

三、不断完善港口法规体系

（一）《中华人民共和国港口法》颁布

2003年6月28日，第十届全国人民代表大会常务委员会第3次会议通过了《中华人民共和国港口法》（以下简称《港口法》）。《港口法》对港口的规划、建设、维护、经营、管理及其相关活动进行了全面的规范，是我国水路运输法律体系中的一部“龙头法”。《港口法》的出台，结束了我国港口行业长期以来无法可依的历史，填补了港口立法的空白。

第一，《港口法》确立了中央宏观调控、地方政府进行具体管理的港口管理体制，保证了港口管理的科学、高效、低成本，有利于政府主管部门进一步转变职能、加强港口行业的行政管理，有利于港口企业按照建立现代企业制度的要求自主经营、走向市场，有利于我国港口事业不断协调发展的原则，将港口全部下放地方管理，实行政企分开。

---

① 中华人民共和国交通运输部：《2007年中国航运发展报告》，人民交通出版社2008年版。

② 中华人民共和国交通运输部：《2008年中国航运发展报告》，人民交通出版社2009年版。

第二，《港口法》明确了政企分开的港口运行机制，保证了港口的运作与社会主义市场经济体制相适应。只有政企分开，港口才能实现港口经营人的多元化和平等竞争，保证各经营人拥有明确的财产权利，并保证港口经营人独立地承担民事责任，政府才能维持港口经营人之间及港口经营人与其他市场主体之间公开、自主、平等、公平、合作、竞争的关系，对港口市场实施有效的宏观调控和宏观管理。

第三，《港口法》规范了港口规划体系，保证了港口资源的保护和合理利用。《港口法》明确了各级人民政府应当在国民经济和社会发展计划中体现港口的发展和规划要求，以依法保护和合理利用港口资源的原则，通过确定港口的规划体系确保港口资源的保护和合理利用。根据《港口法》的规定，港口规划分为两种，即港口布局规划和港口总体规划。其中港口布局规划又分为两级，包括全国港口布局规划和省、自治区、直辖市港口布局规划。《港口法》还对港口规划的制定、修改程序作出了明确的规定。

第四，《港口法》明确了港口投融资政策，保证了港口的可持续发展。港口是国家基础设施的组成部分，港口的重要性决定了政府对港口建设进行投资的必然性。根据《港口法》的规定，我国各级政府有责任保证必要的资金投入，用于港口公用的航道、防波堤、锚地等基础设施的建设和维护，促进港口的发展。与此同时，《港口法》还规定国家鼓励国内外经济组织和个人依法投资建设港口。

第五，《港口法》确立了港口市场准入制度和行为规则，保证了港口市场的公平和有序发展。按照《港口法》的规定，建立和完善统一开放、竞争有序的港口市场是各级港口管理机构的重要职责。作为制度上的保证，《港口法》确立了港口经营人的市场准入制度、港口经营人的公平竞争制度和对港口经营人的合法权益依法保护的制度。

第六，《港口法》建立了港口保护和安全管理制度，保证了港口良好的公共环境。港口安全管理的目的是维护港口的公共秩序和环境，同时保障人们生命、财产的安全。为此，《港口法》针对国务院交通主管部门、负责港口行政工作的部门、其他管理机构、港口经营人、港口服务的用户以及其他相关方在港口安全管理方面的职责与义务作出了详尽的规定。

（二）《港口经营管理规定》不断修订完善

为规范港口经营行为，维护港口经营秩序，2003 年 12 月 26 日交通部发布了《港口经营管理规定》（以下简称《规定》），并于 2004 年 4 月 15 日正式公布，自 2004 年 6 月 1 日起施行。《规定》由总则、资质管理、经营管理、监督检查、法律责任、附则共 6 章组成，其明确了《规定》适用范围、港口经营人资格认定、港口经营准入条件、办事程序和要求以及港口行政管理和经营人的职责和法律责任等内容，规范了港口经营和管理行为。为使港口行政管理部门依法行政，经营者依法经营，保护相关各方的合法权益，交通部就《港口经营管理规定》需要明确的问题，于 2004 年 5 月 18 日下发了“关于实施《港口经营管理规定》有关问题的通知”，并重点强调了港口企业经营许可证的问题。港口行政许可是国家为了更好地管理港口，保证港口安全运行，促进港口健康有序发展而设立的行政管理手段。截至 2004 年底，基本完成了对全国港口企业经营许可证的核发。

2009 年 11 月 6 日，交通运输部修订颁布了新的《港口经营管理规定》，包括总则、资质管理、经营管理、监督检查、法律责任、附则等内容，自 2010 年 3 月 1 日起实施。《港口经营管理规定》是与我国《港口法》配套的规章之一，进一步规范港口经营人的市场行为，加大我国港口市场的监管力度，促进港口行业健康发展。随着政府职能的转变和经营环境的变化，于 2014 年 12 月 23 日、2016 年 4 月 19 日、2018 年 7 月 31 日和 2019 年 4 月 9 日，先后 4 次对《港口经营管理规定》进行了修正。

四、港口规划得到高度重视

港口规划作为国家水路运输宏观调控的重要内容，是实施科学管理的重要基础条件。结合我国经济发展的实际和港口发展现状，适时推出了港口发展的一系列重要规划。

（一）港口规划起步发展

1973 年，周恩来总理发出“三年改变港口面貌”的号召，全国出现了第一次建港高潮，提出了“合理布局、统一计划、统筹规划、远近结合和分期建设，正确处理新建和改扩建的关系”，第一次从区域布局和时间的角度提出了关于港口规划的基本思想。党的十三大提出以综合运输体系为主轴的交通业发展总方针之后，我国开始着手研究制定水运建设的战略规划，1989 年提出了建设水运主通道、港站主枢纽和交通支持系统的长远规划设想，1990 年颁发了《港口总体布局规划编制办法》，对港口总体布局规划的编制内容、审查程序、批准机构等做出了具体规定。20 世纪 90 年代初，开展深入的论证工作，1993 年底完成了全国港口主枢纽规划的编制工作，确定了我国沿海港口中层次最高、辐射面最广的 20 个枢纽港的布局方案。

（二）港口规划稳步推进

2005 年，《长江三角洲、珠江三角洲、渤海湾三区域沿海港口建设规划》出台；全国港口布局规划研究工作已经启动，为实现港口快速健康发展、进行科学规划提供了指导。同时各港口所在城市抓住港口发展的大好时机，确定“以港兴市”的发展战略，把港口规划布局，纳入城市规划，以满足区域经济发展的需要。

2006年8月16日，国务院审议并通过了《全国沿海港口布局规划》，标志着中国沿海港口建设与发展进入了新的发展阶段。《全国沿海港口布局规划》将全国沿海港口划分为环渤海、长江三角洲、东南沿海、珠江三角洲和西南沿海5个港口群体，强化群体内综合性、大型港口的主体作用，形成煤炭、石油、铁矿石、集装箱、粮食、商品汽车、陆岛滚装和旅客运输等8个运输系统的布局。在《全国沿海港口布局规划》的指导下，沿海港口逐步形成布局合理、层次分明、功能明确、节约资源、安全环保、便捷高效、衔接协调、市场有序的水路客货运输系统，辐射、服务面覆盖全国范围，明显提升了我国沿海港口的综合竞争力，适应国家经济、社会、贸易、国防等发展的需要。

为规范港口规划工作，科学利用、有效保护港口资源，促进港口健康、持续发展，根据《港口法》，交通部制定了《港口规划管理规定》并自2008年2月1日起施行。根据该规定，港口规划应当符合城镇体系规划，并与土地利用总体规划、城市总体规划、江河流域规划、防洪规划、海洋功能区划、水路运输发展规划和其他运输方式发展规划以及法律、行政法规规定的其他有关规划相衔接、协调。国家级中长期港口规划的出台，既保障国家政治、经济和国防安全，又增强了宏观调控能力，整合港口优势资源，合理布局，保证了港口科学有序发展。

第三节　水路运输市场开放步伐加大

改革开放以来，我国水路行业改革开放与行业管理的发展历程大致可分为三个阶段，从水运管理体制机制改革、扩大水路运输对外开放领域和利用外资建设港口，加快港口现代化进程。完成了从抓企业生产调度到全行业宏观调控的发展历程。

一、水运管理体制机制改革

（一）解放思想，放开搞活水路运输市场（1978～1991年）

1. 水路运输改革开放启航

（1）远洋运输管理体制改革。

1982年7月，撤销政企合一、一套机构两块牌子的交通部远洋运输局和中国远洋运输总公司，新设海洋运输管理局，成立中国远洋运输总公司。1985年11月，国务院正式批准成立招商局集团，由交通部直接领导，并作为交通部派驻香港的代表机构，统管交通部所属驻港企业。

（2）内河运输管理体制改革。

1984年1月，撤销长江航运管理局，分别组建了长江航务管理局和长江轮船总公司。长江航务管理局对长江航运实施行政和行业管理。1983年成立交通部黑龙江航运管理局，1986年组建珠江航务管理局，1987年，成立京杭运河江苏省交通厅航务管理局，实行交通部和江苏省双重领导。

（3）推进港口管理体制改革。

在大连港、天津港改革试点的基础上，1984～1989年，除秦皇岛港外的交通部直属14个沿海港口，26个长江干线重点港口下放到所在城市，实行交通部和所在地政府“双重领导，地方为主”的管理体制，加强了港口所在地政府对港口工作的领导。

2. 水运市场放开搞活步伐加快

1978 年 10 月，交通部提出让招商局“冲破束缚，放手大干”，以加强我国在港澳地区的经济力量，发展远洋运输事业。1979 年 7 月，蛇口工业区正式开工建设，通航工作作为先行任务开始启动。蛇口工业区第一次按照国际惯例引入外商和引进外资，最先打破计划经济体制下的大锅饭，喊出了“时间就是金钱，效率就是生命”的著名口号。蛇口工业区的开放，极大地加强了蛇口与香港及其有关港口的水上联系，开启了水运行业改革开放的征程。1981 年 5 月，蛇口港建设一期工程竣工并投入使用。1983 年，交通部提出“有河大家走船，有路大家走车”的改革方针，1985 年提出“各部门、各行业、各地区一起干，国营、集体、个人以及各种运输工具一起上”，打破了单一所有制限制，放开水路运输和建设市场，极大地促进了运力发展，有效地缓解了交通运输紧张状况。交通系统破除“统一货源、统一调度、统一运价”的“三统”，进一步缩减指令性运输计划。

1982 年和 1988 年，交通部内设机构职能进行两次大的调整。特别是 1988 年 4 月的改革，撤销海洋运输管理局和内河运输管理局，设立运输管理司，统一负责水路和公路的运输管理工作，实现了精简机构、减少层次、划清权限、明确职责；淡化对企业直接控制职能，进一步下放权力，搞活交通运输企业。交通部反内设机构的改革，为水路运输行业实现“政企分开、简政放权、转变职能、加强行业管理”创造了条件。实行放开搞活政策后，我国水路运输市场由封闭式转型为开放式。为了保护消费者利益，减少市场的盲目性、自发性，各级交通管理部门运用经济的、法律的和必要的行政手段加强行业管理。

（二）深化改革，建立现代企业制度（1992～2001年）

1. 管理体制改革深化

第一，深化内河运输管理体制改革。设立长江航务管理局，归口管理长江水系航运的日常工作，1998年成立长江三峡通航管理局，为长江航务管理局下属事业单位。2005年成立交通部长江口航道管理局，建立长江口航道建设、管理、养护一体化的长效管理机制。成立长江航运管理委员会，统筹协调长江水系航运发展和管理重大事项。组建黑龙江省航务管理局，承担黑龙江水路交通行政管理，成立独立经营的黑龙江省航运集团公司。

第二，深化港口管理体制改革。设立港口行政管理机构，负责当地政府辖区内港口规划和岸线管理，港埠企业、货主码头的归口管理，规费的征收，港口和陆域环境保护等管理；将政企合一的港务局改组为港埠企业，成为自主经营、自负盈亏、自我发展，自我约束的经济实体，依法从事装卸、仓储、堆存等经营活动及港口的改造、维护。

第三，深化国有水运企业改革。交通部印发《关于进一步搞活部属及双重领导大中型交通企业的若干意见》《全民所有制交通企业转换经营机制实施办法》等，以指导水运企业深化改革。推行现代企业制度，以资本为纽带，组建大型水路交通企业集团，再开展股份制试点，建立股份制企业。在当时国家所确定的56家国家试点企业集团和百户试点企业中，中国远洋运输集团、中国长江航运集团、广州海运集团公司名列其中，开展国有大型运输企业集团建制试点。

2. 建立社会主义市场经济体制

1994年9月，完成水运企业《水路运输许可证》和船舶《船舶营业运输证》等新证换领工作，建立新的市场准入体系。1995年3月，修订《水路货物运输规则》《水路货物运输管理规则》，打破远洋运输、沿海运输和内河运输中人为的市场分割，全面开放国内水路货运市场，建立与国际接轨的市场运行规则。1996 年，《关于进一步加强我国水运市场管理的通知》提出，推进水运市场的培育和完善，通过加强法制建设、实施宏观调控，对水路运输市场的准入、经营行为、安全生产、服务质量进行严格管理。通过市场培育，我国已形成一支庞大的水路运输力量。截至 2000 年底，共有水上运输船舶 229676 艘，净载重量 5128 万吨，是 1979 年的 3 倍。

（三）建立规章，加快水运市场的对外开放（2002～2008 年）

1. 修订规章加快水运市场的对外开放

2001 年，我国加入世界贸易组织（WTO）。2002 年 1 月，《中华人民共和国国际海运条例》实施，标志着在 WTO 的框架下，中国国际海运业管理走向一个新的里程碑，与国际行业管理接轨。中国入世以来，国际海运对外开放承诺水平较部分海运发达国家和地区更高。同时，从加强立法、改革国际海运管理方式、扩大国际船舶代理市场开放、强化国际航运市场监督管理、简政放权、加强管理队伍建设等方面入手，创造开放、透明、有序、规范的市场环境。

2. 继续港口管理体制改革

2001 年 11 月，国务院转发《关于深化中央直属和双重领导港口管理体制改革意见的通知》，由中央管理的秦皇岛港以及中央与地方政府双重领导的港口全部下放地方管理，港口下放后，原则上由所在城市人民政府管理，实行政企分开，港口企业作为独立的法人依法经营，不再承担行政管理职能。

3. 整顿和规范市场秩序

严格市场准入，推行水路运输经营主体、运营船舶等的市场准入制度，水运建设主体的资质证书制度。建立健全运输市场信用机制，依靠科技和信息手段，加强有效监管。以国际班轮运输为重点，整顿和规范国际海运市场秩序。规范中介组织行为，积极发挥中介组织作用。改革行政审批制度。取消政企不分、政事不分的审批，取消违背市场机制、公平竞争的项目审批；保留客货运输业务和交通建设项目的行政审批，严格审批程序，提高审批环节的透明度。实行审批项目责任制，加强审批监督，严格责任追究等。

2008 年以来，交通部出台《关于促进当前水运业平稳较快发展的通知》《关于促进沿海港口健康持续发展的意见》等一系列政策，促进水运业健康发展。国务院发布《关于加快长江等内河水运发展的意见》等，促进内河航运发展。另外，深入推进简政放权，组织落实《关于深化行政管理体制改革的意见》和《国务院机构改革方案》，推进交通运输大部门制改革，贯彻落实国务院机构改革和职能转变方案，综合交通运输规划、战略、政策、法律法规和标准的拟订与起草；下放和取消一批行政审批事项，释放企业与基层的活力。

二、扩大水路运输对外开放领域

伴随我国改革开放的进程，我国不断扩大水路运输对外开放领域，对外籍船舶陆续开放沿海港口和内河港口。1985 年，《关于从事国际海运船舶公司的暂行规定》①，首次正式规定，经批准，允许外商以合资形式在华设立国际船舶运输公司。在以后的 1992 年、1993 年和 1995 年，国务院、交通部和国家有关部委，又对中国航运市场对外开放出台了一系列政策，

① 中华人民共和国交通运输部、《中国交通运输改革开放 30 年》丛书编委会：《中国交通运输改革开放 30 年》（水运卷），人民交通出版社 2009 年版。

对设立中外合资航运公司、外商独资船务公司的条件、审批程序、经营范围等做出了规定，初步形成了我国管理航运市场对外开放的政策体系。

1984 年，批准第一家外国航运公司班轮挂靠我国港口。1986 年 3 月，我国批准了第一家外国航运公司在华设立代表处。1986 年，批准第一家中外合资国际航运企业和第一家中外合资国内航运企业。1987 年，批准第一家中外合资国际集装箱码头有限公司，南京港与美国英塞诺公司合资经营国际集装箱码头业务。1988 年，中国取消外贸运输“货载保留”和“货载分配”政策，不再采用行政手段规定国轮承运的份额，也不再规定承运外贸进出口货物的我方派船比例，完全由贸易双方洽谈确定派船承运方式，并自由选择承运人。

1992 年，中国港口的装卸费和港口使用费对外国籍船舶执行与中国籍船舶相同的费率标准。1994 年，批准了第一家外国航运公司在华设立独资船务公司。1996 年，我国开始外商投资集装箱运输服务业试点，允许外国航运公司在华设立独资集装箱运输服务公司，从事订舱、拆装箱、仓储、签发货物收据、收取运费和其他获准服务的费用、维修和保养集装箱及其设备、联系及与卡车公司签订卡车运输服务合同等七项业务。这些业务的开展，表明外国航商进入中国航运市场的业务进一步向内陆延伸。截至 1998 年底，已有来自美国、欧盟的 4 家航运公司在华设立 4 家独资集运服务（物流）公司及 12 家分公司。

我国加入 WTO 后，水路运输市场履行国家在谈判中的所有承诺，扩大开放范围和开放程度越来越大。截至 2010 年，外商在华设立独资船务公司 41 家，独资船务公司设立分公司 209 家，外商在华设立外资独资集装箱运输服务公司 7 家，独资集装箱运输服务公司设立分公司 73 家①。

---

① 中华人民共和国交通运输部：《2010 年中国航运发展报告》，人民交通出版社 2011 年版。

三、利用外资建设港口，加快港口现代化进程

随着我国改革开放的不断深入，我国经济与世界经济联系日益紧密，人员和物资交流快速增长，从而促进了我国港口的不断对外开放，推动了我国港口现代化发展进程。自1979年起，我国政府先后利用国际金融机构（如世界银行、日本海外协力基金、亚洲开发银行等）以及外国政府的出口信贷等，配套国内资金，在秦皇岛、天津、日照、连云港、青岛、上海、广州等地建立了一批泊位。

1985年9月，国务院颁布了《关于中外合资建设港口码头优惠待遇的暂行规定》，1985年12月，我国开放港口业，政府制定了一系列优惠政策，吸引外国资本参与港口建设，并逐渐将直接投资列为港口建设国际融资的首选方案。但在开放之初，外资主要投向化肥灌包、集装箱拆箱清洗等直接为货主服务的项目，投资者以中、小型外商为主。

1992年以后，随着我国改革开放的进一步深化，国际大财团增加了对我国的投资。在有效利用国际金融组织和外国政府间贷款的同时，我国政府制定了关于中外合资、合作建设、经营港口码头优惠待遇的有关政策，鼓励外商以合资、合作等多种形式参与港口基础设施建设和港口码头的经营。1992年8月，《关于深化改革、扩大开放、加快交通发展的若干意见》出台，鼓励中外合资建设并经营公用码头泊位，允许中外合资租赁码头、中外合作经营码头业务。交通部制定了利用外资的政策，在统一规划、双方互利的条件下，允许外商独资建设货主专用码头和专用航道；允许外商投资建设港口时，可经营一些与项目关联的投资少、见效快的服务项目，允许外商以现金、实物、技术等作为合作条件，在与外商合资、合作时，保证中方投资比例不低于51%或拥有控股权，并规定外商开发经营成片土

地时，可在地块范围内建设和经营专用港区和码头，积极支持、促成有条件的港口建设保税区和保税仓库。

我国港口对外开放吸引外资进入高峰，许多中外合资经营的港口项目相继签约实施。20世纪90年代以来，先后有一批国外企业分别到我国的沿海和长江干线港口进行直接投资，与中方合资、合作经营港口业务，已经批准与外商合资、合作经营、建设的一批港口码头项目有上海港与香港和记黄埔合资建设经营的上海港集装箱码头、深圳盐田港与香港和记黄埔合资建设经营盐田港二期工程、张家港永嘉集装箱码头有限公司、天津港与挪威吉尔航运公司合资建设方型化码头公司、南京港与美国英塞诺公司合资经营南京国际集装箱码头等。

中外合资经营建设码头，一般都采用中方提供土地、岸线、现有水下设施等折算入股，外方投资和装卸设备斥资入股，并由外方提供管理技术和生产工艺方式。在“谁建设、谁受益”政策引导下，极大地调动了各个方面建港经营码头的积极性。这些外资的进入，一方面解决了我国港口码头特别是集装箱码头建设资金不足的矛盾；另一方面通过引进国外先进技术和管理经验，通过市场竞争机制的作用，促进了我国港口经营管理水平的提高。

第四节　国际航运中心建设拉开序幕

航运中心是指具有航线稠密的集装箱枢纽港、深水航道、集疏运网络等硬件设施和为航运业服务的金融、贸易、信息等软件功能的港口城市，其拥有或聚集着雄厚的航运及航运相关资源或要素，且通过规范、透明、高效的市场机制在全球范围内合理配置这些资源。上海是中国第一个提出建设国际航运中心的城市，在国务院下达的文件中，明确提出的已经有4个国际航运中心，大连提出建设东北亚国际航运中心，天津提出建设北方国际航运中心，厦门提出建设东南国际航运中心。国际航运中心作为沿海城市经济发展的增长点，成为区域经济社会发展的重要支撑。

一、上海国际航运中心建设与发展

为贯彻党的十四大关于开发开放上海浦东，尽快把上海建成国际经济、金融、贸易中心的重大战略决策，1996年1月，党中央、国务院提出了建设上海国际航运中心的战略目标。2001年，我国“十五”规划纲要明确提出建设上海国际航运中心。2009年4月《国务院关于推进上海加快发展现代服务业和先进制造业、建设国际金融中心和国际航运中心的意见》（以下简称“国务院19号文件”）颁布，标志着上海国际航运中心建设进入一个新阶段。国务院19号文件提出了到2020年基本建成国际航运中心的目标，也明确了建成国际航运中心的功能性要求，即实现航运资源高度集聚、航运服务功能健全、航运市场环境优良、现代物流服务高效，具备全球航运资源配置能力。

（一）上海国际航运中心建设的起步

1992年，党的十四大作出了把上海建成为“一个龙头、三个中心”的国家战略，当时提出的是建设国际经济、金融和贸易三个中心，还没有提到建设航运中心，上海国际航运中心建设真正开始发力是在1995年。1996年1月，时任国务院总理李鹏在上海主持召开专题会议，确定了加快上海国际航运中心建设的标志性工作：一是成立上海航运交易所；二是建立组合港；三是推进外高桥港区一期改造和新建二期集装箱码头；四是实施长江口深水航道治理工程，实现航道水深从8.5米到10米再到12.5米[①]；五是组织新港址比选，后来定为洋山港；六是开通宁波至美国东海岸航线。这表明上海国际航运中心建设要重点解决硬件和软件的问题，国家从战略层面决定加快推进以上海为中心、以江苏和浙江为两翼的上海国际航运中心建设。建设上海国际航运中心是直接影响长三角地区和长江经济带发展的重要环节，更是中国扩大对外开放、推动中国经济融入全球经济的重要举措。

（二）上海国际航运中心建设的创新发展

2010年1月，交通运输部率先与上海市政府签订《加快推进国际航运中心建设深化合作备忘录》，从集疏运、航运服务、综合试验区、邮轮产业四个方面助推上海国际航运中心建设。国务院19号文件发布后，上海国际航运中心建设进入了加速发展的快车道。

1. 优化和完善集疏运体系

（1）全力推进长江口深水航道治理工程。2011年5月18日，长江口深水航道治理三期工程顺利通过国家竣工验收。长江口通航水深从7米提高到12.5米，大大提高了航道通过能力。在10米航道开通后的2006年至2009年，累计有17艘次吃水大于12米的船舶乘潮通过长江口深水航道。12.5米深水航道开通后，大船数量出现井喷，2010年迅速增长到28艘次，2011年进一步增长到353艘次，2012年前4个月增长到310艘次[②]。深水

---

① 张页：《国际航运中心必须要推出世界公认的规则》，澎湃新闻，2020年7月22日。

② 上海国际航运中心建设推进小组办公室：《上海国际航运中心建设的创新与发展》，载《航海》2012年第6期。

航道治理工程极大地释放了长江航道运输潜能，直接经济效益显著。

（2）加快江海直达船型的研发和推广。在交通运输部的大力推动下，上海海事部门积极推进江海直达推荐船型研究，根据市场情况完成了推荐船型的筛选、评估工作，并制定了特定航线船舶安全管理、船舶附加检验、船员培训等配套规定，使内河集装箱船舶直达洋山深水港成为现实。

2. 完善航运服务体系

随着航运中心建设的不断深化，来自不同国家、不同地区、不同资本类型的国际海上运输和辅助服务企业集聚上海，截至2012年，总数已超过1000家，其中，国际航运相关的外资机构达到250余家。全球十大国际集装箱班轮公司、九大船级社分别在上海设立了总部、区域总部或分支机构①。海事仲裁、运价交易、保险公估、航运咨询、航运经纪等国际航运专业服务机构相继在上海建立。国家级船员评估中心、中国船员发展和保障中心等船员服务机构进入筹建阶段，上海船员服务协会正式成立，这些机构在船员培养、服务领域发挥着重要作用。

3. 探索国际航运发展“先行先试”政策

2009年，上海贯彻执行洋山保税港区内国际航运、物流、仓储企业免征营业税政策，降低了企业经营成本，为企业度过行业周期低谷提供了支持。2010年，财政部、国税总局发布《关于国际运输劳务免征营业税的通知》，国际航运业务免征营业税政策在全国得到推广。2011年底，国家海事局批复设立新的船籍港“中国洋山港”，并授权上海海事局在洋山保税港区开展相关船舶登记工作，使得洋山保税港区船舶登记工作有实质进展。2012年1月，交通运输业和部分现代服务业营业税改征增值税试点在

---

① 上海国际航运中心建设推进小组办公室：《上海国际航运中心建设的创新与发展》，载《航海》2012年第6期。

上海启动。2012 年 8 月，启运港退税政策试点开始实施，在青岛、武汉至上海洋山保税港区之间试行启运港退税政策。在综合试验区范围内开展相关政策的“先行先试”，有利于缩小与国际航运发达国家及地区的差距，为政策在全国范围内的推广实施建立基础。

4. 加快邮轮产业发展

（1）建成专业化邮轮码头。2008 年 8 月，国内首个专业化的大型国际邮轮码头上海港国际客运中心在北外滩投入使用。上海港国际客运中心拥有岸线全长近 1200 米，可同时停泊 3 艘 7 万吨级的豪华邮轮，成为当时亚洲数一数二的邮轮停靠基地。2011 年 10 月，吴淞口国际邮轮码头一期落成，一期新建 2 个大型邮轮泊位，可以同时靠泊 1 艘 10 万吨级邮轮和 1 艘 20 万吨级邮轮。至此，上海港拥有邮轮泊位 6 个①，结合外高桥六期海通码头，形成“两主一备”邮轮母港布局形态，功能互补、错位发展，共同打造上海国际邮轮母港。

（2）争取邮轮发展政策突破。2011 年 9 月，交通运输部印发《关于加强外商独资船务公司审批管理工作的通知》，为外国邮轮公司在华经营提供了便利。根据这一政策，2011 年 10 月，歌诗达邮轮船务（上海）有限公司获批成立，成为全国第一家具备经营揽客、出具客票业务的外商独资邮轮船务公司。

（3）推动邮轮业务快速增长。随着邮轮产业发展环境日渐改善，市场经营主体纷纷进驻，嘉年华、皇家加勒比和丽星等世界三大邮轮集团均在上海设立分支机构和企业，并开设多条以上海为母港的区域邮轮旅游航线。2012 年，上海港接待邮轮靠泊 180 艘次，其中，以上海为母港的邮轮

---

① 上海国际航运中心建设推进小组办公室：《上海国际航运中心建设的创新与发展》，载《航海》2012 年第 6 期。

128 艘次，邮轮旅客吞吐量 35.03 万人次，邮轮经济已经成为上海国际航运中心建设的亮点之一①。

二、大连东北亚国际航运中心的建设与发展

2003 年 10 月，党中央国务院发布了《关于实施东北地区等老工业基地振兴战略的若干意见》，提出把大连建成东北亚重要的国际航运中心的战略部署。国家发展和改革委员会于 2007 年 8 月 30 日批复了辽宁省制定的《大连东北亚国际航运中心发展规划》，这是我国批准的第一个航运中心发展规划。根据《大连东北亚国际航运中心发展规划》，到 2010 年，大连争取初步形成东北亚重要国际航运中心的主体框架；到 2020 年，基本建成核心功能突出、产业基础雄厚、服务体系完备、比较优势明显的东北亚重要国际航运中心。

从 2003 年 10 月至 2008 年，大连港累计完成港口建设投资 170 亿元，新增泊位近 25 个，新增港口通过能力 9500 万吨，集装箱通过能力 325 万标准箱。先后建成了以 30 万吨级原油码头、30 万吨级矿石码头、100 万台汽车物流码头、以 16 米水深集装箱码头等为代表的一批专业化泊位②，初步搭建起以"一岛三湾"（大孤山半岛、大窑湾、大连湾、鲇鱼湾）港区为核心，以老港区和长兴岛公共港区为两翼，以庄河等地方港口为补充，以大窑湾北岸为储备的港口发展格局，基本形成了适应国际航运中心发展要求的港口保障体系。2012 年，大连港完成货物吞吐量 3.74 亿吨、外贸

---

① 王泽华：《2012 年上海国际航运中心建设与发展状况分析》，载《统计科学与实践》2013 年第 8 期。

② 中华人民共和国交通运输部、《中国交通运输改革开放 30 年》丛书编委会：《中国交通运输改革开放 30 年》（水运卷），人民交通出版社 2009 年版。

货物吞吐量1.1亿吨、集装箱吞吐量806.4万吨[1]。大连港还加强了港口公路铁路集疏运体系的建设，构造了各种运输方式有效衔接、一体化的港口物流网络。2006年8月31日，占地6.88平方公里的大连大窑湾保税港区经国务院正式批准设立，于2007年8月20日正式封关运作[2]。大连港积极利用保税港区特殊的政策和功能，打造国际航运中心的核心功能区。

三、天津北方国际航运中心的建设与发展

2006年，国务院《关于推进天津滨海新区开发开放有关问题的意见》提出，将天津滨海新区努力建设成为中国北方对外开放的门户和北方国际航运中心。2006年5月，交通部发布《天津北方国际运输中心交通基础设施发展规划指导意见》[3]，提出天津北方国际航运中心港口、对外公路通道、疏港公路等公路水路交通的发展方向和重点。2006年8月31日，国务院正式批准设立占地10平方公里的天津东疆保税港区，是当时我国面积最大的保税港区。

天津北方国际航运中心建设已取得积极成效。2002～2008年，天津港航道等级由10万吨级迅速提升至25万吨级，吞吐量用两个3年时间连续跨越了两个亿吨台阶，年度主营业务收入和工程建设投资双双超过百亿元，进一步巩固了我国北方第一大港的地位。天津港先后开工建设了一批10万吨级集装箱泊位和煤炭泊位、5万吨级滚装泊位、30万吨级原油泊位和25万吨级矿石泊位等专业化泊位，着力打造集装箱分拨中心和散货物流

---

① 中华人民共和国交通运输部：《2012年中国航运发展报告》，人民交通出版社2013年版。

②③ 中华人民共和国交通运输部、《中国交通运输改革开放30年》丛书编委会：《中国交通运输改革开放30年》（水运卷），人民交通出版社2009年版。

中心，为建设辐射华北、东北、西北的北方国际航运中心打下了良好的硬件基础①。2012 年天津港完成货物吞吐量 4.77 亿吨，外贸货物吞吐量 2.43 亿吨、集装箱吞吐量 1230.3 万吨②。

为改善口岸服务环境，天津国际贸易与航运服务中心于 2005 年 11 月 7 日正式运行，是加快北方国际航运中心建设步伐的一项重要举措。航运服务中心坚持"诚信服务、追求卓越"的工作理念，具有政府服务、社会监督、人才交流等功能。航运服务中心入驻有天津海关、检验检疫、海事、港口集团等与航运业务有关的政府部门及港航企业 70 多个单位，通过政府部门联合办公和企业聚集经营，提供"集中、便捷、经济、高效"的"一站式"通关服务。

为贯彻落实《国务院关于推进天津滨海新区开发开放有关问题的意见》，加快推进北方国际航运中心功能建设，由天津国际贸易与航运服务中心、天津港（集团）有限公司、南开大学共同开发的天津航运指数已经形成系列指数。天津航运指数以科学发展观为统领，以服务天津和区域经济发展为核心，以促进天津北方国际航运中心功能升级为目标，将天津航运指数建设成为实时、准确、客观地反映天津及北方地区航运市场状态的风向标。2010 年 9 月 28 日，天津国际贸易与航运服务中心正式对外发布天津航运指数，下设北方国际集装箱运价指数（TCI）和北方国际干散货运价指数（TBI），2012 年 11 月 7 日，发布沿海集装箱运价指数（TDI），2013 年 12 月 16 日，北方国际粮食远期运价播报（IGF）对外发布。北方国际粮食远期运价播报的发布，不仅意味着天津航运指数体系的进一步完善，更是加快推进北方国际航

① 中华人民共和国交通运输部、《中国交通运输改革开放 30 年》丛书编委会：《中国交通运输改革开放 30 年》（水运卷），人民交通出版社 2009 年版。

② 中华人民共和国交通运输部：《2012 年中国航运发展报告》，人民交通出版社 2013 年版。

运中心建设，拓展天津航运指数服务覆盖范围，提升北方航运中心信息服务功能的又一项重要举措，天津航运指数在服务于天津经济发展、提升滨海新区航运服务功能、营造具有国际影响力航运市场方面发挥了积极作用。

四、厦门东南国际航运中心

2011 年 12 月 21 日，国务院批复同意实施《厦门市深化两岸交流合作综合配套改革试验总体方案的批复》，明确支持厦门加快东南国际航运中心建设。创新航运物流服务，大力发展航运金融、保险、租赁、信息咨询、口岸通关、航运代理、海运结算、航运人才培养与后勤补给、海事支持等多种服务功能于一体的航运物流服务体系。支持设立厦门航运交易所，打造两岸航运交易共享信息平台。

2008 年 6 月 5 日，规划面积 9.5 平方公里的厦门海沧保税港区经国务院正式批准设立，分三期开发建设，在整合现有海沧港口、物流等资源的基础上，叠加保税区、出口加工区、保税物流园区乃至港口的所有政策和功能，是海峡西岸经济区首个开放层次最高、政策最优惠、功能最齐全、通关最便捷、区位优势最明显的海关特殊监管区域。2010 年 12 月和 2012 年 3 月完成两期封关运作，封关面积为 5.55 平方公里①。

第五节　航运交易所建设方兴未艾

航运交易所是一种综合性水路运输有形市场，它以全国性或区域性航

① 中国自由贸易试验区厦门片区管理委员会：《东南国际航运中心海沧港区域》。

运中心为依托，为国际海上运输和国内水路运输业提供交易场所及相关信息，给国内外企业、货主、贸易商、船公司，水路运输服务企业提供公平、公正，便利的交易环境。我国航运交易所的建设是伴随着航运中心的建设而逐渐发展起来的，自 1996 年 11 月，我国首家航运交易所——上海航运交易所成立以来，先后又有重庆、宁波、广州、武汉等航运交易所成立，为促进我国水路运输市场健康发展发挥了积极作用。

一、上海航运交易所

上海航运交易所是经国务院批准、由交通运输部和上海市人民政府共同组建，于 1996 年 11 月28 日成立的我国唯一一家国家级航运交易所，是我国政府为了培育和发展中国航运市场，配合上海国际航运中心建设所采取的重大举措。为了便于管理，上海航运交易所实行理事会管理制度和会员制，上海航交所遵循“公开、公平、公正”原则，围绕“规范航运交易行为，维护航运市场公平，沟通航运动态信息”三大基本功能，现已成为国际班轮运价备案受理中心、国际航运信息中心、航运运价交易中心、船舶交易信息平台和鉴证中心、航运业资信评估中心和上海口岸航运服务中心，产生了广泛的社会效益和经济效益。上海航交所编制发布的“中国出口集装箱运价指数”与国际上“波罗的海干散货运价指数”一起被誉为世界两大海运运价指数，成为联合国贸发会海运年报引用的可靠数据。美国联邦海事委员会称赞上海航交所是“世界海运大国市场监管的风向标”，国际权威航运媒体《劳氏日报》也称其为“中国航运信息的源头”，上海航交所通过理论和实践探索，形成多项可复制、可推广的创新成果。

（一）有序开展运价报备

上海航交所得到交通运输部的授权，对在中国口岸开通集装箱运输航线的全球航运公司的运价开展备案，这是国家主权的体现。最早的运价备案是自 1997 年 1 月 1 日起，根据交通主管部门的有关规定，受理凡在上海、宁波口岸经营国际集装箱班轮的航运公司运价报备，后来在其他口岸推行。上海航交所还代表交通运输部定期开展备案检查，为国家规范航运市场行为提供依据。运价备案制度成功地在航运市场树立了“上海规则”，航运业中的“上海规则”所体现出的一定是更好的服务，通过服务来规范航运市场，从而促进航运营商环境的改善。

（二）组建上海国际航运服务中心

1998 年 8 月，在交通运输部和上海市人民政府的领导下，上海航交所积极配合上海口岸“大通关”改革试点，组建上海国际航运服务中心，将涉及航运有关的港、航、货代企业及海关、国检、边防、海事、金融保险、法律咨询等单位引入上海航交所集中办公，为广大会员企业提供“集中、便利、经济、高效”的“一门式”“一条龙”服务，开展的“一门式”口岸服务得到包括国家计委（发改委）在内的国家八部委的肯定，2003 年 10 月，上海航交所利用上海国际航运服务中心对外服务的重要平台，增加财力、物力，用于服务中心硬件改善，在全国率先推出“5 + 2”口岸工作制，确保双休日服务中心内配套服务一切照常，提供全年 365 天、一天 24 小时不间断的大通关服务，这种创新模式已在全国沿海和长江主要港口得到推广。为保证服务中心的安全运营，加大管理投入，重新修订综治工作方案，对各类可能发生的突发事件制定相应的应急预案。

（三）拓展船舶交易信息服务

2003 年 3 月，上海航交所致力拓展船舶买卖核心业务。随着船舶买卖专用发票的实施使用，促使上海地区船舶买卖业务迅速发展。仅 2006 年内，上海航交所共收集发布船舶买卖信息数千条，完成交易鉴证的船舶 150 艘，船舶评估 16 艘次，船舶成交额约为 10 亿元[①]。并积极探索建设与航运中心软环境相匹配的航运要素市场，对建立船舶交易信息平台的可行性进行探讨，从规范交易市场、务实、可操作性的要求出发，组织专业人员设计船舶交易平台运作流程模式，制定从挂牌、合同审核直至合同争议调解等整个运作过程的全套交易规则和管理办法。其十大板块信息产品，构建了日、周、月、年的全时段，全方位的信息发布网络，能及时反映市场走势，客观评价市场形势，成为港航企业不可或缺的航运指南。

（四）规范航运市场行为

2004 年 9 月底，受交通部委托，上海航交所设计开发了“网上备案”系统。其中，国际船舶运输经营者、国际班轮运输经营者、国际船舶代理经营者、境外航运企业在华办事处 4 类企业可通过“中华航运网”的一级栏目进行“网上备案”，根据《中华人民共和国国际海运条例》及其实施细则的要求和规定，填写和备案包括企业基本情况、投资人、船舶运力、航线运力等信息。该网上备案系统的投入使用，为企业备案信息提供了便利，也为政府航运主管部门掌握企业信息和联系渠道提供保证。在交通部和上海市港口管理局的支持和推动下，上海航交所还于同年内正式启动

---

① 上海市地方志编纂委员会：《上海市志交通运输分志·海洋运输卷（1978－2010）》，上海交通大学出版社 2018 年版。

“舱单数据报送”项目，完成全国“舱单数据报送”项目在上海口岸试点的业务流程和技术方案。通过舱单数据报送、整理分析，有利于政府对中国国际班轮运输市场供需情况和竞争态势的动态监测，为建立我国班轮运力、班轮运输需求预测机制和市场预警机制打下基础。

（五）形成航运运价指数体系

1998 年 4 月 13 日，上海航交所正式发布中国出口集装箱运价指数（CCFI），填补国际集装箱海运市场运价指数的空白。上海航交所持续研发创新，已经形成了涵盖集装箱、干散货、油运、买卖船、船员薪酬、“一带一路”等完整的“上海航运指数”体系，包括 20 个大类指数，约 200 个指标，整个门类的齐全度全球第一，“上海航运指数”发挥了航运市场“晴雨表”和“风向标”的作用。

在宏观指导上，国家统计局、海关总署，以及国际上所有大的媒体，如彭博社、劳氏、JOC 等，都引用上海航交所的指数来评价经济景气度、进出口景气度。中观上，航运市场的定价、对企业发展战略包括上市公司的评价等，也是根据上海航交所的指数进行预估，微观上的应用，最具影响且得到国际上广泛承认的是使用“上海航运指数”的挂钩协议，现在国际上航运企业在签约、结算价格时跟着上海航交所指数走，直接根据上海航交所的指数点数来结算，或在此基础上进行适当上浮或下调。“上海航运指数”为创建航运市场上的“上海标准”奠定了基础，成为获国际社会认可的标准。

（六）开发航运金融产品

航运市场客观存在着运价波动大的特点，给船货双方带来很大的风险，为充分挖掘集装箱运价指数效应，上海航交所于 2004 年与上海期货交易所签订研究开发航运指数期货交易的合作备忘录，旨在为航运企业或货主提供有效规避运价波动风险的手段和工具。特别是国务院19号文件颁布后，上海航交所积极探索“上海交易”，与上海期货交易所合作发起指数期货，把航运指数作为金融交易产品，既可以稳定航运现货市场，平抑实体经济的风险，同时还可以通过交易寻求定价权。通过运价指数期货交易提高市场透明度，对上海形成外贸集装箱运输市场的定价中心起到积极促进作用。

二、我国区域性航运交易所发展

（一）重庆航运交易所

重庆航运交易所是根据国务院有关文件精神，要求重庆加强改革试验，促进要素市场建设，实现市场资源优化配置而成立的。作为专业性航运交易服务机构，2010年5月，重庆航运交易所建设工作正式启动，2010年8月，经重庆市政府批准成立重庆航运交易所，2010年9月29日正式揭牌，2010年12月1日正式入驻寸滩保税港区，2010年12月底前正式运营。设立目标是通过重庆航运交易所聚集长江上游地区航运金融结算、交易、保险、人才等航运要素，把重庆航运交易所建设成为对全国内河航运具有影响力的交易中心、结算中心、信息中心和人才中心，引领和拉动我国内河航运转型升级。重庆航交所的主要业务有：搭建结算、人才交流、船舶交易、货运交易、油料交易等信息化平台，建设并运营交通电子口岸，开展航运战略研究及信息发布、航运交易、船舶买卖、航运人才、航运金融及保险、航运技术、航运聚集区等现代航运服务①。

重庆航交所交易额从2011年的17亿元跃升到2012年的逾40亿元②，在航交所的带动效应下，重庆航运建设不断加快，水运迈上“双亿吨”新台阶。全市港口货物和集装箱通过能力分别从2007年底的7400万吨、56万标箱，增加到2011年的1.4亿吨、240万标箱，运输生产年均保持20%以上的速度高位增长。2011年，重庆市水运指标继续快速增长，全年新增港口货物和集装箱通过能力1400万吨、40万标箱，水上货运量、港口吞吐量分别达到1.16亿吨、1.14亿吨，同比增长19.6%、17.5%，货运周转量和集装箱吞吐量分别达到1500亿吨公里、6万标箱，同比增长23%、22.3%③，重庆水运辐射力和影响力明显增强。重庆建设长江上游航运中心，重庆航交所功不可没，重庆利用航交所平台，通过提升服务水平产生了巨大的集聚力。

（二）广州航运交易所

广州航运交易所于2011年9月8日挂牌成立，其前身是港务局的船舶交易所，后改造成为广州市船舶交易管理所，是经广州市人民政府批准的事业法人单位，隶属广州港务局。广州航交所的宗旨是“转变港航经济发展方式，打造高端航运服务平台”。在“立足华南、辐射东南亚”的定位上，构建“一所、三平台、五市场”的专业化航运服务支撑体系：以航交所为运营实体，打造交易、服务、信息三大平台，拓展航运交易、船舶交易、航运人才、临港大宗商品交易及航运衍生品服务五大

① 资料来源：重庆航运交易所官网。

② 李明月：《重庆航运交易所的“速成”之路》，载《珠江水运》2013年第Z2期。

③ 周国东、曹玲、沈尚：《重庆航运交易所带动效应明显，长江上游航运中心雏形初显》，载《中国水运报》2012年3月9日。

市场。

广州作为国家中心城市，组建航运交易所有利于提高航运交易效率，降低交易成本，调节市场价格，规范航运交易市场秩序，吸引国际船公司、航运总部以及船舶租赁与交易、船舶融资与保险、大宗商品交易等业务集聚广州，更好地发挥中心城市和综合性门户城市对区域经济的集聚辐射带动力。作为华南地区首家航运交易所，广州航交所立足于服务华南地区港航业，将从开展船舶交易、大宗货物交易、航运经纪服务、人力资源评价及输出等业务入手，逐步推进，实现船舶交易、航运服务、发布行业信息等航运要素聚集广州，带动航运金融、航运保险、航运仲裁等高端服务业发展。截至 2011 年底，广州港口拥有各类码头泊位 837 个，其中万吨级以上泊位 67 个。广州水路运输企业注册营运船舶 1420 艘，总运力 938 万载重吨，占全省目前注册营运船舶的 48%；其中港澳地区航线运力 89.6 万载重吨，占全省规模 43%①。

2012 年 12 月 28 日，广州航交所迁址落户南沙新区，下设综合部、船舶交易部、拓展部和信息部四个部门。在南沙自贸区片区先行先试航运金融创新政策，研究和开发航运交易、金融、保理、第三方支付结算等服务，推动南沙航运金融的发展。改制后的广州航运交易所服务范围包括：船舶交易、拍卖，航运人才，信息服务，大宗商品交易，航运金融、保险、法律等服务，以及珠江航运指数的编制和发布。打造世界一流的航运综合服务平台，将极大地降低广州、广东甚至是整个南中国的贸易、航运交易成本，成为广州港口经济转型、产业结构升级和城市综合服务能力提高的重要平台，能够极大地改善贸易、物流及航运企业的营运环

① 邓小辉、周汉鹏：《建设航运服务聚集区助推南沙航运金融发展》，载《广东造船》2012 年第 6 期。

境。编制珠江航运价格指数，力争形成航运价格指数衍生品交易市场，通过珠江航运价格指数，形成航运的“广州价格”。建立一个涵盖运价、货物价格、交通工具价格在内的航运价格体系，提升广州在航运价格方面的话语权。

2012 年广州市政府已同意由广州航运交易所作为发起单位，组建航运交易有限公司，由此，广州航运交易所将由公益类型的事业单位改制为国有控股公司。新组建的广州航运交易有限公司立足广东，面向港澳地区及全世界拓展业务，以带动广州航运服务业的发展，促进广州现代航运中心建设。广州航运交易有限公司发起股东包括广州航运交易所、广州港集团、南沙资产经营有限公司、广州金融控股集团有限公司和广州城发投资基金管理有限公司。

（三）宁波航运交易所

宁波航运交易所成立于 2011 年 11 月 14 日，由宁波市江东区国有资产投资有限公司、宁波保税区市场发展有限公司、宁波大榭开发区投资控股有限公司等共同出资，2012 年 9 月 18 日宁波航运交易所隆重开业。作为港航物流与国际贸易领域的公共服务平台和专业服务机构，宁波航运交易所通过建设以电子商务为特色、以交易为核心功能的航运交易电子商务综合服务平台，打造行业领先的“智慧港航”服务平台，构建航运物流业诚信应用服务体系，为客户提供融航运交易、航运金融、信息咨询、政策研究、政务服务于一体的“一站式”服务。宁波航运交易所利用“互联网 + 航运 + 国际贸易”的思维和做法，通过广泛合作、融合创新与集聚分享，建设海上丝路航运大数据中心，打造具有国际航运影响力的海上丝绸之路指数，成为浙江参与国家“一带一路”建设重要的对外合作载体和交易服务平台①。据统计，到2012年底，全港共有航线235条，同比2011年基本持平，其中远洋干线120条、近洋支线63条、内支线20条、内贸线32条，远洋干线占总航线比重51.06%，全年集装箱吞吐量1567万标准箱，排名中国②主要集装箱港口第三位，世界港口前六位，宁波已经初步具备了航运指数开发的条件③。

（四）武汉航运交易所

武汉航运交易所于2011年11月19日揭牌成立，2015年6月1日，根据湖北省政府要求，经武汉市政府常务会研究决定，重新组建武汉航交所，由武汉新港管理委员会管理。同年7月27日，市政府印发《关于印发武汉航运交易所筹建工作方案的通知》，10月16日，武汉航交所试运行，12月完成首笔交易，2016年1月武汉航交所正式进入运营阶段④。

武汉航交所是湖北省和武汉市人民政府贯彻落实“一带一路”倡议、长江经济带国家战略的重要部署，是加快武汉长江中游航运中心建设的重要载体。武汉航运交易所明确了成为立足华中、面向长江流域、辐射全国、影响国际的国家级航运交易所的发展愿景，提出以用心、贴心、尽心“三心服务”为宗旨，形成集聚航运要素资源、规范航运市场行为、激发市场主体活力、促进产城融合发展四项功能，构建船舶交易、货运交易、航运人才服务、航运知识产权交易四大平台，形成政务咨询、航运金融、保险、评估、结算、电子商务、海事仲裁、司法鉴定、法律援助以及航运文化服务体系。

---

① 资料来源：宁波航运交易所官网。

② 不包括港澳台地区。

③ 宋兵：《宁波首个航运指数“开市”》，载《中国水运报》2013年9月9日。

④ 资料来源：武汉航运交易所官网。

第六节　航运政策为航运业发展保驾护航

改革开放以来，我国通过一系列鼓励和支持航运发展的政策、法规，使航运业健康、持续发展，培育了多家运力规模世界领先的航运企业，在市场竞争中实现了规模化和专业化发展，通过不断深化改革，扩大对外开放，逐步建立起比较完善的海运贸易服务体系，有力地支撑了国民经济和对外贸易的发展。

一、航运法治建设不断推进

我国航运的法治建设大致经历了三个阶段。第一个阶段是立法恢复发展时期（1978 ~ 1991 年），主要是解决港口基础设施建设和水路运输等问题。第二个阶段是立法快速发展时期（1992 ~ 2005 年），法律制度建设得到同步加强。第三个阶段是立法质量提升时期（2006 年以来），立法的工作重点已从原来主要解决有无、填补空白，逐步转变到进一步提高立法质量，提升立法层次上来，作为综合交通运输法律体系的重要一环，航运法律体系日益完善。形成了以法律为母法、以行政法规为子法、以部颁规章为配套，以各地方出台的地方性法规和政府规章同时作为重要组成部分的航运法律框架体系。为进一步规范、促进航运业发展，维护航运市场秩序，保障运输各方当事人的合法权益提供了法律基础。

（一）法律

法律是指全国人民代表大会及其委员会制定并通过的法律规范，涉及航运的主要有《中华人民共和国海商法》（以下简称《海商法》）。《海商法》是调整海上运输关系及船舶关系的特别民事法律，1992 年 11 月7 日由第七届全国人民代表大会常务委员会第28 次会议通过，自1993 年7 月1日起实施。《海商法》作为调整海上运输法律关系的基本法，对船舶的取得、登记、管理，船员的调度、职责、权利和义务，客货的运送，船舶的租赁、碰撞与拖带，海上救助，共同海损，海上保险等进行了规定，是我国海运事业发展的一个里程碑。《海商法》的主要特点体现在：一是广泛吸纳了国际公约的合理规则，与国际规则接轨；二是独具特色的海上运输风险分担制度，承运人的混合责任制已成为国际海运法规的发展趋向；三是主要立法依据参考国际公约、民间规则和标准合同，它们的效力是不同的，体现了条款强制性与任意性的统一。《海商法》为规范海上商事行为、解决海事纠纷、保护当事人的合法权益提供了重要的依据。

（二）法规

法规是指国务院制定的法律规范，涉及航运的主要有《中华人民共和国国际海运条例》（以下简称《国际海运条例》）、《外商投资国际海运业管理规定》《国内水路运输管理条例》等。

1.《国际海运条例》

2001 年 12 月 11 日，国务院以第 335 号令发布了《中华人民共和国国际海运条例》，自 2002 年 1 月 1 日起实施。《国际海运条例》适用于进出中华人民共和国港口的国际海上运输经营活动以及与国际海上运输相关的辅助性经营活动。主要制度包括国际班轮运输业务、无船承运业务、运价报备制度、调查与处理等方面。《国际海运条例》的颁布实施，全面地反映了中国加入WTO的海运服务承诺，在国际海上运输经营活动以及相关的辅助性经营活动实施监督管理方面，对管理模式进行了较大的调整，对符合规定条件的企业，颁发了相应的经营资格证书等。《国际海运条例》是我国第一部关于国际海运管理的行政法规，为维护国际海运市场秩序，保障国际海上运输各方当事人的合法权益，提供了重要的法律保障，促进了海运市场的改革与开放。2013年7月18日、2016年2月6日和2019年3月2日先后进行修订并施行。

2003年1月20日，交通部发布了《中华人民共和国国际海运条例实施细则》（以下简称《实施细则》），自2003年3月1日起施行。《实施细则》的出台，解决了《国际海运条例》实施过程中的操作性问题，使我国国际海运市场的管理内容具体化、程序化、规范化，也使行政监管更加公开、透明和可预见。2013年8月22日、2019年6月21日，先后对《实施细则》进行修订。

2.《外商投资国际海运业管理规定》

2004年2月25日，交通部、商务部联合发布了《外商投资国际海运业管理规定》（以下简称《规定》），自2004年6月1日起施行。《规定》适用于外商在中国境内投资经营国际海上运输业务以及与国际海上运输相关的辅助性经营业务，作为《国际海运条例》的配套规章，明确了外商投资类（国际船舶运输、无船承运、国际船舶代理、国际船舶管理、仓储、集装箱场站）国际海运业务的申办条件、申请手续，以及审批机关应当遵守的程序等。2014年4月4日对《规定》进行了修订，自2014年4月23日起施行。

3.《国内水路运输管理条例》

2012年10月13日，国务院以第625号令发布了《中华人民共和国国内水路运输管理条例》（以下简称《条例》），自2013年1月1日起施行。《条例》原名称为《水路运输管理条例》（以下简称“原《条例》”），原《条例》于1987年5月12日实施，是我国当时国内航运管理的重要法规和基本依据。交通部于1987年9月22日发布了《中华人民共和国水路运输管理条例实施细则》，自1987年10月1日起和《条例》同步实施。原《条例》反映了我国水路运输在改革开放之初的发展特点和管理要求，对推动国内水路运输市场的发展发挥了重要作用，但也存在不能适应经济社会发展和法治建设新要求的问题，故原《条例》于1997年、2008年、2012年先后进行修订，名称修改为《中华人民共和国国内水路运输管理条例》，主要规范国内水路运输经营行为和运输市场秩序、保障国内水路运输安全涉及的问题。《条例》主要明确的制度包括：确立了水路运输管理机构的法律地位，精简行政许可制度，新设运力宏观调控制度，新设节能减排、结构调整制度，新设诚信管理制度，新设服务质量管理制度，新设应急运输保障制度，健全市场动态监管和退出机制，保留国内水路运输市场保护制度，以及新设客运船舶强制保险制度。《条例》对于促进水运行业管理转型，推动水运行业科学发展、安全发展，起到了十分重要的积极作用，2016年2月6日、2017年3月1日，我国先后对《条例》进行了修订。

（三）部颁规章

部颁规章是指国务院各部、委制定的法律规范。交通运输部是我国水路交通的主管部门，根据《中华人民共和国宪法》的规定和国务院的授权，对水路交通行业制定了比较完整、系统的规章。涉及航运的有关规章主要有《国内水路运输管理规定》《水路旅客运输实名制管理规定》《内河运输船舶标准化管理规定》《水路旅客运输规则》《国内水路运输辅助业管理规定》《老旧运输船舶管理规定》等。作为法律法规的进一步细化与补充，一系列部颁规章相继出台，为交通运输部门的依法行政提供了依据。

二、航运业发展成就

（一）船队运力规模迅速扩大

改革开放以来，我国运输船队规模不断扩大，结构不断优化，船舶大型化、专业化、节能化趋势明显，逐步形成煤炭、石油、铁矿石、集装箱、粮食、商品汽车、陆岛滚装和旅客运输八大运输系统，为国民经济和对外贸易提供了便捷、通畅、高效、安全的运输服务。如表3-3所示，截至2012年底，全国拥有水上运输船舶17.9万艘，比1978年增长73.8%，净载重吨22848.6万吨，是1978年的14.4倍，平均净载重吨1276.5吨，是1978年的8.3倍，载客量102.5万客位，比1978年增长89.8%，集装箱箱位157.36万吨，是2000年底的4.5倍。我国海运船队形成了以干散货船、液体散货船、集装箱船、滚装船和特种船为代表的大型专业化船队，运输船队运力占世界商船队运力的比重逐年提升，已跻身世界前列。

表3-3　　我国民用运输船舶拥有量

年份	机动船（万艘）	净载重吨（万吨）	载客量（万客位）	拖船功率（万千瓦）	集装箱箱位（万吨）
1978	10.3	1592.0	54.0	79.0	—
1985	39.3	2956.8	97.8	166.0	—
1990	40.8	2917.0	120.0	175.0	—
1995	36.5	5043.0	100.0	170.7	22.00

续表

年份	机动船（万艘）	净载重吨（万吨）	载客量（万客位）	拖船功率（万千瓦）	集装箱箱位（万吨）
2000	23.0	5128.1	103.2	144.0	35.20
2001	21.1	5449.5	107.7	137.0	50.60
2002	20.3	5705.6	97.9	143.4	48.60
2003	20.4	7061.6	100.2	127.0	57.10
2004	21.1	8617.3	99.6	119.7	66.00
2005	20.7	10178.6	101.1	148.0	80.72
2006	19.4	11025.7	105.9	153.9	92.79
2007	19.2	11881.6	102.7	152.1	125.96
2008	18.4	12416.9	100.9	156.4	115.34
2009	17.7	14608.8	98.2	112.0	119.09
2010	17.8	18040.9	100.4	141.1	132.44
2011	17.9	21264.3	100.8	160.0	147.52
2012	17.9	22848.6	102.5	153.2	157.36

资料来源：历年《中国统计年鉴》、《中国交通年鉴》，集装箱箱位数据来源为历年《交通运输行业发展统计公报》。

（二）船舶大型化趋势明显

1978 年，我国水上运输船舶平均净载重量仅为 155 吨/艘，截至 2012 年，达到 1277 吨/艘，船舶平均净载重量提升 8 倍，船舶大型化趋势显著。分航线来看，2012 年，我国远洋运输船舶平均吨位为 2.8 万净载重吨/艘，沿海船舶为 0.6 万净载重吨/艘，内河船舶受制于航道等因素影响，平均吨位为 568 净载重吨/艘①。

① 中华人民共和国交通运输部：《2012 年中国航运发展报告》，人民交通出版社 2013 年版。

（三）航运企业不断发展壮大

伴随着国有航运企业的改革，我国航运企业通过组建大型集团、股份制改革等，企业规模不断扩大，采用市场化运营手段，竞争力不断提高。

1. 中远集团

中国远洋运输公司成立于1961年4月27日，1992年12月25日，经国务院批准，中国远洋运输公司更名为中国远洋运输（集团）总公司（以下简称“中远集团”），1993年1月16日，中远集团正式成立，成为国家首批进行企业集团改革试点的单位①。中远集团对航运体制进行改革，对所属船队进行资产重组，实行专业化经营管理。中远集团由1978年拥有515艘船舶、857万载重吨的单一型航运企业②，到2012年底，发展成为拥有和经营着839艘现代化船舶、5326余万载重吨的综合型跨国企业集团，是我国规模最大的航运企业③。中远集团在广州、上海、天津、青岛、大连、厦门、香港等地设有全资船公司，经营管理着集装箱船、散货船、特种运输船和油船等各类型运输船队。以日本、韩国、新加坡、北美、欧洲、澳大利亚、南非和西亚八大区域为辐射点，以船舶航线为纽带，形成遍及世界各主要地区的跨国经营网络。2015年12月11日，国务院批复同意中远集团与中海集团实施重组，2016年2月18日，中国远洋海运集团有限公司在上海正式成立。

---

① 上海市地方志编纂委员会：《上海市志交通运输分志海洋运输卷1978－2010》，上海交通大学出版社2018年版。

② 中华人民共和国交通运输部、《中国交通运输改革开放30年》丛书编委会：《中国交通运输改革开放30年》（水运卷），人民交通出版社2009年版。

③ 中华人民共和国交通运输部：《2012年中国航运发展报告》，人民交通出版社2013年版。

2. 中海集团

1996 年 10 月 28 日，国家经贸委批准大连、上海、广州三大海运局合并成立中国海运（集团）总公司（以下简称“中海集团”）。1997 年 8 月 18 日，中海集团在上海正式挂牌，并被国务院批准列入国家 120 家企业集团试点单位①。中海集团组建后，按照专业分工原则，先后成立集装箱、散货、油轮、船舶修造、综合物流、港口码头、船务代理等专业化公司，发展成为以航运为主业的跨国经营、跨行业、跨地区、跨所有制的特大型综合性企业集团。1997 年，中海集团成立之初，拥有运力 750 万载重吨②，截至 2012 年底，拥有各类船舶 411 余艘、2492 万载重吨，居全国第二位③。中海集团航线网络分布广泛，境外设有美国（北美）、德国（欧洲）、新加坡（东南亚）、中国香港地区、韩国、日本、澳大利亚等控股公司，在 20 多个国家或地区成立代理公司，经营和管理海外资产业务。

3. 长航集团

按照交通部长江航运体制改革方案，1983 年 12 月，中国长江轮船总公司成立。长江轮船总公司是交通部直属一级独立核算的运输企业，管辖重庆、武汉、芜湖、南京、上海 5 个轮船公司。1992 年 12 月 29 日，国务院同意以中国长江轮船总公司为核心企业，同所属全资和控股的企事业单位、运输企业等为紧密层企业、组建中国长江航运集团（以下简称“长航集团”），1993 年 3 月 6 日，长航集团正式成立，成为我国最大的内河航运

① 中华人民共和国交通运输部、《中国交通运输改革开放 30 年》丛书编委会：《中国交通运输改革开放 30 年》（水运卷），人民交通出版社 2009 年版。

② 上海市地方志编纂委员会：《上海市志交通运输分志海洋运输卷 1978－2010》，上海交通大学出版社 2018 年版。

③ 中华人民共和国交通运输部：《2012 年中国航运发展报告》，人民交通出版社 2013 年版。

集团[①]。长航集团经营范围包括远洋、沿海、长江、运河运输服务，形成了以长江为基础，以江海直达、江海联运为特色，沟通沿海、远洋，跨地区、跨国经营的外向型发展格局。

4. **中外运集团**

中国对外贸易运输总公司成立于1950年，1997年4月，按照现代企业制度的要求，改组成为国有独资公司，经批准更名为中国对外贸易运输（集团）总公司（以下简称“中外运集团”），被国务院批准为国家120家试点企业集团之一[②]。中外运集团航运板块业务包括船舶管理、国际干散货运输、国际及国内集装箱班轮运输、国际原油运输、国际及沿海汽车船运输等，网络范围覆盖全国29个省、自治区、直辖市，以及中国香港、韩国、日本、加拿大、美国、德国等国家和地区，与400多家知名的境外运输与物流服务商建立了业务代理和战略合作伙伴关系，已发展成为以综合物流和航运为主的国际化大型现代企业集团。2008年12月，中外运集团重组长航集团获国务院批准，成立中国外运长航集团有限公司（以下简称“中外运长航”）。截至2012年底，中外运长航拥有各类船舶995艘、1720万载重吨，位列我国第三大航运企业[③]。2015年12月28日，经报国务院批准，中外运长航整体并入招商局集团有限公司（以下简称“招商局集团”），成为其全资子企业。招商局集团是在20世纪80年代中期香港地区企业集团化的热潮中完成企业集团化的，1985年11月，国务院正式批准成立招商局集团，由交通部直接领导，并作为交通部派驻香港地区的代表

---

① 中华人民共和国交通运输部、《中国交通运输改革开放30年》丛书编委会：《中国交通运输改革开放30年》（水运卷），人民交通出版社2009年版。

② 上海市地方志编纂委员会：《上海市志交通运输分志海洋运输卷1978－2010》，上海交通大学出版社2018年版。

③ 中华人民共和国交通运输部：《2012年中国航运发展报告》，人民交通出版社2013年版。

机构，统管交通部所属驻港企业，是我国驻香港地区的大型企业集团和香港地区四大中资企业之一①。作为综合性大型国有企业集团，旗下拥有招商银行、招商轮船等多家上市平台，业务主要集中于交通、金融以及城市和园区综合开发运营三大核心产业，航运主营业务为远洋油轮及散货船运输（见表3-4）。

表3-4　　2012年我国主要航运企业经营船队规模

排名	企业名称	艘数（艘）	重量规模（万载重吨）
1	中国远洋运输（集团）总公司	739	5326.2
2	中国海运（集团）总公司	411	2492.4
3	中国外运长航集团有限公司	995	1719.8
4	河北远洋运输股份有限公司	39	651.1
5	福建国航远洋运输（集团）股份有限公司	50	289.4
6	浙江远洋运输有限公司	13	228.0
7	上海时代航运有限公司	39	218.3
8	德勤集团股份有限公司	92	187.8
9	广东粤电航运有限公司	24	172.4
10	福建冠海海运有限公司	19	167.8
11	福建交通运输集团有限责任公司	41	135.8
12	江苏华海航运集团	61	127.9
13	宁波海运集团有限公司	36	124.4
14	广东蓝海海运有限公司	19	116.0
15	浙江省海运集团	29	99.2
16	新海丰集装箱运输有限公司	59	80.8

① 中华人民共和国交通运输部、《中国交通运输改革开放30年》丛书编委会：《中国交通运输改革开放30年》（水运卷），人民交通出版社2009年版。

续表

排名	企业名称	艘数（艘）	重量规模（万载重吨）
17	上海北海船务股份有限公司	11	72.9
18	江苏远洋运输有限公司	22	70.5
19	东莞市海昌船务有限公司	9	62.9
20	天津畅明航运集团有限公司	10	62.2

资料来源：《2012 年中国航运发展报告》。

（四）航运服务体系逐步完善

随着航运业的对外开放，围绕船舶运输业，我国已经逐步建立比较完善的海运服务体系，船舶代理、无船承运人、船舶管理、船舶检验、船舶交易、航运金融与保险、海事法律与仲裁等航运服务业快速发展，服务质量和水平明显提高。中国船级社（CCS）坚持走规范化、高起点之路，有效履行了安全责任把关，船舶检验吨位迅速增长。1978 年，检验的船舶 510 艘、600 万总吨，2008 年中国船级社（CCS）入级新造船订单达 1048 万总吨，服务航运发展的能力显著增强①。2003 年，中国海事仲裁委员会在上海设立了分会，在天津、大连、宁波、青岛设立了办事处，受理案件数量和规模不断增长。2011 年 3 月 1 日，CMAC 标准新造船合同（上海格式）正式发表，填补了我国没有国家级标准造船合同的空白，在国际航运界和造船界赢得了话语权。我国航运金融与保险等高端航运服务业不断拓展，1994 年成立的中国进出口银行，对船舶行业整体进行授信支持。国家开发银行积极服务中远海运集团、招商局集团等企业全球化发展。

① 中华人民共和国交通运输部、《中国交通运输改革开放 30 年》丛书编委会：《中国交通运输改革开放 30 年》（水运卷），人民交通出版社 2009 年版。

第七节 水运文化与教育软实力凸显

一、水运教育蓬勃发展

伴随着改革开放的进程，我国水运教育形成了全日制教育系列和继续教育系列的“两个系列”以及高等教育和职业教育的“两个层次”，在交通部相对完善的宏观指导和政策支持下，水运教育改革不断深化。进入21世纪，我国水运教育与时俱进，勇于创新，取得了显著成绩。

（一）水运教育的改革历程

改革开放以来，交通部先后组织召开的相关研讨会、交通教育工作会议和制定的教育规划，为我国水运教育事业的发展奠定了坚实的思想基础，指明了努力方向。1979 年 11 月，交通部召开部属院校党委书记、院校长会议。会议重点研究调整、整顿工作，确定实行定专业、定规模、定机构编制“三定”方案，讨论修改三年调整期间的学校基本建设计划方案，讨论研究了教学工作、加强师资队伍建设、加强实验室建设和教材建设等问题。1984 年和 1988 年，交通部组织召开“航海教育改革研讨会”，就有关水运教育的培养方向、层次规格、教育结构，以及水运企业对层次、规模、素质的要求进行研讨。

1990 年 6 月，交通部在大连海运学院召开全国交通教育工作会议，会议指出，必须贯彻“教育为社会主义建设服务、教育与生产劳动相结合、德智体全面发展”的方针，“坚持面向交通运输事业，按需办学”，促进教育事业持续稳定协调发展；要“办出水平，办出特色”。同年9月，交通部印发了“八五”期间《交通普通高等教育规划纲要》《交通职业技术规划纲要》《交通成人教育规划纲要》[①]，从总体上确立了交通教育发展的指导思想、基本原则、发展目标和主要任务。1992年3月交通部印发了《关于普通高等学校深化改革、扩大办学自主权的意见的通知》[②]，交通高等学校通过改革，逐步形成自主发展、自我约束的办学之路。按照国家教委的要求，组织制定了《全国交通教育事业“九五”计划和2010年发展规划》，发挥规划引领的作用，落实科教兴国的战略决策。

（二）创新水运教育管理体制

为了主动适应水运事业发展需要，交通部调整了水运教育机构的布局，创办了新的水运院校。1992年6月，武汉水运工程学院与武汉河运专科学校合并，并于1993年12月正式更名“武汉交通科技大学”，以适应我国交通运输特别是内河和海洋航运事业发展对人才的需要。1994年2月，大连海运学院更名为“大连海事大学”。1999年3月，上海港湾学校成建制地并入上海海运学院。随着改革开放的深入和社会主义市场经济的发展与完善，为适应经济转型与政府职能转变，打破过去部门所有制院校只为主管部门或行业服务的办学格局，国家进行了院校教育管理体制改革，即通过“共建、调整、合作、合并”等方式，对院校管理体制进行调整，截至2000年，水运院校管理体制调整工作基本完成。大连海事大学继续由交通部管理，其他分别划转教育部或中央与地方共建、以地方管理为

①② 中华人民共和国交通运输部、《中国交通运输改革开放30年》丛书编委会：《中国交通运输改革开放30年》（水运卷），人民交通出版社2009年版。

主。武汉交通科技大学与武汉工业大学、武汉汽车工业大学合并，改名武汉理工大学，由教育部管理。上海海运学院、重庆交通学院分别由上海市、重庆市管理。2004 年 5 月，上海海运学院更名为上海海事大学；2006 年 2 月，重庆交通学院更名为重庆交通大学。总体而言，水运院校管理体制与结构调整突破了原来仅面向水运行业的办学格局，合并后的院校综合化程度普遍提高，在坚持服务于水运行业和办学特色的同时，普遍增强了服务地方经济社会发展的功能。

交通运输部与上海海事大学、武汉理工大学、重庆交通大学、集美大学等涉海院校陆续签订共建协议，对学校交通主干学科建设给予支持，加强在行业干部人才教育培训、科研项目、科研平台建设等领域合作，共同服务交通运输行业创新发展。同时，按照教育部要求，成立高等学校交通运输类专业教学指导委员会，下设交通工程、航海技术、水路运输与工程等分委员会，开展交通运输类高等学校本科教学的研究、咨询、指导、评估、服务等工作，大力推动高等教育内涵式发展，提升本科人才培养质量。2016 年，由交通运输部牵头，大连海事大学、上海海事大学、武汉理工大学、集美大学成立中国航海实习船共享联盟，强化实践能力的培养，进一步提高我国航海高端人才培养质量，服务国家海洋强国建设和“一带一路”倡议实施。

（三）水运重点学科和实验室的建设

水运教育的发展离不开国家和交通主管部门的政策支持和行业指导，交通主管部门从水运发展的战略高度确立水运教育的地位，水运高校锐意进取，不断创新，突出交通特色，加大了水运主干学科专业与实验室建设，获得硕士、博士学位授予权的学科专业迅速发展，使办学水平得到了进一步提高，同时也基本奠定了水运高校各学科专业发展的格局。

1992年11月，交通部正式批准海洋船舶驾驶、轮机管理等专业（学科）列为交通部“八五”首批建设和部级重点水运学科。至此，争创部级重点水运学科建设工作在各水运院校迅速展开，且成绩显著。如从1992年开始至1994年，交通部就先后完成了大连海事大学（大连海运学院）交通信息工程及控制（原航海技术）、轮机工程、载运工具运用工程三个部级重点水运学科的立项和审定工作。“九五”期间交通部相继完成了大连海事大学通信与信息系统，上海海运学院交通运输规划与管理、产业经济学（运输经济学），武汉交通科技大学船舶与海洋结构物设计制造、轮机工程等部级水运重点学科的审定工作。

为了加强重点实验室建设，交通部出台了《交通部重点实验室认定办法》，并于1999年正式批准首批部级重点实验室17个，其中包括大连海事大学航海动态仿真与控制实验室、船机修造工程实验室，上海海运学院航运仿真中心，武汉交通科技大学港口装卸技术实验室等。重点实验室的建设，为进一步提高人才培养质量创造了条件。水运重点学科和重点实验室的建设，也为开展硕士、博士学位点和博士后流动站建设奠定了坚实基础。1993年，大连海运学院交通信息工程及控制和武汉水运工程学院机械设计及理论获得博士学位授予权；1996年，武汉交通科技大学载运工具运用工程获得博士学位授予权；1998年，上海海运学院交通运输规划与管理、大连海事大学国际法学获得博士学位授予权等。水运教育从小到大、从弱到强的超常规跳跃式发展，离不开水运教育的改革与创新。我国水运教育在长期的办学过程中带着鲜明的行业办学色彩，根据自己的传统、特色、优势以及水运发展的需求，紧密结合市场、产业、行业的特点，在水运学科领域和人才培养领域，逐步形成了特色，为“科教兴交”“人才强交”战略的实施，提供了重要的智力支持。

二、水运文化建设的实践

水运文化是水路运输事业发展的重要成果，是水运行业在长期的水运建设、运输和管理实践中逐渐形成并不断发展的为广大从业人员所普遍认同并付诸实践的具有鲜明行业特点和时代特征的价值理念，是水运行业各种精神文化、制度文化和物质文化的总和。水运文化是伴随着我国水路运输的发展而不断积淀和发展的，20 世纪 90 年代中期或“九五”期末以前，港口文化、航运文化等水运文化还没有形成体系，但就文化活动的内容和表现形式来看，水运文化建设在行业已有实践。“九五”期间，一些大型港航企业，将文化管理引入企业经营管理之中，文化战略进入水运企业的总体战略，中远集团、长航集团、天津港、青岛港等都是重视企业文化建设、取得良好成效的实例。2006 年 7 月，交通运输部印发《交通文化建设实施纲要》，对交通文化建设的指导思想、目标任务、工作原则和工作措施作了具体安排，这是交通部颁布的第一个有关交通文化建设的重要文件，提出要实施“五个一工程”，即形成一批交通文化研究成果，提炼一种交通精神，征集确定一个交通行业徽标，创作一批交通文化作品，完善一批交通博物馆，全面增强交通文化的吸引力，提高交通发展的软实力。我国日照港、天津港等均建有港口发展史馆，以及宁波中国港口博物馆的建设，成为展示水运（港口）历史文化、发展成就、精神风貌的重要基地。

（一）中国航海日的设立

2005 年 5 月 24 日，时任中国交通部部长张春贤宣布，经国务院批准，自 2005 年起，每年 7 月 11 日为“中国航海日”，同时也作为“世界海事日”在我国实施日期。2010 年 7 月 11 日，为庆祝第六个中国航海日，中国邮政发行《中国航海日》纪念邮票一枚。交通运输部于2015年5月正式同意由宁波设立中国航海日论坛（宁波）组委会及其办公室，在每年7月11日组织举办中国航海日论坛。2005年7月11日是我国首届“航海日”，也是我国著名航海家郑和下西洋600周年纪念日。航海日的设立，充分体现了党中央、国务院对航海事业、海洋事业的高度重视，是我国航海史上的一件大事，不仅是全国航海界、海洋界、造船界广大海员、海军官兵的共同节日，也是属于我国全民性文化范畴的活动日。首届“中国航海日”活动的主题为“热爱祖国、睦邻友好、科学航海”，各地交通部门积极开展庆祝活动，以特殊的方式迎接中国首届航海日。在国家关心支持下，“中国航海日”自2005年起，先后在北京、上海、青岛、太仓、大连、泉州、舟山、南京、南通、日照、宁波等地举办，对弘扬丝路精神、传承航海文化、增强全民的航海和海洋意识发挥了重要作用。

（二）上海中国航海博物馆

2010年7月5日，由交通运输部和上海市人民政府共同筹建的中国第一家国家级航海博物馆正式开馆并对外开放。历时4年建成的上海中国航海博物馆，旨在弘扬中华民族灿烂的航海文明和优良传统，建构国际航海交流平台，培养广大青少年对航海事业的热爱，营造上海国际航运中心的文化气氛，不仅展示中国的航海文化与海上辉煌，也成为上海建设国际航运中心的标志之一。

作为国务院批准设立的我国唯一的国家级航海博物馆，上海中国航海博物馆位于上海市临港新城滴水湖畔，占地面积24830平方米，建筑面积46434平方米，室内展览面积21000平方米①，外形犹如两只白色风帆交错

① 中国航海博物馆官网。

互抱，造型充满动感，十分醒目。馆内以“航海”为主题，“博物”为基础，分设航海历史、船舶、航海与港口、海事与海上安全、海员、军事航海六大展馆，渔船与捕鱼、航海体育与休闲两个专题展区，并建有天象馆、4D影院、儿童活动中心，涵盖文物收藏、学术研究、社会教育、陈列展示等功能。

上海中国航海博物馆内藏的文物全面反映了中国航海历史、航海文化、航海技术，其中包括一艘以古代造船工艺复制的巨型明代福船、船模300余艘以及战国时期的水陆攻战船、纹青铜器壶等珍贵文物和重要史料。位于一楼大厅内的高近70米、长30余米、宽逾8米的巨型明代福船①，是航海历史馆的“镇馆之宝”，它带领人们走进中国从郑和下西洋以来波澜壮阔的航海历史。在海事与海上安全馆，仿真模型逼真地再现了直升机和救生索具搭建出的海上立体救助场景。在上海中国航海博物馆二楼的军事馆，大量文物展示和反映了中国海军建军的光辉历程，并陈设有各类中国军舰的模型。为培养青少年对于海洋的向往、对航海事业的兴趣与热爱，馆内的天象馆、航海4D影院等，让参观者可以足不出馆就体验到大航海时代的无穷魅力。作为航运文化生活的重要组成部分，2010年11月6日，中国航海博物馆迎来第10万名观众。中国航海博物馆不定期举办特展、专题展，以及主题活动，如2012年9月15日至2013年1月18日，在“航路1600——四百年中荷航海交往史”展览期间，在荷兰王国驻上海总领事馆的大力支持下，同步推出一系列丰富多彩的荷兰文化主题活动，为观众诠释独特的荷兰文化，提供了解世界航运发展的窗口。

① 上海市地方志编纂委员会：《上海市志交通运输分志·海洋运输卷（1978－2010）》，上海交通大学出版社2018年版。

第八节 海事安全与应急能力不断提升

一、海事管理的发展

我国海事管理机构履行水上交通安全监督管理，船舶及相关水上设施检验和登记、防止船舶污染和航海保障等行政管理和执法职责。改革开放以来，不断完善体制机制，强化履职能力建设，践行“航行安全，水域清洁，服务交通，奉献社会”的核心价值观和“建设人民满意的海事”的宗旨，为实现我国经济发展战略目标提供了重要保证。

（一）海事监管体制改革

改革开放以来，我国海事监管体制机制不断完善。1980 年，经国务院批准，交通部内设了港务监督局，沿海主要港口港务局内设港务监督，在长江、黑龙江分别设长江航政管理局、黑龙江港航监督局，各省（自治区、直辖市）在交通厅或交通厅航运局设置港航监督处（室）或车船监理处，在主要港口设置港航监督处或车船监理处。

1985 年，国务院做出了改革水上交通安全监督管理体制的决定。按照港口管理体制改革和政企分开的原则，建立了中央和地方分工负责的水上安全监督管理体制。1986 ~ 1988 年，组建了 14 个海上安全监督局，实行交通部与所在城市政府双重领导，以交通部为主的领导体制。长江、珠江和黑龙江的水上安全监督，由交通部设置的港航监督机构统一负责；其他内河水域，由各省、自治区、直辖市交通厅（局）设置的港航监督机构负责。除北京、西藏外，全国有28个省、自治区、直辖市建立了水上安全监督机构，基本覆盖了全国水域的水上交通安全管理。1986年，为适应我国对外开放和远洋运输迅速发展的需要，经国务院批准，成立中国船级社，与中国船舶检验局实行两块牌子、一套机构。

1998年，经国务院批准，中华人民共和国船舶检验局（交通部船舶检验局）与中华人民共和国港务监督局（交通部安全监督局）合并，组建了中华人民共和国海事局（交通部海事局），为交通部直属机构，垂直管理中央管理水域，地方管理水域由省、自治区、直辖市人民政府设立的地方海事管理机构管理。这次改革，结束了同一水域、同一港口和同一地区重复设置水上安全监督机构、监管水域分割的局面，确立了交通部海事局统一领导全国水上安全监督业务的格局，规范了中央和地方各级海事机构名称、权责范围，统一了全国海事执法人员资格标准、执法依据和程序、执法监督制度，实现了“一水一监、一港一监”和统一政令、统一布局、统一监督管理的改革目标。截至2005年6月，全国水上安全监督管理体制改革工作全面完成，组建了交通运输部海事局管理的20个直属海事局和各省（区、市）交通主管机构管理的28个地方海事局。

2010～2013年，顺利完成了直属海事系统核编转制，行政机构整体纳入公务员管理。2016年4月，交通运输部深化长江航运行政管理体制改革，实现长江干线部直属海事机构的整合和统一管理。将江苏海事局由部海事局直接管理调整由长江海事局管理，连云港海事局调整由部海事局直接管理。2017年，开展了深化直属海事系统管理体制改革和基层海事机构执法管理模式改革，强化三级管理、四级架构的海事行政格局。调整28个海事机构管理层级，优化基层执法资源配置，建立以海巡执法大队为基本单元的现场监管模式。2018年4月，原中华人民共和国农业农村部的渔业船舶检验和监督管理职责划入交通运输部，归于交通运输部海事局管理。

（二）航海保障发展历程

航标、海道测量和水上安全通信作为船舶航行的重要保障，经历了不同的发展历程。2012 年，根据国家海洋发展战略和行政管理体制改革的总体要求，为提高综合性航海保障服务能力，交通运输部跨区域组建了北海、东海、南海 3 个航海保障中心，实现三大航海保障业务整合。3 个航海保障中心为交通运输部直属事业单位，纳入交通运输部海事局管理范围，分别委托天津、上海、广东海事局进行管理，2018 年 7 月 1 日，调整为委托交通运输部海事局直接管理。

1. 航标发展历程

改革开放以来，航标管理体制进行了多次调整。1980 年 4 月，经国务院、中央军委批准，由海军管理的沿海干线公用航标全部划归交通部管理（沿海短程航线的航标于 1958 年移交交通部管理）。1982 年 8 月，交通部内设水上安全监督局，将海区航标测绘机构和职能由部基建局划入水监局。1983 ~ 1986 年，经历了航标体制改革、海区浮标制度改革，以及航标吨税划归交通部管理等。1986 ~ 1988 年，交通部在沿海组建 14 个海上安全监督局。1986 年，海区航标业务分别由天津、上海、广州航道局成建制划转天津、上海、广州海上安全监督局。

1998 年，交通部成立海事局，海区航标相应纳入海事系统管理。中国沿海航标实行统一管理、分级负责的管理原则，构成了由交通部海事局，天津、上海、广东、海南海事局，17 个航标处组成的三级海事航标管理体制，交通部海事局是中国沿海航标的主管当局，负责中国沿海航标的规划、建设和管理工作。天津、上海、广东、海南海事局作为交通部海事局的直属机构，依据分工分别负责北方海区、东海海区、南海海区和海南辖区公用航标维护与管理。

2. 航测发展历程

1955 年 5 月，交通部在广州成立了我国第一支海港测绘队伍。改革开放后，在原交通部海港测量队的基础上，逐步形成了天津、上海和广州三个航标测量处，分别承担我国北方海区、东海海区和南海海区沿海港口航道测绘和民用航海图书编制发行工作。1986 年，政府机构改革，交通部的港口航道测绘队伍从航道局成建制划出，按三大海区分由天津、上海、广州海上安全监督局管理。

1998 年，水监体制改革后，中华人民共和国海事局（交通部海事局）成立，明确赋予海事局“管理海区港口航道测绘并组织编印相关航海图书资料，归口管理交通行业测绘工作”职责。2003 年，中国海事电子海图数据中心在上海成立，海事测绘进入数字化时代。2012 年底，北海、东海、南海 3 个航海保障中心相继成立后，三大海区测绘分别纳入 3 个航海保障中心管理。

3. 水路交通通信发展历程

20 世纪 50 年代，中央人民政府交通部、邮电部联合通令明确全国“江海岸电台统一由交通部管理”。1979 年，经国务院批准，交通部在通信导航局设立北京船舶通信导航公司，作为代表中国政府参加国际海事卫星组织的经济实体，负责有关国际海事卫星组织的技术业务。1982 年交通部成立海洋运输管理局通信处，主要负责沿海和远洋运输通信导航规划、建设和业务技术管理工作。1986 年，交通部将隶属于各港务局的 15 个海上无线电通信机构划归到新组建的 14 个海上安全监督局，同期成立了“交通部无线电管理委员会”，1987 年更名为“交通部无线电管理领导小组”。

1988 年，交通部把海洋运输管理局通信处划出，与北京船舶通信导航公司、直属通信站合并，组成中国交通通信中心，作为部属事业单位，统一管理交通系统通信和导航工作，并负责交通部无线电管理委员会的日常工作，对外仍保留北京船舶通信导航公司名义。2006 年，交通部对科技教育司部分职责进行调整，将原有的交通部机关信息网络的运行和维护划归给中国交通通信中心，并同意中国交通通信中心成立“交通信息网络运行管理中心”。

1953 年，交通部长江航务管理局将电信科改为电信处，归口管理江岸电台。1984 年，在原长航通信总站的基础上，组建长江航务通信导航管理处。2006 年，中央机构编制委员会明确了交通部长江通信管理局是公益性事业单位，是交通部所属的长江干线水上安全通信管理主管部门，由长江航务管理局管理。

（三）海事管理发展成就

我国海事监管顺应时代发展要求，履行职责，加强船舶、船员、船公司和通航环境等影响水上安全和环境保护重要因素的管理，总结水上交通安全规律，坚持“船员、船舶、环境、岸基支持”系统管理理念，有效改善影响水上安全形势稳定的人、船、环境、管理等诸要素，促进了安全管理责任链的建立和安全管理长效机制的形成，探索出水上交通安全监管“集中整治与长效管理相结合，坚持长效管理”的基本思路，根据水上交通安全特点，分别总结出“四/六区一线”水域、“四客一危”船舶、“四季三节”重点时段、“四船一链”重点环节等我国水上安全管理重点，推行了航运公司实施《安全管理规则》，实行了“坚持专项治理和长效管理相结合，注重长效机制”的安全监管新经验、新思路。不断改革创新，取得了一系列成就，为我国交通运输发展和社会主义现代化建设提供强有力的水上安全保障。在船舶数量骤增、通航环境更加复杂的情况下，实现了我国水上安全形势的大幅度改善。

1. 海事法律法规体系框架基本形成

交通部海事局作为国家执法监督机构，以1982年《中华人民共和国海洋环境保护法》、1983年《中华人民共和国海上交通安全法》和1986年《中华人民共和国内河交通安全管理条例》的通过颁布为契机，制定或参与制定海事行政执法的一系列法律、法规、规章和规范性文件，不断推进海事立法，制定和完善海事监管系列规章和规范性文件。截至1996年底，全国海事适用主要管理法律法规27部、规章和规范性文件约300件，初步建立起海事监管的法律体系。

1998年水监体制改革后，中国海事继续推进海事立法工作，不断制定和完善了体现国际海事履约和行业管理职能的专业法律，形成了拥有多个法律法规和高层次规范性文件的法规体系，修订了中华人民共和国《海洋环境保护法》《内河交通安全管理条例》，出台了我国首部专门保护船员合法权益、规范船员职业行为的《中华人民共和国船员条例》等法律，行政法规和一大批相互衔接、相互配合、基本覆盖海事各项监管职能的海事规章，并编制《海事法规体系框架》①，制定了相应的海事规范性文件以及船检技术法规规范和行业标准。截至2010年底，基本形成由800多件法律、法规、规章和规范性文件组成的海事法律体系，其中主要和相关法律法规52件。

为了充分履行国际海事公约赋予的权利和义务，自1973年加入国际海事组织以来，我国先后接受了《1974年国际海上人命安全公约》《1972年国际海上避碰规则公约》《1978年海员培训、发证和值班标准国际公约》等40余个有关海上安全和防污染的国际公约和议定书，促进了国家之间的

---

① 中华人民共和国交通运输部、《中国交通运输改革开放40年》丛书编委会：《中国交通运输改革开放40年》（综合卷），人民交通出版社2018年版。

相互协调，提高了中国海事在水上交通安全的保障，船舶保安、航运效率和海洋清洁方面的能力和水平，并有效实现国际公约向国内立法转化。

中国海事代表国家履行有关国际公约规定的船旗国、港口国和沿海国职责和义务的职责，在维护国家主权、保护国家海洋权益方面发挥了不可替代的作用，海事国际地位明显提高，自 1989 年起至 2019 年止，我国连续 16 次当选为国际海事组织的 A 类理事国，彰显了我国在国际海运界的地位和影响，体现了航运大国的责任担当。

2. **通航管理和服务不断优化**

面对日益繁忙的水上交通，海事系统采取了一系列通航管理措施，保障了水域交通安全环境的不断改善。

（1）完善水上通航环境规划。

1999 年“大舜”轮特大事故后，通航管理理念、模式、方式发生根本性变化，自此，全国海事系统以现场管理为主。2011 年出台《全国沿海船舶定线制总体规划》和《全国沿海船舶航路总体规划》，从顶层设计层面统一了航路规划。

（2）航路规划网络更为完善。

自 1978 年 4 月起，公布《交通部运输船舶在北方沿海定线分道航行办法》，在沿海港区部分试行分道航法，不断完善全国水域通航功能规划，强化航道、交通管制区、港外锚地和安全作业区等水域监督管理，逐步建立形成综合治理管理网。自 1982 年起，以宁波为试点，在宁波建成我国第一个以雷达监视为主的船舶交通管理系统（VTS），探索建立船舶定线制和报告制，监控和维护交通流。1993 年，建立了成山头船舶交通管理系统，这是中国第一个海区交管系统，也是中国由 IMO 采纳的第一个船舶定线制。2003 年，实施长江江苏段实施船舶定线制，结束了这一航段海轮不能夜航的历史，这是长江航运史上第一个船舶定线制，自此，内河水域开始实施船舶定线制。2004 年，珠江口水域制定船舶定线制，这是世界上第一次使用“分隔线”方法进行分道通航。

（3）通航规划服务不断优化。

对接国际标准，规范 VTS 值班和系统运行管理，并按照“现场成图，数据成链，监控成网，管理智能，服务便捷，支撑有力”的总体要求，完成了全国通航环境数据采集。自 1998 年起，扩展海区巡航，强化海上监督执法力度。自 2007 年起，开展实施海事网格化研究，逐级划分通航水域网格，细化管理措施，探索开展空中巡航立体监管模式，有序部署巡航执法力量，尤其加大对重点水域的抵达频率和巡查力度。

3. 船舶监督管理不断加强

（1）船旗国管理效果稳步提升。

自 1982 年起，以天津、大连港务监督为试点正式开展实施船旗国监督检查（FSC 检查），负责中国籍船舶法定检验和中国境内船舶及其产品的检验、管理与监督。自 1997 年起开展“降滞脱黑”工作，使中国籍船舶脱离港口国监督检查“黑名单”，截至 2000 年，中国船旗连续多年被巴黎、东京与美国海岸警卫队等港口国组织列入“白名单”或“优质船旗”，中国籍船队质量和声誉得到各港口国和港口国组织的广泛认可。

（2）港口国监督成果显著。

自 1986 年起，开始实施港口国监督检查（PSC 检查），监督外国籍船舶出入境及在我国港口、水域活动，对国际航行及沿海船舶开展保安管理。多年来，一系列举措有力推进了船舶现场监督选船规范化、检查标准化。不断完善港口国监督数据中心的功能，实现港口国监督检查数据与船舶进出港数据的交换，运用信息化手段对低标准船舶实施风险控制。

（3）建立起安全监管体系。

逐步建立起以客运船舶、危险品船舶、易流态化固体散装货物运输船舶、砂石船等“四类重点船舶”和水上突出问题整治为抓手的管理体系，加强“平安交通”建设，遏制水上重特大事故发生，稳定水上交通安全形势。

（4）做好船舶进出港签证和口岸管理。

随着国家经济社会的发展需求，船舶进出港签证和口岸管理模式不断演变。1979 年 3 月 22 日，交通部公布《关于船舶进出港口签证管理办法》，全国船舶签证管理工作全面开始。1995 年 3 月 21 日，国务院颁布《国际航行船舶进出中华人民共和国口岸检查办法》，终止新中国成立以来实行 40 多年的联合登轮检查做法，开始与国际惯例接轨。

（5）持续推进船舶登记制度。

积极适应我国国际航运形式新要求，阶段性制定和更新船舶登记的具体要求和规程，保护了公民所属船舶物权，明确了船旗国政府对船舶管理的义务。1994 年 6 月 2 日，《中华人民共和国船舶登记条例》的颁布，首次建立起我国最为完善的船舶登记法规。2001 年 6 月 28 日，交通部海事局公布 92 个直属海事机构船舶登记机关的名称、登记号和登记船舶范围，是水监体制改革后授权第一批船舶登记机构。2002 年 9 月 24 日，又授权 216 个地方海事机构开始内河船舶登记工作。2004 年 12 月 18 日，交通部海事局在南京发放第一张船舶 IC 卡，标志着船舶一卡通工程在长江三角洲地区工作正式启动。

4. 船员管理更加规范

中国海事满足国际化需要，规范全国船员注册、培训、考试、发证以及海员出入境证件的管理，已形成培训、考试、发证、检查、管理和处罚等各个环节在内的船员闭环管理机制，船员适任能力明显提高。

（1）船员队伍迅速发展壮大。

1978 年改革开放前，我国的船员人数为 25 万人（其中海船船员约 5

万人，内河船员 20 万人）。2006 年，我国有 50 万人持证海员，其中大约 16 万人服务于国际航线。我国船员规模位居全球前列，外派海员数量持续增长，已成为名副其实的海员大国，世界重要的海员劳务输出国之一。

（2）船员考试发证和管理工作日趋完善。

1979 年，《中华人民共和国轮船船员考试发证办法》《船员考试委员会章程（试行）》先后公布，恢复船员考试和发证管理工作，建立起对海船、内河船舶船员实施的第一个较为全面的管理规章。1981 年，我国加入《1978 年海员培训，发证和值班标准国际公约》（以下简称“1978 年 STCW”）后，船员队伍建设逐步正规化。1988 年，开始对 A 类船员适任证书实行全国统考。1991 年，开始实施船员考试培训“五统一”，船员考试发证工作趋向规范化、程序化。2006 年开始，交通部海事局在全国范围内逐步推行海船船员适任证书无纸化考试，船员考试发证工作实现历史性变化。

（3）海员国际竞争力不断增强。

积极履行船员国际公约，提升中国船员在国际海员市场的竞争力。2000 年我国进入国际海事组织“完全和充分履行《STCW78/95 公约》”第一批“白名单”国家，并先后与 25 个国家或地区签订承认海船船员适任证书的协定①。进一步提升了我国船员证书的国际认可度，为我国海员走出去创造了良好条件。

5. 危防管理和船舶检验明显增强

（1）船舶载运危险品管理全面加强。

1981 年 10 月，交通部公布《中华人民共和国船舶装载危险货物监督

① 中华人民共和国交通运输部、《中国交通运输改革开放 40 年》丛书编委会：《中国交通运输改革开放 40 年》（综合卷），人民交通出版社 2018 年版。

管理规则》，明确了港务监督（包括航政机关）对船舶装载危险货物监督管理的职责。1982 年 5 月，交通部下发《关于执行〈国际海上危险货物运输规则〉补充规定的通知》，明确了航行国际航线的船舶均要执行《国际危规》[①] 补充规定的要求。按照“安全第一，预防为主，综合治理”的方针，坚持严把“审批关，监督关，查验关”，建立起部门协调制度，严厉打击危险货物瞒报、谎报、漏报行为，健全了危险品申报、集装箱装箱等领域诚信管理制度，逐渐树立起关口前移的管理理念，防患于未然。

（2）深入推进防止船舶污染水域的管理。

自 1980 年起，我国先后批准和加入经 1978 年议定书修订的《1973 年国际防止船舶造成污染公约》等国际防污染公约，并制定了一系列相应的管理规定和实施办法，逐步推进防止船舶污染海域的监管。1974 ~ 1980 年，先后在大连、秦皇岛、天津、青岛、上海、连云港、湛江、黄埔 8 个港口，分别建立起含油污水的处理设施，并相应地配备起垃圾、污油、污水回收船等相关油污处理设备。2009 年，国务院颁布《中华人民共和国防治船舶污染海洋环境管理条例》，奠定了中国船舶防污染法制工作的重要基础。2010 年，开展渤海湾各海上油田作业区的巡航检查，监督渤海湾水域船舶排污情况。

（3）船舶检验更趋完备。

1998 年，交通部海事局正式成立以来，逐步建立了中央直属船检、地方船检 2 种类型检验机构和法定、入级、公证 3 种检验性质为一体的统一的船检体系，造就了一支相对稳定、高水平的验船师队伍，实现了“技术权威性、服务公正性、业务国际性”的目标。随着《船舶检验工作管理暂行办法》等一系列管理型文件的出台，形成了交通部海事局对船检机构以

① 《国际海运危险货物规则》，简称《国际危规》。

及验船人员管理比较完善的规范性文件体系，建立了检验发证体系，理顺与中国船级社的关系，扶持地方船检机构，建立技术支持与交流平台。建立了船舶检验质量管理体系和禁止低质量船舶进入航运市场的长效机制，对新造船舶、坞修船舶和营运船舶严格船检，船舶适航性明显提高，船舶安全技术水平不断提高。

6. 海事监管装备不断完善

（1）现代监管系统得到广泛应用。

1982 年 1 月，我国第一个由 3 个独立雷达站组成的船舶导航雷达链在宁波北仑港建成，继后秦皇岛、大连、青岛和天津等相继建成了雷达交管站。1994 年，我国第一个现代化的船舶交通管理系统（VTS）在上海港投入使用，大大改善了长江口 100 多公里水域的船舶交通状况。2002 年，全面启动船舶自动识别系统（AIS）建设。2009 年，我国船舶远程识别和跟踪系统（LIRT）建成并投入使用，可实现远距离识别和跟踪船舶。截至 2018 年 8 月，我国已有 55 套 VTS 运行在沿海和主要内河水域，覆盖主要港口和重点水域，成为世界上 VTS 建设最多、覆盖水域面积最大的国家。

（2）海巡船艇向系列化、大型化发展。

为加大水上安全监管力度，海事部门相继建造一定数量船艇，1980 年 6 月，全国用于航政现场监督维护船艇不足 200 艘，截至 1996 年，一批 12 米、20 米，300 吨、1000 吨的巡逻艇相继建成[①]。2007 年，《国家水上交通安全监管和救助系统布局规划》经国务院批准实施，大中型海事船舶的建造进入了一个有序发展的轨道。

---

① 中华人民共和国交通运输部、《中国交通运输改革开放 40 年》丛书编委会：《中国交通运输改革开放 40 年》（综合卷），人民交通出版社 2018 年版。

（3）飞机立体巡航监管从无到有。

2005年，拥有直升机起降平台的海巡31轮正式列入中国海事船艇序列，广东海事局为海巡31轮配置了两架轻型直升机，开启了海空立体巡航模式。2010年1月，上海海事局首次使用固定翼飞机参与长江口水域海空立体巡航及现场执法，对长江上海段船舶定线制、锚地水域通航秩序进行空中巡查。随着巡航救助一体化机制的扎实推进，飞机立体巡航成为海区监管和搜寻的常态。

（4）智慧海事建设和管理不断深化。

自1986年起，水上安全监管信息化建设提上议事日程并开始筹建，1995年，直属海事系统开始信息化建设，1998年以后先后实施建设了水监信息系统3期工程。至2010年底，建成海事信息主干网络，一批海事业务应用软件相继开发完成并投入应用，海事管理业务实现了网络化、数据化办理。2012年以来，利用互联网、大数据、云计算等新技术，大力推进“智慧海事”建设。

二、我国海上搜救体制的建立

海上搜救是国家突发事件应急体系的重要组成部分，全面加强海上搜救和重大海上溢油应急处置工作，妥善处置海上突发事件，最大限度地减少海上突发事件造成的人员伤亡、财产损失和环境污染，为促进经济社会发展和维护人命财产安全提供了可靠的海上应急保障。1973年，为使在我国沿海遇险的人员、船舶得到及时救助，国务院、中央军委批准成立国家海上安全指挥部，由交通部、外贸部、农林部、总参、海军、空军等单位组成，负责统一部署和指挥防台风、防止船舶污染海域、防冻破冰以及海难救助等“三防一救”工作；同时，组建国家专业的海上救助队伍，由军地共同承担海上救助任务。沿海各省、自治区、直辖市相继成立了海上安全指挥机构，领导本辖区的“三防一救”工作。

1985 年，为更好地保障海上人命、财产安全、履行国际义务，我国加入了《1979 年国际海上搜寻救助公约》。为切实做好履约工作，尽快与国际接轨，1989 年 7 月，国务院、中央军委批复撤销全国海上安全指挥部，同意在交通部建立中国海上搜救中心，负责全国海上搜救工作的统一组织和协调，日常工作由交通部安全监督局承担。同时，沿海各省、自治区、直辖市的海上安全指挥部改为海上搜救中心，职责不变，业务上接受中国海上搜救中心的指导。

2005 年 5 月，为提升我国应对海上突发事件的能力，国务院批准建立由交通部牵头、13 家成员单位共同参加的国家海上搜救部际联席会议制度，统筹研究全国海上搜救和船舶污染应急反应工作，组织协调重大海上搜救和船舶污染应急反应行动，指导、监督有关省、自治区、直辖市海上搜救应急反应工作等，并明确中国海上搜救中心为联席会议的办事机构，负责联席会议的日常工作。

为提高我国重大海上溢油应急处置能力，2010 年 12 月 15 日，中央机构编制委员会办公室印发了《关于重大海上溢油应急处置牵头部门和职责分工的通知》，明确交通运输部负责牵头组织编制国家重大海上溢油应急处置预案并组织实施；会同有关部门编制国家重大海上溢油应急能力建设规划，提出国家重大海上溢油应急能力建设的意见；会同有关部门建立健全国家海上溢油信息共享平台；组织、协调、指挥重大海上溢油应急处置工作；负责防止船舶污染、船舶海上溢油应急和索赔工作。

2012 年 10 月，根据国家重大海上溢油应急处置工作的需要，国务院批准建立国家重大海上溢油应急处置部际联席会议制度，在国务院领导下，研究解决国家重大海上溢油应急处置工作中的重大问题，组织、协调、指挥重大海上溢油应急行动，指导、监督沿海地方人民政府、相关企业海上溢油应急处置工作等。交通运输部为牵头单位，中国海上搜救中心使用中国海上溢油应急中心名义对外开展工作，承担联席会议的日常工作。

强化基础建设，推进管理运行制度化。国家、省、市、县四级海上搜救应急预案体系逐步建成，沿海各省区市和长江干线、黑龙江省等海上搜救机构基本建成，海上搜救工作形成了国际、部际、部省、区域“四个联动”机制以及“军地结合、专群结合”的良好局面。全国沿海及长江沿线溢油高风险区组建了31个溢油应急设备库，长江干线设置了203个应急救助站点，海上搜救和重大海上溢油应急处置能力稳步提升。我国逐步建成了以专业救助力量、军队和国家公务力量为骨干、社会力量为补充的海上搜救队伍，搜救力量不断壮大。演习演练逐渐成为常态，定期组织由部际联席会议各成员单位参加的搜救、溢油应急、飞行器落水等科目的大型搜救演习演练，会同台湾有关方面，举办海峡两岸海上搜救演习。各地搜救部门也通过举行不同规模、不同层次、不同科目的水上搜救应急演习演练，逐步提升应对海上突发事件的能力和水平。

三、救助打捞系统的发展

改革开放后，为加强海上救助打捞业务的统一领导，交通部按照国务院、中央军委批准的《关于加强和统一使用海上专业救助力量的请示》①，1978年3月，在交通部内设立职能部门——海难救助打捞局，全国沿海救助网建设也列入了议事日程。截至1980年，烟台、上海、广州3个救捞局

① 中华人民共和国交通运输部、《中国交通运输改革开放30年》丛书编委会：《中国交通运输改革开放30年》（水运卷），人民交通出版社2009年版。

先后建立了秦皇岛、荣成、福州、厦门、汕头、北海、湛江和三亚8个救助站，加上原有的天津、烟台、上海、温州救助站和海军救助点，数年间，救助打捞机构得到健全，基本形成了从南至北的沿海救助网。20世纪80年代，全国救助站点达到了17个。随着国内外航运事业的迅猛发展，救捞事业又得到了长足进步，救捞中心工作逐渐从清障打捞转到救捞并举、以救为主。中国救捞由此而进入了全面加强队伍和装备建设、努力提高救助水平的新阶段。

2003年，按照国务院相关部委对救捞管理体制改革的有关要求，交通部组织实施了救捞系统体制改革，交通部所属的北海、东海、南海救助局和烟台、上海、广州打捞局正式挂牌成立，由交通部救助打捞局统一垂直领导管理救助、打捞两支专业队伍。救助单位的海上救助以海上人命救助为对象，以海上灾难性、应急性人命救助为目的的社会公益抢险救助行为，是属于政府行为和国家履行国际义务、维护我国声誉的重要国家职能。打捞单位的海上打捞是以清除在我国沿海水域、港口航道的沉船沉物、船舶溢油和遇险航空器等为对象，以海上突发性、灾难性应急抢险为目的，具有社会公益性和商业性的打捞行为，是国家履行国际义务、保障海上安全形势稳定和改善海上投资环境的重要手段。

从2001年3月5日开始，交通部东海第一救助飞行队在长江口及舟山水域，率先建立了海空立体救助体系。随后，又组建了交通部北海第一救助飞行队并部署在大连、蓬莱，担负渤海湾海域救助任务；交通部东海第二救助飞行队部署在厦门，担负台湾海峡救助任务；交通部南海第一救助飞行队部署在湛江、珠海，担负琼州海峡、粤西及北部湾海域等救助任务。北海救助局下辖大连、秦皇岛、天津、烟台、南皇城、荣成、青岛7个基地，东海救助局下辖连云港、上海、舟山、宁波、温州、福州、莆田、厦门8个基地，南海救助局下辖汕头、深圳、广州、湛江、阳江、北海、海口、三亚、西沙9个基地，我国沿海交通救捞网络建设进一步完善。

第九节　与港澳台地区间航运的平稳发展

一、与港澳地区的航运往来与合作

（一）中国内地与香港地区、澳门地区航运业共赢共荣

中国香港是世界航运中心。1997年7月1日，中国香港顺利回归祖国，中国香港与中国内地之间的航运发展成为国内航线。按照《中华人民共和国香港特别行政区基本法》，为了保持中国香港的繁荣与稳定，维护中国香港国际航运中心的地位，中国香港与中国内地航运的基本政策是：中国香港与中国内地航运属于特殊管理的国内航线，视同外贸运输进行管理。1999年12月20日，中国澳门回归祖国，根据《中华人民共和国澳门特别行政区基本法》，中国澳门与内地之间的航线也是属于特殊管理的国内航线，视同外贸运输，参照国际航运管理法律和法规管理该航线。

随着内地经济的快速增长和航运市场进一步开放，港澳地区与中国内地在航运方面的合作越来越密切，港澳地区航运企业进入内地市场机遇越来越多。2003年，中国内地与香港、澳门特别行政区政府分别签署了内地与香港地区、澳门地区《关于建立更紧密经贸关系的安排》（CEPA）。CEPA是“一国两制”原则的成功实践，是中国内地与港澳地区签订的自由贸易协议，也是中国内地与港澳地区全方位加强经贸合作的机制，是中国内

地与港澳地区经贸交流与合作的重要里程碑。2004 年 1 月 1 日，《内地与香港关于建立更紧密经贸关系的安排》《内地与澳门关于建立更紧密经贸关系的安排》正式实施，为中国内地与港澳地区航运业发展带来了新的机遇。

自 2004 年起，中国内地与香港、澳门特别行政区政府分别签署了 CEPA《补充协议》，其中涉及海运服务的有补充协议二、补充协议四、补充协议五、补充协议六和补充协议十。

交通运输部积极参与《内地与香港关于建立更紧密贸易关系的安排》和《内地与澳门关于建立更紧密贸易关系的安排》的磋商和落实工作，在原有的基础上与港澳地区签订 CEPA 补充协议二，在海运服务作出 4 项承诺，于 2006 年 1 月 1 日生效。（1）允许港澳地区服务提供者在中国内地设立的独资公司，为其经营内地与港澳地区港口之间的拖船提供揽货、签发提单、结算运费、签订服务合同等日常服务。（2）允许港澳地区服务提供者在中国内地设立的独资公司提供船舶保养及维修服务。（3）允许港澳地区服务提供者在中国内地设立的独资公司提供国际海运集装箱租赁、买卖以及集装箱零件贸易服务。（4）允许港澳地区服务提供者在中国内地设立的独资公司为在港澳地区注册的船舶提供船舶检验服务。

根据 CEPA 的规定，港澳地区企业在中国内地办事处的母公司只要符合条件，便可转变为独资公司。港澳地区船东通过在中国内地设立的独资船舶管理公司，可为本公司经营的船舶配备内地船员。这既有利于内地船员外派，又可为港澳地区船东降低成本。截至 2007 年底，内地航运主管部门已依据 CEPA 办理了 120 多项申请，使海运服务的各项承诺得以顺利落实。CEPA 的实施，减少了中国内地与港澳地区在经贸交流中的体制性障碍，加快了相互间资本、货物、人员等要素的更便利流动，对港澳地区经济的复苏和两地的经贸交流起到了积极的促进作用，同时也推动了中国内地的经济建设和改革开放。

2007年，中国内地与香港、澳门特别行政区政府分别签署了内地与香港地区、澳门地区更紧密经贸关系安排协议（CEPA）补充协议四，自2008年1月1日起实施。允许港澳地区服务提供者以合资形式在中国内地设立企业，提供第三方国际船舶代理服务，其中香港地区服务提供者的股权不超过51%。

2008年，中国内地与香港、澳门特别行政区政府分别签署了内地与香港地区、澳门地区更紧密经贸关系安排协议（CEPA）补充协议五，自2009年1月1日起实施。港澳地区服务提供者可以在广东省设立独资公司，为从事港澳地区航线运输船舶提供船舶代理服务，中国内地与港澳地区之间在运输领域的开放和合作进一步深入。

2009年，中国内地与香港、澳门特别行政区政府分别签署了内地与香港地区、澳门地区更紧密经贸关系安排协议（CEPA）补充协议六，自2009年10月1日起实施。（1）允许港澳地区服务提供者在内地设立独资船务公司，为该港澳地区服务提供者租用的内地船舶经营港澳地区至广东省二类港口之间的船舶运输，提供包括揽货、签发提单、结算运费、签订服务合同等日常业务服务。（2）允许港澳地区服务提供者在内地设立的独资、合资或合作国际船舶管理公司在申请外派海员类对外劳务合作经营资格时，无须申请外商投资职业介绍机构或人才中介机构资格。

2013年，中国内地与香港、澳门特别行政区政府分别签署了内地与香港地区、澳门地区更紧密经贸关系安排协议（CEPA）补充协议十，从2014年1月1日起实施。（1）港澳地区服务提供者投资建设港埠设施并经营港口装卸、堆场和仓储业务，其资本额和设立分公司的条件比照内地企业实行。（2）将港澳地区服务提供者在广东省内设立外商投资企业经营国际海运集装箱站和堆场业务、国际货物仓储业务登记下放至广东省地级以上市交通运输主管部门。（3）将广东省内至港澳地区普通货物运输，以及在航港澳地区航线船舶变更船舶数据后继续从事港澳地区航线运输的审批权下放至广东省交通运输主管部门。(4) 将港澳地区服务提供者在广东省内设立外商投资企业经营国际船舶管理业务登记下放至广东省交通运输主管部门。(5) 允许港澳地区服务提供者雇用的合同服务提供者以自然人流动的方式在内地提供本部门或分部门分类项下的服务。

(二) 两地港口优势互补，共同发展

随着中国内地港口特别是珠三角港口的快速发展，作为世界上最大集装箱运输中转枢纽港之一的中国香港地区，具有高效集装箱装卸、分拨和物流配送技术和管理经验，内地集装箱货源的稳定增长既可以保障中国香港地区作为枢纽港的充足箱源，又为中国香港地区的运输服务提供者拓展了在中国内地的发展空间。

中国香港地区港口经过多年的发展，集装箱班轮航线密集，在港口服务、金融结算、通关服务等制度建设方面具有明显优势，这也是中国香港地区港口能够保持其竞争力的重要因素。交通部根据《全国沿海港口布局规划》，在港口布局及具体建设项目安排上统筹考虑维护中国香港地区港口的发展，继续支持中国香港地区码头经营企业到内地投资建设港口，形成中国内地港口与中国香港地区港口的资产有机联系；同时也支持中国内地航运企业充分利用中国香港地区港口的资源优势，开辟中国内地港口到中国香港地区的集装箱支线运输和喂给运输。中国香港地区作为国际航运中心的地位得到加强。中国香港地区招商局集团早已将业务中心向内地转移和拓展，并制定了主力投资中国沿海枢纽港项目的战略性布局，在中国 1.8 万公里的海岸线上支起了一个大三角——珠三角、长三角和环渤海经济区。早在2001 年，中国香港地区和黄集团深圳盐田国际集装箱码头三期计划就已获批，并将巨资投向宁波北仑集装箱码头。在中国香港地区企业投资内地港口的同时，中国内地不少港口企业陆续在中国香港地区上市。天津港、厦门港、大连港、秦皇岛港、青岛港分别于 1997 年 12 月、2005 年 12 月、2006 年 4 月、2013 年 12 月、2014 年 6 月登陆中国香港地区联交所。

二、与台湾地区的航运往来与合作

（一）海峡两岸海上试点直航

1949 年新中国成立以后的 30 年间，海峡两岸处于军事对峙状态，两岸人员和经贸往来全部中断，两岸同胞处于隔绝状态。

1979 年，全国人大常委会发表《告台湾同胞书》，提出海峡两岸直接“三通”的主张。在“和平统一、一国两制”的原则指导下，两岸间经贸关系的不断发展，客观上对两岸海上通航产生了强烈需求。

自 1985 年开始，交通部先后颁发了《关于从事对台贸易运输的外国籍船舶管理问题的通知》《关于“三通”船的暂行管理办法》《关于开办台湾—大陆海上客运航线的暂行规定》《关于在台湾登记的船舶安全监督管理规定》① 等推动两岸“三通”多项法规、规章和政策性文件，为两岸海上直航做好了法律保障方面的准备。

从 20 世纪 90 年代初期开始，两岸发展贸易的步伐明显加快，形成了两岸贸易和两岸航运相互推动的可喜局面。1995 年，中国成立了“海峡两岸航运交流协会”。1996 年，大陆海岸电台对台湾地区船舶全面开放，并为台湾地区船舶提供通信导航服务。

① 中华人民共和国交通运输部、《中国交通运输改革开放 30 年》丛书编委会：《中国交通运输改革开放 30 年》（水运卷），人民交通出版社 2009 年版。

1996 年 8 月，交通部《台湾海峡两岸间航运管理办法》的发布，确定了“一个中国，双向直航，互利互惠”的原则，并规定两岸海上直达客货运输属于特殊管理的国内航线，按外贸运输进行管理，准许两岸资本的船公司所拥有或经营的、方便旗船舶有条件的、从事两岸间双向直达的客货运输业务。非经中国交通部批准，外国船公司不得经营台湾地区海峡两岸间航运。

1997 年，在中国大陆和台湾地区方面的共同努力下，中国大陆与台湾地区间航运取得突破性进展，两岸“试点直航”正式启动。交通部批准中国大陆和台湾地区方面各 6 家航运公司共 12 艘船舶参加两岸试点直航。1998 年，有 10 家航运公司 10 艘船舶实际投入营运，两岸 10 家船公司营运 1487 航次，共承运集装箱 27 万吨，达到了预期目标[①]。由于台湾地区方面对两岸直航采取“不通关、不入境”政策，为了便利两岸贸易，自 1997 年以来，交通部还批准两岸资本的航运公司从事经由中国香港地区或日本石垣岛第三地换单不换船的集装箱班轮运输业务，经第三地运送两岸贸易货物。截至 1998 年底，共批准 10 家航商从事运输，1998 年共承运 15 万吨。截至 2008 年，两岸海上客货运输一直是“船通货不通”或是“货通船不通”的间接局部通航的局面。

（二）海峡两岸海上全面通航

2008 年 11 月 4 日，两岸签署了《海峡两岸空运协议》《海峡两岸海运协议》《海峡两岸邮政协议》《海峡两岸食品安全协议》4 项重要经济协议。《海峡两岸海运协议》对两岸海运直航达成 14 条协议和 3 项具体安排，这标志着海峡两岸“三通”已基本实现。根据海峡两岸海运协议，双

---

① 中华人民共和国交通部水运司：《1998 年中国航运发展报告》，人民交通出版社 1999 年版。

方同意相互开放主要对外港口作为直航港口（截至2008年底，相互开放的直航港口大陆有63个，台湾地区有13个，双方同意视情况增加开放港口），两岸船舶经许可后，可从事两岸间客货直接运输，双方按照“平等参与、有序竞争”原则，根据市场需求合理安排运力。

为贯彻落实《海峡两岸海运协议》，2008年12月12日，交通运输部发布了《关于台湾海峡两岸间海上直航实施事项的公告》和《台湾海峡两岸直航船舶监督管理暂行办法》，自12月15日开始实施，明确了两岸航运管理模式、公司及船舶的市场准入标准和申请程序。12月15日，国务院台办、交通运输部和天津市、上海市、江苏省、福建省政府分别在天津港、上海港、太仓港、福州港等地隆重举行两岸海上直航首航仪式，同时中国大陆的厦门港、泉州港和中国台湾地区的高雄港、基隆港也在15日举行了首航仪式。两岸共有13家船公司和20艘船舶参加了首航，其中大陆9家船公司、15艘船舶，中国台湾地区4船公司、5艘船舶[①]。海峡两岸实现海上全面通航，标志着两岸在《九二共识》的基础上“两会”恢复制度性协商，这是两岸关系发展史上划时代的里程碑，促进了两岸经贸交流与合作（见表3－5和表3－6）。

表3－5　1997～2008年海峡两岸经贸与航运统计

年份	两岸贸易总额（亿美元）	两岸试点集装箱运量（万吨）
1997	198.4	12.70
1998	205.0	27.60
1999	234.8	36.40

① 中华人民共和国交通运输部：《2008年中国航运发展报告》，人民交通出版社2009年版。

续表

年份	两岸贸易总额（亿美元）	两岸试点集装箱运量（万吨）
2000	305.5	43.30
2001	323.4	48.80
2002	446.7	53.10
2003	583.6	51.20
2004	783.2	58.40
2005	912.3	55.60
2006	1078.4	57.00
2007	1244.8	56.90
2008	1292.2	46.32

资料来源：交通运输部台湾地区事务办公室（2008年两岸试点集装箱运量为1月1日至12月14日期间统计）。

表3－6　　2009～2012年两岸海上直航运输统计

年份	贸易额（亿美元）	货运量（万吨）	集装箱运量（万吨）	客运量（万人）
2009	1062.3	5780	140	140.0
2010	1453.7	6130	163	150.0
2011	1600.3	6000	174	160.0
2012	1689.6	6250	188	166.4

资料来源：商务部、历年《中国航运发展报告》。

第四章

党的十八大以来的中国水运
（2012 年至今）

第一节　海运强国战略全面推进，从自足走向自强

向海而兴，海运始终是中国经济发展的重要支柱。习近平总书记在党的十九大报告中指出“要坚持陆海统筹，加快建设海洋强国”。要建设交通强国，加强水运、物流等基础设施网络建设；要以“一带一路”建设为重点，坚持“引进来”和“走出去”并重，遵循共商共建共享原则，加强创新能力开放合作，形成陆海内外联动、东西双向互济的开放格局。

2012～2020 年是我国进入海运强国的实力形成阶段，面对海运市场、国际规则的新一轮调整，为更好地保障国家安全、服务国民经济和社会发展，国家相继采取了一系列新举措，提出适应海运强国新时代的新要求。2014 年 9 月，国务院正式发布《关于促进海运业健康发展的若干意见》，进一步明确我国海运发展目标和主要任务，意味着我国将全面推进海运强国战略。通过一系列措施，我国海运在要素规模化发展、结构调整方面均取得了突破性成就，站上新的发展起点。目前，中国已经是名副其实的航运大国。我国海运航线和服务网络遍布世界主要国家和地区，海运在促进世界经贸发展、构建人类命运共同体的伟大事业中发挥着重要的桥梁和纽带作用。

一、海运需求推动全球贸易增长

在中国进入新时代和全面深化改革政策背景下，我国劳动力资源的比较优势和发展潜力得到发挥，经济贸易进入一轮快速增长期，推动我国海运贸易量从 2012 年的 23.1 亿吨增加到 2019 年的 32.4 亿吨，增长了 40%，

稳居世界第一位。同时，中国在全球海运贸易中的作用也显著增强。中国海运贸易量占世界的比重也由2012年的25.1%提升至2019年的28.2%（见图4-1）。“中国因素”更是成为推动世界海运需求的基本力量，海运需求增量2/3源于“中国因素”。“中国因素”对于世界海运需求发展的拉动作用尽管有所减弱，但依然是未来增长的主要力量。

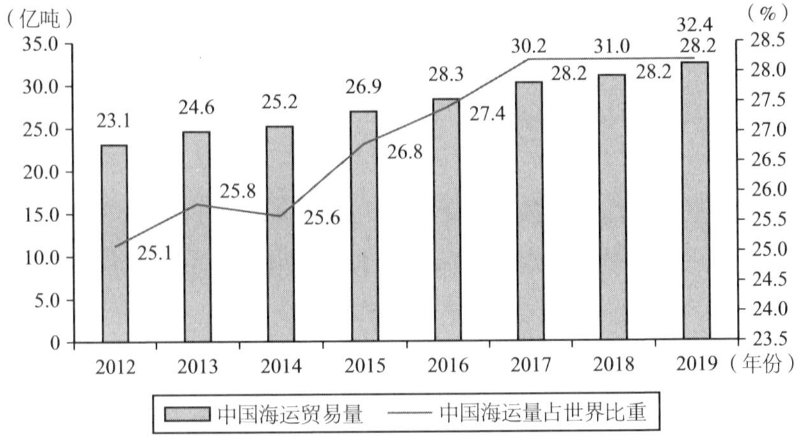

图4-1 2012~2019年中国海运贸易量

资料来源：Clarkson网站。

我国外贸海运以进口为主，2012~2019年，进口海运量占总海运量的比重保持在80%左右。如表4-1所示，其中2019年进口海运量达到26.46亿吨，占总海运量的81.8%；出口海运量为5.90亿吨，占总海运量的18.2%。从进出口货类上看，我国进口海运量最大的货类是干散货，2019年海运进口量达到18.49亿吨，占海运进口总量近70%；其次为液体散货，海运进口量为6.63亿吨，占海运进口总量的25%。出口海运量最大的货类是杂货，2019年海运出口量达到2.87亿吨，占海运出口总量近50%；其次为干散货，海运出口量为2.09亿吨，占海运出口总量的35%。

表 4－1　2012～2019 年中国分货类进出口海运量　单位：亿吨

年份	进口				出口			
	干散货	液体散货	杂货	合计	干散货	液体散货	杂货	合计
2012	13.24	3.75	1.34	18.33	1.58	0.46	2.11	4.15
2013	15.01	3.87	1.38	20.26	1.83	0.51	2.25	4.59
2014	15.42	4.11	1.38	20.91	2.65	0.55	2.39	5.59
2015	15.16	4.56	1.43	21.15	2.64	0.63	2.50	5.77
2016	16.08	5.11	1.38	22.57	2.57	0.76	2.55	5.89
2017	17.30	5.67	1.42	24.39	2.29	0.82	2.73	5.83
2018	17.77	6.07	1.34	25.18	2.13	0.89	2.83	5.86
2019	18.49	6.63	1.35	26.46	2.09	0.94	2.87	5.90

资料来源：Clarkson 网站。

二、海运船队快速发展

依托“中国因素”的机遇，我国海运船队快速发展。根据联合国贸易和发展会议（UNCTAD）每年发布的《海运评述》报告，按船旗和船舶所有权国家（地区）统计，如表 4－2 所示，我国海运船队载重量（DWT）规模从 2012 年的 1.24 亿吨增加至 2020 年的 2.28 亿吨，年均增速 8.3%。2020 年我国海运船队总载重量占世界船队总量的 11.2%，居世界第 3 位，仅次于希腊和日本。

表 4－2　2012～2020 年中国拥有海运船队规模

年度	船舶数量	载重量		
	艘数	亿吨	占世界船队总量比重（%）	世界排名
2012	3629	1.24	8.9	4
2013	5313	1.90	11.8	3

续表

年度	船舶数量	载重量		
	艘数	亿吨	占世界船队总量比重（%）	世界排名
2014	5405	2.00	11.9	3
2015	4966	1.58	9.1	3
2016	4960	1.59	8.9	3
2017	5206	1.65	9.0	3
2018	5512	1.83	9.6	3
2019	6125	2.06	10.5	3
2020	6869	2.28	11.2	3

资料来源：UNCTAD. *REVIEW OF MARITIME TRANSPORT*（2012~2020）.

如果从船舶总吨（*GT*）上看，2021年2月，中国拥有的船队规模已达到2.04亿吨，占全球总吨位的14%，排名世界第2，仅次于希腊①。从船队结构上看，我国拥有的散货船占比最大，占现有船队比重的53%；其次分别是集装箱船（19%）和油轮（17%）等（见图4-2）。

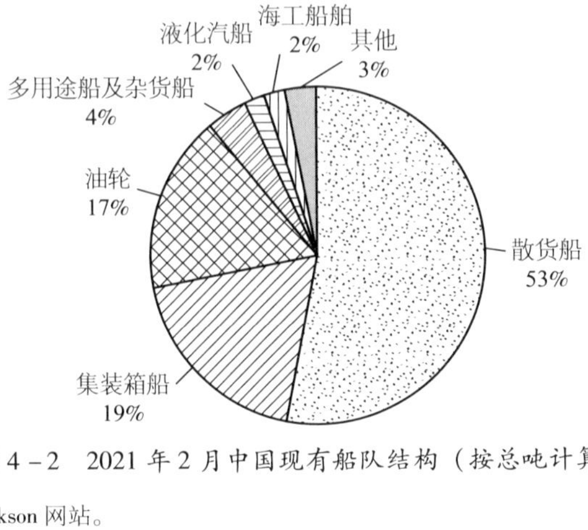

图4-2　2021年2月中国现有船队结构（按总吨计算）

资料来源：Clarkson网站。

① Clarkson网站，2021年2月月度数据。

三、港口国际影响力显著增强

（一）具备建设世界一流港口的良好基础

长期以来，党和国家高度重视港口发展问题。党的十八大以来，习近平总书记多次亲临港口视察，作出系列重要指示批示。习近平总书记于2016年1月视察重庆港时明确提出，要加强“四个一流”（一流设施、一流技术、一流管理、一流服务）港口建设；2017年4月考察广西北海港时提出打造“向海经济”，强调沿海地区要想富要先建港；2018年11月视频连线上海洋山港时指出“经济强国必定是海洋强国、航运强国”的重要论述，以及把港口建设好、管理好、发展好，不断提高港口运营管理能力、综合服务能力的重要指示；2020年1月视察天津港时强调，要志在万里，努力打造世界一流的智慧港口、绿色港口；2020年3月在浙江宁波舟山港穿山港区考察时强调，要坚持一流标准，把港口建设好、管理好，努力打造世界一流强港。

通过新建和技术改造等一系列举措，港口建设投资持续稳步快速增长，推动港口吞吐能力实现了从能力不足、基本适应再到适度超前的两次跨越。2012~2019年，我国沿海和内河主要规模以上生产用码头泊位长度由1510.4公里增加至1977.5公里，泊位数由18825个增加至22893个。其中沿海万吨级泊位数由1453个增加至2076个，增长42.9%（见表4-3）。同时码头吨级结构持续优化，2019年5万至10万吨级、10万吨级以上沿海港口码头泊位分别达到672个和385个[①]，适应了船舶大型化、专业化发展。部分主要港口特别是集装箱干线港，结合现代互联网、大数据、云计算和智能化等技术进

① 资料来源：国家统计局官网。

步，通过行政资源、自然资源和经营资源的整合，港口的绿色化、智能化、服务在线化水平大幅度提升，已经具备了打造世界一流港口的良好基础。

表 4－3　　2012～2019 年中国主要规模以上生产用码头泊位数

年份	沿海港口			内河港口			总计		
	码头长度（公里）	泊位数（个）	万吨级泊位数（个）	码头长度（公里）	泊位数（个）	万吨级泊位数（个）	码头长度（公里）	泊位数（个）	万吨级泊位数（个）
2012	647.5	4811	1453	862.8	14014	369	1510.4	18825	1822
2013	669.4	4841	1524	877.1	13904	394	1546.4	18745	1918
2014	701.2	4970	1614	896.5	13894	406	1597.7	18864	2020
2015	735.0	5132	1723	883.9	13532	414	1618.9	18664	2137
2016	761.5	5152	1793	860.9	12923	423	1622.4	18075	2216
2017	800.0	5324	1892	793.9	11456	418	1593.9	16780	2310
2018	814.3	5302	1942	753.3	10521	437	1567.7	15823	2379
2019	869.9	5562	2076	1107.7	17331	444	1977.5	22893	2520

资料来源：《中国统计年鉴》（2013～2020 年）。

（二）港口吞吐量规模居世界前列

经过 20 多年的港口大开发、大建设，我国已经形成一批经营规模居世界前列的港口，货物和集装箱吞吐量领先全球。2019 年，我国港口货物吞吐量达到 139.5 亿吨、集装箱吞吐量达到 2.61 亿 TEU[①]，吞吐量规模遥居世界首位[②]。我国集装箱运输成为全球稳定发展的重心和基础，我国港口集装箱吞吐量在全球排前十名，并从 2013 年开始一直占据七席（见表 4－4）。

① TEU（Twenty－feet Equivalent Unit）：传输扩展单元。它是以长度为 20 英尺的集装箱为国际计量单位，也称国际标准箱单位。通常用来表示船舶装载集装箱的能力，也是集装箱和港口吞吐量的重要统计、换算单位。

② Clarkson 网站，2019 年年度数据，中国信息月刊（China Intelligence Monthly）。

表 4－4　　2012～2020 年全球主要港口集装箱吞吐量及其排名

港口	2012 年		2013 年		2014 年		2015 年		2016 年		2017 年		2018 年		2019 年		2020 年	
	万 TEU	排名	万 TEU	排名	万 TEU	排名	万 TEU	排名	万 TEU	排名	万 TEU	排名	万 TEU	排名	万 TEU	排名	万 TEU	排名
上海港	3253	1	3377	1	3529	1	3654	1	3713	1	4023	1	4201	1	4330	1	4350	1
新加坡港	3165	2	3258	2	3387	2	3092	2	3090	2	3367	2	3660	2	3720	2	3660	2
宁波舟山港	1617	7	1733	6	1945	5	2063	4	2157	4	2464	4	2635	3	2754	3	2872	3
深圳港	2286	4	2328	3	2403	3	2421	3	2411	3	2525	3	2574	4	2577	4	2655	4
广州港	1450	9	1531	8	1616	8	1757	7	1858	7	2010	7	2162	5	2284	5	2317	5
青岛港	1450	8	1552	7	1662	7	1734	8	1801	8	1830	8	1932	8	2101	7	2201	6
釜山港	1705	5	1768	5	1868	6	1947	6	1946	6	2049	6	2159	6	2199	6	2181	7
天津港	1229	1	1301	0	1405	0	1411	0	1450	0	1504	0	1601	9	1730	9	1835	8
香港港	2312	3	2235	4	2223	4	2011	5	1958	5	2077	5	1964	7	1839	8	1796	9
鹿特丹港	1187	2	1162	1	1230	1	1223	1	1239	2	1373	1	1451	1	1481	0	1434	0

资料来源：Clarkson 网站。

（三）港口连通性居全球首位

根据联合国贸易和发展会议编制和发布的班轮运输连通性指数（LSCI），2012～2019年我国港口班轮运输连通性总体上稳步提升，并且连续居全球首位（见图4－3）。这表明我国港口不仅拥有较高的吞吐量和发展潜力，而且在其海向腹地和陆向腹地两个方面都拥有强大的辐射力和覆盖面。

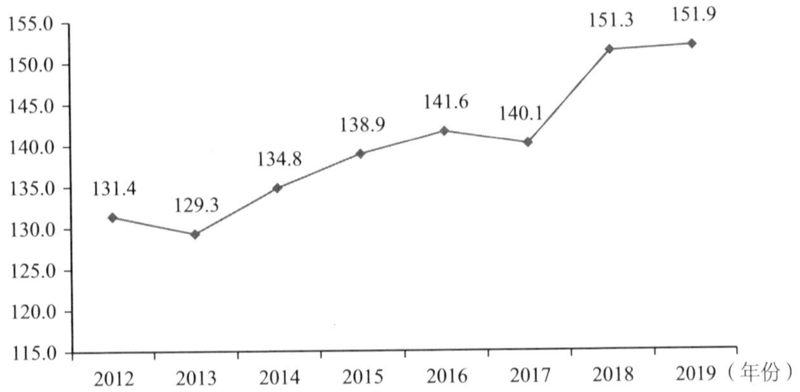

图4－3　2012～2019年中国班轮运输连通性指数

资料来源：UNCTAD官网。

（四）港口国际化步伐明显加快

党的十八大以来，我国港口国际化、“走出去”发展步伐明显加快，作业效率达到世界领先水平。截至2019年底，招商局在27个国家和地区拥有68个港口；中远海运在全球范围内投资了61个码头，其中境外码头21个。2019年招商局港口以9577万TEU居全球码头运营商首位，中远海运港口旗下码头集装箱名义吞吐量以9507万TEU居全球码头运营商第2位①，全程物流服务逐步向世界主要国家或地区的主要内陆城市延伸，“一

① 资料来源：《中远海控2019年年度报告》。

带一路”沿线港口作用明显增强，海运航线日趋完善，网络化服务水平不断提高（见表4－5）。

表4－5　我国两大航运央企参与“一带一路”沿线港口主要投资项目情况

年份	国内企业	投资区位	投资概况
2006	中远集团	荷兰鹿特丹港	与川崎汽船、阳明海运、韩进海运和ECT合作兴建、经营荷兰鹿特丹港Euromax码头
2007	中远集团	埃及塞得港东港区1个集装箱码头	向马士基集团内旗下公司收购苏伊士运河码头20%的股权
2009	中远集团	希腊比雷埃夫斯港2号、3号码头	与希腊签署希腊第一码头希腊比雷埃夫斯港码头35年特许经营权的接管协议。接受该港2号、3号码头
2010	招商局	越南集装箱码头	与越南航运公司旗下的BSPD和越南国家油气公司旗下的PVSB设立头顿国际集装箱港口合营公司，分别持有49%、26%和25%的股权
2010	招商局	尼日利亚拉格斯庭堪岛港集装箱码头	招商局国际（占股60%）与中非发展基金程丽丽合资公司盛日。盛日斥资1.54亿美元收购以星航运全资子公司庭堪岛港集装箱码头公司47.5%的股权
2011	招商局	斯里兰卡港口集装箱码头	招商局国际（占股85%）与斯里兰卡港务局共同成立合资公司CTCT，具有建设、运营科伦坡港南集装箱码头35年合约
2012	招商局	西非多哥集装箱码头	收购西非多哥集装箱码头50%的股份
2013	招商局	东非吉布提集装箱码头	以1.85亿美元收购位于东非吉布提的合影公司23.5%的股权
2013	招商局	坦桑尼亚巴加莫约港	城建坦桑尼亚巴加莫约港项目，投资额100亿美元
2013	中远集团	巴基斯坦瓜达尔港	接管巴基斯坦瓜达尔港运营权
2014	招商局	汉班托塔港	招商局国际与中国交建旗下的中国港湾将设立一家中方合营企业投资汉班托塔港二期项目。中方以现金出资约3.91亿美元，占股64.98%，斯方以土建和设备等实物出资约2.1亿美元，占股35.02%

续表

年份	国内企业	投资区位	投资概况
2016	中远集团	新加坡巴西班让港区	中远太平洋与新加坡港务集团签署新的集装箱码头合资经营新协议，双方合资公司将经营该港区 3 ~ 4 个新泊位
2017	中远集团	西班牙 Noatum 港口	中远海运斥资 2 亿欧元收购西班牙最大码头 Noatum 港口控股公司 51% 的股权
2017	招商局	斯里兰卡汉班托塔港口	以 11.2 亿美元投资获得 70% 的股权，以独家取得港口 99 年特许经营 UAN，对该港口以及周边 1.5 万英亩土地将设工业园区进行开发、运营和管理
2018	招商局	巴西巴拉那瓜港口	招商局港口收购巴拉那瓜港口营运商 TCP 公司 90% 的股权。目前，港口年设计吞吐能力为 150 万标准箱，扩建后吞吐能力将达到 240 万标准箱，招商局对该港口的特许经营期将于 2048 年结束
2018	招商局	澳大利亚 Port of Newcastle 项目	2018 年 6 月，完成收购澳大利亚纽卡斯尔港（Port of Newcastle）项目 50% 的股权；标志着招商局港口在海外的港口布局实现了六大洲全覆盖
2019	中远集团	秘鲁钱凯码头	中远海运港口将以 2.25 亿美元向火山矿业收购秘鲁钱凯码头 60% 的股权。钱凯码头将成为中远海运港口在南美控股的第一个码头项目，也是其在海外的第二个控股港口项目
2019	招商局	达飞航运	由招商局港口出资 4.68 亿美元认购 Terminal Link（以下简称“TL”）发行的强制可转债并向其提供 5 亿美元股东贷款，由 TL 收购达飞旗下 10 个码头股权
2020	中远集团	阿布扎比哈里发港二期项目	为中远海运港口以直接及通过信托持股方式持有阿布扎比合资公司 90% 的股权，阿布扎比合资公司在阿联酋的阿布扎比哈里发港区建设、发展和操作集装箱码头（以下简称“哈里发港二期项目”）

1. 比雷埃夫斯港

比雷埃夫斯港（以下简称“比港”）是希腊最大的港口，2008 年原中远集团以 5000 万欧元的对价竞标获得了比港 2 号、3 号集装箱码头 35 年的特许经营权，并成立中远海运比雷埃夫斯集装箱码头有限公司，2010 年正式开始运营。2016 年，中远海运集团完成了对比雷埃夫斯港务局 67% 的股份收购，正式成为整个比港的经营者。2010 年比港的集装箱吞吐量仅 88 万 TEU，经过 10 年经营，到 2019 年已达到 540 万 TEU，全球排名由第 93 位升至第 25 位①，位居地中海港口第一、欧洲港口第四，成为“一带一路”建设的合作典范。

比雷埃夫斯港项目是我国港口企业“走出去”的成功样板，为港口企业海外布局积累了宝贵经验。一是严格按照当地法律经营管理，遵守欧盟、希腊公司法、雅典证交所有关规定，工程招标严格按照“公开、公平、公正”原则，“一切放在阳光下”。二是实现合作共赢，比港项目每年为希腊政府缴纳近 3 亿元人民币的税金，比港直接雇员及外包劳务员工达 3200 人，中方员工只有 17 人②。三是公司谨慎处理与内部三大工会的关系，建立长效的沟通对话机制。

2. 科伦坡港

科伦坡国际集装箱码头（CICT）是招商港口集团的一个大型海外投资项目。招商港口持股 85%，斯里兰卡港务局持股 15%。该项目采用 BOT（建设、营运和移交）模式，35 年特许经营期，是招商局集团第一个海外绿地港口项目。CICT 共有 4 个集装箱泊位，年设计产能 240 万 TEU，是科伦坡港目前唯一可接卸超大型船舶的码头。开港至今，CICT 运营水平稳步提升，服务水平广受赞誉。现在 CICT 单桥效率每小时达到 35 自然箱的世界级水准，电子放行、网上办单等技术始终保持着区域行业领先水平，成

---

① 国际在线网：中希合作典范项目——比雷埃夫斯港。

② 贾大山：《指标引领标杆示范　推进世界一流港口建设》，中国交通新闻网，2020 年 3 月 3 日。

为南亚区域集装箱码头操作效率的标杆。自建成运营以来，CICT为当地创造了大量的就业机会，建设期与运营期分别创造了3000余个和7500余个直接就业机会；CICT现有员工（含外包）1503人，其中中方员工（包括高管在内）仅19人，员工本土化比率达到99%。

第二节　港口整合协同效应持续显现

一、港口整合持续深入推进

“港口”在习近平总书记的心中，始终有着沉甸甸的分量。在福建宁德任职时，习近平总书记认为，沿海地区要想富，要先建港。在浙江任职时，习近平总书记把港口作为全省发展海洋经济的引擎，紧紧抓住这一“牛鼻子”。习近平力主推进宁波、舟山港一体化，建设舟山连岛工程，加快浙江省港口资源整合。在上海主政时，习近平总书记把港口作为上海走向国际大舞台的支点，浓墨重彩[①]。习近平担任中共中央总书记后，在更广阔的视野上对港口进行谋篇布局，在推进供给侧结构性改革中，推动港口由分散竞争向区域协同合作发展，做大做强港口，服务“一带一路”建设。

我国港口发展模式原来倡导的是“一城一港”，但同一区域内港口不断发展后，由于腹地交叉、功能类似、业务同质化等因素的影响，港

① 张樵苏、王頔：《书写新世纪海上丝绸之路新篇章——习近平总书记关心港口发展纪实》，新华网，2017年7月5日。

口之间过度竞争，对港口资源优化配置产生了不利影响。同时，随着经济的快速发展，港口能力与快速发展的国际贸易不相匹配，集聚合作、错位经营的发展战略浮于纸面，无法满足沿海产业经济转型发展的需要。特别是随着我国经济发展进入新常态，经济增长速度、发展方式、增长动力等发生显著变化，提升供给侧综合效率是实现经济集约型增长的重要途径。在我国港口领域，区域层面已出现较为明显的产能过剩现象。过剩产能不仅占用大量资源，而且造成低效甚至无效供给。区域港口整合旨在化解港口产能过剩，优化港口资源配置，促进港口提质增效升级，建设世界一流港口，推动交通强国建设，更好地服务地区经济发展。然而，港口、航道属于基础设施，投资大、周期长，直接经济效益较低，对社会、民间资本吸引力不够，单靠市场机制难以解决，只能通过宏观层面进行统筹。

党的十八届三中全会确立了全面深化改革的顶层设计，全面深化交通运输领域改革是推进交通运输治理体系和治理能力现代化的必由之路。区域港口整合涉及港口管理体制机制的改革，离不开中央的战略部署与精心指导。2014 年 12 月，交通运输部出台《关于全面深化交通运输改革的意见》，明确指出要“理顺港口管理体制，推动港口资源整合，促进区域港口集约化、一体化发展”。2015 年 2 月，交通运输部印发《区域港口发展一体化试点方案》①，区域港口整合成为现阶段我国推进区域港口协调发展和促进港口转型升级的关键举措。2017 年 5 月，交通运输部印发《深入推进水运供给侧结构性改革行动方案（2017—2020 年）》，明确提出要制定推进区域港口一体化发展的意见，促进区域港口资源整合。

截至 2020 年，我国沿海各省区市和长江干线各内陆省区市，大部分都

① 交通运输部《关于印发全面深化交通运输改革试点方案的通知》，试点方案七。

因地制宜选择整合模式进行了港口整合。不少省份还在省级层面成立了港口集团，作为省域港口资源开发建设投融资及运营管理的主平台。

其中，2007 年 2 月，广西政府推动国资委管辖的沿海三港重组整合，设立广西北部湾国际港务集团有限公司；2013 年 9 月，上市公司“北海港股份”更名为“北部湾港股份”，防城港、钦州港、北海港主要码头泊位等资产整体上市，实现了广西北部湾港的统一规划、统一建设、统一经营。

2015 年，浙江省海港投资运营集团有限公司成立，先将宁波港和舟山港整合为宁波舟山港，后续引进嘉兴港、温州港、台州港等省内其他国有港口企业资产，实现省内港口全面整合和统一运营。

2017 年，江苏省港口集团有限公司成立，通过折价入股等多种形式，将江苏省沿江沿海全部八大国有港口企业纳入旗下，形成省内港口资源的一次性整合，随后以“区域一体化 + 专业化经营”为重要抓手，重塑生产经营体系，不断完善生产经营架构。

2018 年，辽宁省国资委、大连市国资委、营口市国资委、辽宁东北亚港行发展有限公司及招商局集团，在北京就辽宁省港口资源整合签署了合作条款的确认协议。辽宁省的整合主要是引入第三方“招商局”，通过股权划转、增资入股等形式推进港口资源的整合。

2019 年，山东省港口集团挂牌成立。山东省则先成立山东渤海湾港口集团以整合滨州港、东营港和潍坊港，再以青岛港为平台整合威海港，最后再组建山东省港口集团有限公司以统筹全省港口资源。

2020 年，福建省港口集团成立。福建省港口的整合时间跨度较长，主要依托省交通运输集团在福州及湄洲湾地区、厦门港务控股集团在厦门地区展开区域港口整合，然后再两大港口集团之间整合，现今仍在循序渐进推动着省港口大整合。

此外，海南、江西、四川等省份也大力推进区域内港口资源整合，

“一省一港”趋势明显。

在此期间，部分省份还成立了专门的行政机构以统筹推进区域港口整合，如浙江省于 2016 年 6 月组建省海洋港口发展委员会，负责海洋经济和海洋港口发展的宏观管理和综合协调，加强发展规划和改革方案实施。

港口资源整合规模和范围不断扩大，释放出由一群港到港口群的红利效应，有利于提升港口竞争力，更好地服务于产业的发展和转型升级，达到“1 +1 >2”的整合效果。

二、广西北部湾港集聚效应日益显现

北部湾港口主要涵盖防城港、北海港和钦州港，三者之间距离近，围成三角形区域，且都归国资委管辖。这为后期的港口整合提供了良好的先行条件。广西从 2006 年就开始防城港、钦州、北海三港进行资源整合。2007 年，广西政府作为出资人组建成广西北部湾国际港务集团有限公司。2009 年 12 月，广西防城港、钦州港、北海港实施整合，统一使用“广西北部湾港”名称，开创全国跨行政区域的港口资产整合先河。2013 年，“三港合一”整体上市。2015 年 10 月，成立广西北部湾港口管理局，达到北部湾港口行政资源整合初步完成，随后又成立 3 个港口的分局，正式开启了规划、建设、管理、运营的“四个统一”模式。2019 年 10 月，南宁港正式划转交接至北部湾港集团，内河港口也参与到整合的步伐。

广西北部湾港的统一规划、建设与经营，突出各港区的优势、功能定位，发挥各自特点，更好地实现产业对接，逐渐改变“广西货不走广西港”的现象，整体提升了广西北部湾港的竞争力。2014 年，广西全区有近 40% 的货物、56% 的加工贸易集装箱通过外省口岸进出口。以柳钢集团为例，柳钢原材料进口，从北部湾三港进来的大约有 900 万吨，另外 1200 多万吨选择走湛江港①。不仅广西当地的货物不走广西港，而且虽然在成本、时效等方面，西部货物通过广西南下更具优势已成共识，但市场仍然倾向于“舍近求远”，甚至不远千里借道上海等东部沿海城市出海。现如今，重庆、四川的电子、汽车产品，贵州的轮胎、磷肥、老干妈酱、茶叶以及青海盐湖产品等正从北部湾港加速出海。

整合之前，北部湾港口的货物吞吐量远远不及湛江港，整合之后两者的差距有所减少。2019 年，北部湾港沿海货物吞吐量高达 2.56 亿吨，是整合之前 2005 年货物吞吐量的 8 倍多，超过湛江港，成为我国西南沿海首屈一指的大港，居全国港口第 17 位。在新冠肺炎疫情发生的 2020 年，北部湾港口吞吐量更是逆势上扬。2020 年北部湾港口的货物吞吐量达到 2.96 亿吨，同比增长 15.6%（见图 4-4）；集装箱吞吐量为 505 万吨，同比增长高达 32.2%。

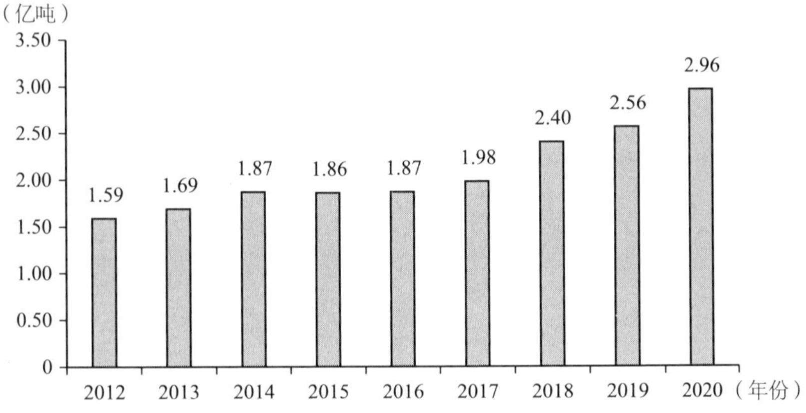

图 4-4　2012～2020 年北部湾港货物吞吐量

资料来源：交通运输部网站。

① 资料来源：广西壮族自治区北部湾经济区规划建设管理办公室网站。

三、浙江港口快速融出红利

2003 年，浙江就开始对宁波和舟山港口资源进行了整合，2005 年宁波舟山港管委会设立，浙江港口整合大幕初启。2015 年 8 月，浙江省成立省海洋港口发展领导小组、省海港投资运营集团（以下简称“省海港集团”）。2015 年 9 月，宁波港集团、舟山港集团实质性重组成功，整合组建为宁波舟山港集团，做强浙江海港核心。2016 年 6 月，组建省海洋港口发展委员会。2016 年 10 月，嘉兴港、温州港、台州港相关资产整合注入省海港集团；2016 年 11 月，省海港集团与宁波舟山港集团深化整合，实行“两块牌子、一套班子”运作，义乌国际陆港相关资产也整合注入省海港集团；浙中、浙南、浙北地区的内河港口资产整合和开发有序展开。截至 2016 年底，完成“五港合一”的浙江省海港集团股权结构，切实落实了将“五根手指头”握成“一个拳头”的目标。

浙江成为港口资源整合的“领头雁”，港口一体化改革取得显著成效：优化了全省港口定位分工，构建了协同发展的格局，有力促进了港口发展定位科学化。设立省级港口资源整合平台，协同推进老港区功能调整与新港区开发，有力促进了港口资源利用集约化；推动沿海港口、内河港口一体化运营和内陆无水港联动发展，运输组织进一步优化，有力促进了港口运营高效化；实现了区域港口从分散竞争、各自为政向协同发展转变，宁波舟山港的龙头带动效应进一步显现，有力促进了市场竞争有序化；适应城市新一轮开发开放的需要，加快港产城融合发展，有力促进了港口服务现代化。2017 年 8 月，交通运输部面向我国沿海沿江省份印发《关于学习借鉴浙江经验推进区域港口一体化改革的通知》，要求全国拥有港口资源的 18 个省、自治区、直辖市在学习浙江港口整合经验的基础之上，因地制宜有序推进区域港口一体化发展。

整合一年后，2016 年宁波舟山港成为全球首个“9 亿吨”大港，自 2008 年货物吞吐量占据全球第一后，至今仍稳居第一。2020 年宁波舟山港的货物吞吐量达到 11.72 亿吨，2015～2020 年，宁波舟山港货物吞吐量年均增长率达到 5.7%（见图 4-2）。宁波舟山港的集装箱吞吐量全球排名更是实现了台阶式跨越，由 2014 年的全球第五上升为 2015 年至 2017 年的第四，2018 年开始一直位列全球第三。2016 年，宁波舟山港“一带一路”航线升至 82 条，全年航班达到 4412 班，其中东南亚航线从 20 条增至目前的 28 条，覆盖了越南、泰国、缅甸、马来西亚、印度尼西亚、新加坡、菲律宾、柬埔寨等东南亚主要国家，成为东南亚国家输往日韩、北美等地国际贸易货源的重要中转站。2020 年宁波舟山港持续优化集疏运网络，增加 8 条近洋干线，集装箱航线总数为 244 条，加速融入“国际循环”。同时，在国内大循环方面，宁波舟山港积极发展集装箱内支内贸业务，充分发挥全省海洋港口一体化高质量发展优势，通过“北翼”嘉兴港和“南翼”温州港等港口辐射浙北、浙东南以及闽赣部分地区箱源市场，推动乍浦线、温州线、大麦屿线等多条内支线箱量继续回升；全面发力海铁联运，做好海铁联运业务量提升及铁路穿山港站“一天三班”开行保障，完成海铁联运业务量同比增长 34.5%。嘉兴港、温州港、台州港、义乌港资产也已归于浙江省海港集团旗下，并委托宁波舟山港股份公司管理，整合效应持续放大。以宁波舟山港为主体、浙东南沿海港口和浙北环杭州湾港口为两翼、联动发展义乌陆港及其他内河港的“一体两翼多联”全省港口发展格局逐步形成，陆海之间比以往任何时候更为紧密。

四、江苏沿江沿海港口凝聚发展合力

2015 年，为加大沿江沿海港口整合力度，深化沿江沿海港口一体化改革要求，江苏省政府提出，拟将江苏省沿江沿海各设区市国有港口集团或码头企业股权整合成立江苏省港口集团，江苏省整合港口资源的帷幕由此拉开。同年 5 月，江苏省政府办公厅印发《江苏省沿江沿海港口布局规划（2015 - 2030 年）》，对江苏各港口整合发展进行了更进一步的规划。2017 年 5 月，江苏省港口集团正式挂牌成立，江苏省属港航企业以及南京、连云港、苏州、南通、镇江、常州、泰州、扬州等沿江沿海 8 市国有港口企业，整合并入省港口集团。2018 年 12 月，江苏省港口集团收购国投交通控股公司所持镇江港务集团股权、苏州港集团收购北京国投交通控股公司所持张家港港务集团股权，对深入推进江苏省港口一体化具有重要意义。

江苏省沿江沿海港口整合正在创造新的发展动能，探索“港口 + 物流”“港口 + 金融”“港口 + 产业”“港口 + 商贸”等港口产业链延伸，提升港口资源利用效率，增强港口竞争力。单一港口体系向全省港口集约化运行转变，统筹布局、高点站位、抱团发展，宁镇扬港口群之间业务协作和资源调配更顺畅；苏州港口群整合、融合双推进，规模、效益双提升；长江集装箱事业部全面统筹优化沿江港口集装箱功能布局、航线开辟、市场开拓、价格协同，握指成拳，从以前的单打独斗变成集团军作战，行业话语权和影响力明显增强，经营效益有效提升。同时，江苏省整合了南京以下沿江港口锚地资源，初步实现了锚地公用集中化管理；整合沿江港口岸线资源，有力促进了岸线集约的开发利用；整合沿江港口集装箱航线资源，扎实推进了航线布局优化和经营机制创新。2018 年全省港口完成货物吞吐量 25.8 亿吨，占全国 18%；亿吨大港数达到 8 个，占全国 1/5①。2019 年港口持续发力，全省港口完成货物吞吐量 28.3 亿吨，占全国 20%；亿吨大港数仍为 8 个，也占全国约 20%；船舶进出港口艘次为 327 万次，同比增长 29.2%②。即使是在被新冠肺炎疫情影响的 2020 年，江苏内河和沿海港口货物吞吐量也得到增长，分别达到 26.41 亿吨和 3.24 亿吨，同比增长 5% 和 2.8%③。

五、辽宁港口错位经营夯实发展根基

2006 年，锦州港与大连港集团签订《战略合作框架协议》，但后来一直没有找到恰当方式进一步推动港口资源整合，直到 2017 年“催化剂”招商局的引入。2017 年 6 月辽宁省和招商局达成协议，正式合作签署《战略合作框架协议》和《港口合作框架协议》并达成共识，确定由招商局主导，通过市场化方式推动辽宁港口整合。2017 年 11 月，辽宁东北亚港航发展有限公司作为辽宁省港口整合的平台正式成立。2018 年，辽宁省国资委、大连市国资委、营口市国资委、辽宁东北亚港行发展有限公司及招商局集团，签署了辽宁省港口资源整合合作条款的确认协议。同年，大连港集团和营口港集团全部股权无偿划转至东北亚港航公司。这意味着，港口的实际控制人由地方国资委转变成了省国资委，标志着港口资源整合的进一步实现。2018 年 11 月，辽宁东北亚港航发展有限公司更名为辽宁港口集团有限公司。2019 年 1 月，招商局主导完成了大连港、营口港、盘锦港、绥中港整合工作，辽港集团正式挂牌成立。在丹东港整合过程中，招商局与地方政府充分协商，以确定丹东港破产重整的整合方案。2020 年 8 月，重整后的

---

①②③ 资料来源：中华人民共和国交通运输部网站。

丹东港口集团正式挂牌成立。在破产重整期间，辽港集团对丹东港运营实施有效管控，确保生产经营平稳过渡。2020 年 9 月，大连港与营口港签订了《换股吸收合并协议之补充协议》，合并双方同意大连港以发行 A 股方式换股吸收合并营口港，即大连港和营口港进行了更深入的整合。

港口整合是现阶段港口发展的内存要求，可以有效解决港口重复建设和恶性竞争问题，促进港口一体化协同发展，形成港口区域发展合力。整合前，大连港与营口港经常为争抢同一货源杀价。例如，在钢材、红土镍矿等货源上，大连长兴岛港以“地板价”与营口港竞争，其实是“赔本赚吆喝”。如今二者整合为一家，谁都没必要再做亏本生意，根据就近原则，这些货物已从盘锦港等港区下水。整合后，辽港集团旗下集装箱板块大连、营口两港区有效对接、深度融合，以大连港丰富的外贸航线和营口港密集的内支线为依托，利用环渤海支线开展集装箱中转，在内部形成干、支线高效的集装箱运输体系；以中欧班列对接国家“一带一路”倡议，打通经满洲里出境的中俄欧港铁联运大通道，全力推进国际物流及专项物流体系建设，实现错位经营，合理调配资源。散杂货板块以市场开发一体化、客户服务一体化、商务管理一体化为着力点，制定“一企一策”整体物流解决方案，搭建“两港一航”散杂货班轮航线体系，建设“北粮南运”粮食全程物流体系，实现主要货种东北口岸市场份额的绝对优势和效益的最大化。油品板块联合船公司及货主，共同打造三方共赢的全程物流方案，既实现了港口吞吐量的增长，让船东货主满意，更拉动了区域经济的发展。滚装板块以“突围”的精神打破市场行情下行的“魔咒”，在国内汽车市场连续 17 个月下滑的形势下，实现商品车转运量同比增长 1.3 个百分点。重组整合以来，企业抗风险能力和市场竞争力显著提升，经营业绩持续好转。

2019 年，在辽宁口岸货物吞吐量同比降幅高达 18.4% 的大背景下，辽港集团一路领跑、逆势前行，货物吞吐量、集装箱吞吐量均实现稳步增长，完成保税混矿作业量超千万吨，中转混矿量居全国首位，交割原油量、平行进口车转运量均实现较大幅度增长。

六、山东港口协同发展成效凸显

山东省港口按照资源整合“三步走”战略，历时两年走向实质和纵深，迈入了港口资源整合和港口一体化协同发展的历史进程。2018 年 3 月，由山东高速集团控股的山东渤海湾港口集团挂牌成立，开始整合滨州港、东营港、潍坊港。2019 年 7 月，青岛港与威海港宣告合并，后者的所有股权划转给了青岛港集团。2019 年 8 月，山东省港口集团有限公司在青岛正式挂牌成立，从此山东沿海的青岛港、日照港、烟台港和渤海湾港四大港口整合为一。

山东省港口资源整合奏响了向海图强、走向深蓝的蓝色“协奏曲”。一体化整合以来，山东港口围绕“以青岛港为枢纽港，日照港、烟台港、渤海湾港围绕各自区域腹地形成海上支线布局”的干支线网络，深化各港口错位协同、融合发展，构建“内外贸互补、干支线配套、远近洋兼备”的集装箱航线体系，共有集装箱航线 200 余条，遍及全球 180 多个国家和地区①。班轮运输连通性指数（LSCI）由山东省港口一体化之前的不到 92 点提高到 98 点左右②，连通性增强；国际班轮密度稳居中国北方港口第一位，与釜山港的差距进一步缩小。2020 年烟台港 40 万吨级码头投入运行，成为全国第 5 个能够停靠 40 万吨级巨轮的港口，智慧绿色港口建设进展显著。青岛港“云港通”成功入选“全国智慧港口示范工程”，日照港获得国家首批“四星级绿色港口”荣誉称号，青岛港获得国家“绿色港口”和

① 资料来源：山东省港口集团网站。

② 资料来源：联合国贸易和发展会议网站。

"2019 亚太绿色港口"荣誉称号。

2019 年，山东港口完成货物吞吐量 13.2 亿吨，同比增长 10.9%，居全国沿海港口第一位；完成集装箱 2956 万标准箱，同比增长 9.7%，居全国沿海港口第二位①。其中，青岛港集装箱吞吐量超越釜山港，全球排名第 6，成为东北亚领先的国际集装箱干线港；青岛港、日照港、烟台港分别稳居全国十大港口之第 5 位、第 8 位、第 9 位②。山东省港口集团在营业收入、利润总额、社会贡献等方面，都取得了令人钦佩的显著成绩，实现疫情冲击下的逆势上扬。

七、福建港口整合提升市场竞争力

福建港口的整合行动并不迟，早在 2006 年就有迹象开始了港口整合的行动，其在权衡利弊、稳妥博弈、努力创造最大效益，直到 2020 年福建港口整合才开始真正地进入实操阶段。2006 年，原漳州港招银、后石、石码等港区并入厦门港，实行港政、航政、水运统一管理，厦门与漳州两地港口资源整合从此开始。2010 年，东山湾内的古雷、东山、云霄和诏安等港区并入厦门港，厦门港"环两湾辖十区"的新格局正式形成。2011 年，福州港与宁德港进行港口一体化整合。2013 年，厦门港与漳州港整合完成。2019 年底，初步实现全省港口运营企业管理一体化。2020 年 8 月，福建省国资委、各地市涉及港口和航运业务的国有资产整合到福建省港口集团。

长期以来，福建港口的建设发展以行政区划为限，港口规模小、数量多、分布散、集约化程度低、缺乏竞争力，处于全国沿海港口发展的薄弱

---

① 资料来源：山东省港口集团网站。

② 根据 Clarkson 网站、中华人民共和国交通运输部官网整理。

环节，港口资源优势远未得到充分发挥。此次港口体制一体化整合，意在从全局上避免资源的浪费和低水平重复建设，优化港口布局，增强港口发展的整体竞争力，以此树立起福建面向全国、放眼全球的“大港口”发展战略思想。此次重组后的福建省交通运输集团，将借助其福建最大公共码头经营人的优势，以整合港航公司为开端，加速推进福建港口整合工作，打造成以“港口为龙头，立足福建、布局两岸、辐射一带一路”的大型现代港口服务企业集团。2020 年，厦门港集装箱吞吐量达到 1141 万 TEU，同比增长 2.5%；福州港货物吞吐量达到 2.49 亿吨，同比增长 17.1%，是 2020 年货物吞吐量超 2 亿吨的沿海港口中发展增速最大的港口①。

虽然我国港口已经有多个省份整合完毕，也同样都释放出良好的整合结果，但是已整合的省份依旧是在精益求精，没有完成港口整合目标的省份，也都是在积极地推动着港口资源的整合，如江西和广东等。我国现在也不仅仅是省内港口资源的整合，也在推动各省份之间的港口合作，加强资源的利用效率，如长江一体化、珠海一体化、渤海一体化的发展等。

第三节　自动化集装箱码头后来居上

一、中国集装箱自动化码头的锤炼之路

自动化码头利用最前沿的科学技术，使得码头作业机器可不在人为的

① 资料来源：中华人民共和国交通运输部官网。

前提下，自行有效运转，其核心是自动化控制系统。与传统码头相比，自动化码头在智能化、可靠性、稳定性、设备利用率、运营成本等方面都具有非常大的优势。随着云计算、智能制造、无线通信的发明运用到码头，码头技术含量更高、运行安全可靠。

自动化集装箱码头主要由自动化水平运输设备、自动化岸边集装箱起重机、自动化堆场集装箱起重机以及后台控制管理系统组成，最大的特点是实现码头集装箱装卸、水平运输、堆场装卸环节的全过程智能化操作。自动化集装箱码头的发展过程基本可分为以下四代：第一代以 1993 年投入运营的荷兰鹿特丹港 ECT（europe combined terminals）码头为代表；第二代以 2002 年投入运营的德国汉堡港 CTA（container terminal altenwerder）码头为代表；第三代以 2008 年投入运营的荷兰鹿特丹港 Euromax 码头为代表；第四代以 2016 年投入运营的中国第一个采用众多创新技术的厦门远海全自动集装箱码头为代表。

我国的自动化集装箱码头建设虽然起步较晚，但成效显著。至今，先后已有厦门远海集装箱自动码头、上海洋山港四期全自动化集装箱码头和青岛全自动化集装箱码头等投入运营，而且在规模、技术上都处于世界领先地位，这标志着我国在全自动化集装箱码头发展上，实现了“从观望、到试验、到参与、再到引领”的快速发展。

2005 年上港集团与上海振华重工集团（ZPMC）合作开发了首个自动化堆场，该堆场采用高矮轨道吊（RMG）接力式全自动化无人装卸系统。2007 年上海振华重工集团提出了世界上第一个高效智能型立体装卸集装箱系统的概念，该自动化系统将传统码头的水平运输概念推广到立体运输，采用立体式轨道高低架桥和清洁能源电动车辆（轨道桥电动小车、地面轨道回转式电动小车、轨道桥电动起重小车）组成转运系统，将传统的自动化引导小车（AGV）改为两个方向立体交叉运行的轨道平板车，上层与岸桥大车轨道平行，下层则与岸桥大车轨道方向垂直，由高架轨道起重机实现上下层升降衔接以及90°旋转，经现场试验达到80 TEU/小时以上的装卸效率，作用效率比当时世界集装箱码头平均装卸效率提高5% ~10%①，同时在节能、降低废气排放、降低噪声污染、可靠性、安全性等方面提高明显。

2014年10月，中国首个自动化集装箱码头厦门远海集装箱码头试运营，2016年6月投入运营生产。2015年，上海港、青岛港先后宣布开始规划建设自动化码头，分别在2017年12月和2017年5月投入运营，建设出全球规模最大、作业效率领先以及技术最先进的自动化集装箱港口。

如表4-6所示，短短几年时间，中国港口迅速诞生了三个集装箱全自动化码头，集装箱自动化码头的发展正在快速向前，我国集装箱码头自动化应用水平和管理水平也在不断成熟。与此同时，大批远程操控、远程业务受理、智能道口、无人堆场、红外线激光对位智能化的先进技术和先进成果均得到了广泛运用，这标志着中国港口集装箱码头的技术发展、技术创新能力得到了前所未有的提升，也昭示着中国港口集装箱码头将首先担负起数字化、网络化、智能化港口建设的重任。

表4-6　　　　中国自动化码头发展历程

序号	码头名称	所在地	建成或拟建成年份	自动化程度
1	香港国际货柜码头	中国香港地区	1999	半自动化
2	长荣码头	中国台湾地区	2006	半自动化
3	台北货柜码头	中国台湾地区	2009	半自动化

① 杨宇华、张氢、聂飞龙：《集装箱自动化码头发展趋势分析》，载《中国工程机械学报》2015年第6期，第571~576页。

续表

序号	码头名称	所在地	建成或拟建成年份	自动化程度
4	高明码头	中国台湾地区	2013	半自动化
5	远海码头	厦门	2014	全自动化
6	青岛港码头	山东	2017	全自动化
7	洋山四期	上海	2017	全自动化
8	唐山港京唐港区	河北	—	全自动化
9	南沙港区四期	广东	2021	全自动化

资料来源：中国港口官网。

二、中国首个全自动化码头：厦门远海

2012 年中远太平洋有限公司、上海振华重工有限公司与厦门远海码头签订战略合作框架协议，兴建中国第一个自动化集装箱码头。该自动化集装箱码头于 2013 年 3 月开工建设，2014 年改造工程基本完成，同年 10 月开始测试运行（14 号泊位及部分 15 号泊位码头为全自动化集装箱码头），2015 年 3 月开始进行实船作业测试。截至 2016 年 1 月完成 13 艘次各种类型集装箱船舶实船生产测试，同年 3 月正式开始试生产，自动化码头所有流程和功能全面试投产，正式投入商业运行，实现了各项安全、有序和高效等功能。

“没有操作员，车子自己会跑，龙门吊自己会动”，该码头实现真正意义的堆场无人化作业，装卸系统由中央控制室计算机控制。该自动化泊位的岸线长度约 447 米，纵深约 345 米，泊位等级为 10 万吨级，码头设计年吞吐量达 95 万 TEU，配置有 18 台 AGV、3 台双小车岸桥、16 台堆场自动

化场桥轨道吊、16 套 AGV 伴侣和自动化作业管理系统[①]，共有前沿作业区、AGV 水平运输区、AGV、交换区、堆场作业区、集卡交换区以及 AGV 维修区 5 个功能区，分别负责给船舶装卸作业的规划、AVG 导航路线实现集装箱的水平搬运、AGV 充电以及衔接 AGV 小车与堆场自动化岸桥轨道吊、堆放集装箱、外集卡与自动化堆场之间的集装箱装卸工作以及后方集装箱的中转。

2016 年 3 月至 2017 年，厦门远海自动化码头作业 265 次实船，卸船平均效率达 25 个循环/小时，最高达到 48 循环/小时，装船平均效率达 22 个循环/小时，最高达到 44 循环/小时，自动化堆场堆存率最高达到 91.6%[②]。另外，增加了岸桥远程操控系统，甲板上装船按三角形和平层法合集优化增加可装船选择，水平运输全场权重调度和坐标导航优化，堆场协同翻捣和最优法接力优化，堆场发箱与船舶作业全面协同优化。

2017 年 5 月全球最大的集装箱船、21000 标准箱级别的“东方香港”号，在厦门远海自动化码头完成装船，创造了中国首个全自动化码头第一次承接全球最大型集装箱船舶首航作业的纪录。目前已投入的 5G 技术应用包括 5G 港口专网、5G 港机远程控制、5G 智能理货、5G 无人集卡、5G 司机行为管理以及 5G VR 全景港区巡检等，使可靠性、稳定性及效率大幅度提高，同时也大幅降低了无人集卡的建造成本。厦门远海自动化码头的主要特点如下。

（一）全球首个第四代自动化码头装卸系统

前三代自动化码头都有共同的缺陷，即投资巨大、效率甚至不如人工

① 何钢等：《集装箱自动化码头装卸系统》，上海振华重工科技成果，2016 年。

② 芮雪、裴刚：《全球自动化码头时代已经到来——2017 集装箱码头自动化推进与技术交流会现场直击》，载《中国港口》2017 年第 8 期，第 15～20 页。

操作的码头高，迫切需要新的技术解决成本高、效率低等问题。作为第四代自动化码头代表的厦门远海自动化集装箱码头在这些方面有所改善，中国智慧发挥了极大的作用。中国自主研发的双小车集装箱岸桥自动化控制系统，实现了主小车和副小车自动交互、副小车和 AGV 自动交互功能；研制具有多重导航、避碰、多车路径优化、快速自动充电等功能的全电驱动 AGV 系统；提出一种自动化码头液压式集装箱接运和控制的方法，研制了 AGV 自装卸支架；开发可在同一轨道上的两台自动化轨道吊（ARMG）智能识别与交互、ARMG 与 AGV 自动交互的智能化场桥堆放与装卸控制系统；研发 QC - AGV - ARMG 作业智能化调度系统；针对依托工程的特点，提出了自动化堆场平行于码头岸线的布置模式，打破了全自动化码头的堆场垂直码头岸线布置的惯例。提供的设备调度和控制系统是该系统中所有设备的作业中枢，其听命于码头操作系统；船舶和箱区、箱区和外集卡之间集装箱的转送，码头操作系统只需告知起始和终点位置，设备调度系统能自动调度各设备完成集装箱的转送作业，并能及时处理集装箱转送过程中出现的各种特殊情况。

（二）推行环保走在前列

随着绿色发展理念深入人心，世界各国迫切需要一种低碳清洁、节能环保、安全高效的全新自动化码头模式。厦门远海自动化码头采用了中国企业自主研发的立体轨道式自动化码头装卸系统，解决低碳清洁、环保节能方面的难题。该码头取消了传统由内燃机驱动的水平运输方式，将码头装卸完全置于轨道上，自动导航运载车系统以及与边集装箱装卸系统和堆场装卸系统的作业耦合采用全电驱动的技术路线，成为全球首个在自动化泊位内集装箱的搬运不需依靠内燃机设备的码头，从而解决了噪声大、排放超标、污染环境等问题。由于整个码头的系统采用电源驱动，经测算比传统码头节省能源25%以上，碳排量减少16%以上，最高可减少100%[①]。

（三）系统实现堆场无人化作业

远海自动化码头装卸系统由中国自主研发的中央控制室计算机控制，是真正意义上的无人全自动化码头系统，在全球各种类型的自动化码头控制方式上独树一帜。不仅降低了码头用工成本，而且提高了安全作业水平和产能，引领了码头装卸设备发展潮流。更为重要的是，可根据码头实际工况的需要，提供四套技术解决方案，最大限度符合客户需求，发挥自动化装卸的卓越性能。该码头系统前沿岸桥和后方堆场轨道吊之间的水平运输采用低架桥结合电动小车形式，在环保节能的同时，也实现了全自动化的操作。经过在振华重工长兴岛基地全自动化码头模拟示范线的严格现场测算，集装箱装卸系统的作业效率比世界集装箱码头平均装卸效率至少提高20%；而且整个系统也更加节省成本，经测算比传统码头节省约26%，堆场利用率至少可以提高25%[②]。

三、5G赋能自动化码头：山东青岛港

2015年6月，青岛港集团与上海振华重工签订全自动化码头总承包项目，开始全自动化码头建设。2015年12月，青岛港自动化码头基本打桩完成。2017年5月，青岛港全自动化集装箱码头一期工程投产运营。一期工程重点建设2个泊位，包括7个桥吊、38个AGV和38个轨道吊，岸线

①② 致远：《厦门远海码头将启用全球首个第四代全自动化码头装卸系统》，载《中国远洋航务》2012年第11期，第30～31页。

长2088米[1]。2019年11月，二期投产运营，完成了包括9台双小车岸桥、38台全自动高速轨道吊、45台自动导引车以及码头设备系统等在内的系统总承包项目建设。二期工程岸线长660米，2个泊位，设计年吞吐能力170万标准箱[2]。

以张连钢为带头人的青岛港集团自动化码头“连钢创新团队”，完成了从跟跑欧美到领跑世界的嬗变，打破了国外技术垄断，实现了我国自动化码头的弯道超车，为全球智慧港口建设运营贡献了低成本、短周期、全智能、高效率、零排放、可复制的“青岛模式”和“中国方案”。“连钢创新团队”被确定为山东省国资国企系统的学习典型以及中宣部“时代楷模”。青岛港全自动化集装箱码头的主要特点如下。

（一）研发“一键锚定”自动防风技术及系统

结合高速设备运行的特点，结合工程无人化的设计要求，青岛港自动化码头设计研发了全新的设备锚定装置，集成精准定位技术和设备控制系统，首创了“一键锚定”的自动防风系统。调度控制系统发出锚定指令后，设备可在2分钟内自动完成防风锚定，设备定位精度在5毫米以内。系统操作简单、定位精准、安全可靠，有效解决港口大型设备防风的难题，特别是对瞬时大风的应急响应取得了显著效果。

（二）首创机器人自动拆装集装箱技术及系统

实际应用的集装箱固定锁垫有100多种，一直以来依靠人工进行摘装。

---

① 本刊编辑部：《自动化集装箱码头带来了什么——“2016集装箱码头自动化推进与技术交流会”现场直击》，载《中国港口》2016年第8期，第12～16页。

② 杨力民：《青岛港二期自动化码头投产运营》，载《中国设备工程》2019年第24期，第5页。

青岛港自动化码头通过对锁垫拆装动作的数据分析，利用人工机器人的学习能力不断完善适应各种拆装动作。集合自动控制、快速定位、锁垫旋转等技术，与生产作业控制系统信息集成，通过岸桥交互平台的作业机器人自动完成各类集装箱锁垫的自动拆装作业，彻底摆脱了传统的必须依赖人工解锁的模式，是集装箱码头解锁模式上的重大突破。

（三）构建智能闸口作业系统

自动化集装箱码头需要进出分离、多级通关协同的智能闸口系统，集成激光扫描、OCR、RFID 技术，智能识别车号、箱号、尺寸、箱门方向等信息，自动校验并异常报警，实现集卡的高效、快速、流畅通行，构建了高效无人闸口管理系统。与国内外集装箱码头相比，青岛港自动化码头智能闸口系统具有如下特点：将信息技术与集装箱业务集成，简化业务操作流程，实现集装箱闸口自动管理；将 OCR 或光栅等识别技术应用于车号和箱号识别，达到提升集卡车号和集箱箱号的识别率与识别速度的目标；闸口通道实现无人值守、箱号与车号自动识别、箱体残损远程监控、实现空车不停车通过。

（四）全球首创“氢 +5G”智慧绿色发展模式

第一，全球首创氢动力自动化轨道吊，该设备轻便，设备机构复杂度、维保量和维修费用降低，而且发电效率高，同时也减少了二氧化硫和二氧化碳的排放。第二，全球首创运用“5G + 自动化技术”，成功实现在 5G 网络下的岸桥、轨道吊自动控制操作、抓取和运输集装箱及高清视频大数据回传等场景的应用。第三，全球首创机器视觉 + 自动化技术，减少循环时间的同时提升堆场作业效率。第四，全球首创智慧监管系统，以智能管理系统实现自动化码头无人、顺势、高效监管，形成覆盖全作业流程的智能监管解决方案，开创自动化码头智慧监管新模式。第五，全球首创三维可视化运维平台，轨道吊、AGV 的动作级作业状态，实时展示堆场动态堆存情况和海陆侧交互区作业状态，具有以三维可视化全视角实时展示港口全貌和生产作业，实现任意时段生产作业历史回放、回溯，实时进行生产信息综合汇总、事件报警、趋势预警等十大功能。第六，全球首创基于商业智能（BI）的自诊断系统，具有大数据分析、自诊断预警、异常识别、状态监测等功能特点，让数据真正对码头公司的运营决策起到有力支持作用。

（五）作业效率全球领先

2017 年，青岛港全自动化码头单机平均效率全面超越人工码头，超过全球自动化码头单机平均效率的 50%。同时，岸桥、自动化轨道吊可靠率分别达到 99.5% 以上，船舶准班率达 100%。岸桥单钩循环时间缩短 5 秒，AGV 周转时间缩短 2.9 分钟，堆场作业能力等多个指标大幅度提升。自动化码头平均装卸效率达到了 36 自然箱/小时，比国外同类码头高 50%，比人工码头效率提升 30% 的同时减少作业人员 80%①。运营以来，该码头各类指标持续优化，作业效率稳步提升，连续几年作业效率全球领先。2020 年 12 月 17 日凌晨，青岛港全自动化集装箱码头在货轮装卸作业中，桥吊单机作业效率达到每小时 47.6 自然箱，第 6 次刷新了全自动化集装箱码头装卸的世界纪录，持续保持技术领先水平（见表 4－7）。

---

① 元征、于青双：《青岛港集装箱自动化码头关键技术综述》，载《港工技术》2020 年第 5 期，第 16～19 页。

表 4－7　　青岛港自动化码头装卸效率

装卸时间	班轮	效率（TEU/小时）
2017 年 12 月	以星芝加哥	39.6
2018 年 4 月	中远希腊	42.9
2018 年 12 月	桑托斯快航	43.2
2019 年 9 月	以星上海	43.8
2020 年 4 月	德翔佛森堡	44.6
2020 年 12 月	德翔普南	47.6

资料来源：山东港口官网。

四、全球最大单体全自动化智能码头：洋山港四期

洋山港四期位于小洋山岛的最北侧，2014 年 12 月开工建设，2017 年 12 月开港试生产，总用地面积 223 万平方米，共建设 7 个集装箱泊位，其中 2 个 7 万吨级泊位和 5 个 5 万吨级泊位，集装箱码头岸线总长 2350 米，设计年通过能力初期为 400 万标准箱，远期为 630 万标准箱；配备有 10 台桥吊，最大载荷均为 65 吨、40 台轨道吊、50 台自动导航运载车（AGV）①，现有 21 台桥吊、108 台轨道吊、110 台 AGV，年吞吐能力 500 万标准箱②。洋山深水港四期自动化码头是全球最大的自动化码头，也是全球综合自动化程度最高的码头，采用中国自主设计制造的自动化装卸设备，整个装卸过程所涉及的三大机种均为中国制造。桥吊、轨道吊和 AGV 均采用电力驱动，码头装卸、水平运输及堆场装卸环节完全消除了尾气排放问题，环境噪声也得到极大改善。从大港到强港，洋山港四期挑战了世

① 任民：《上海洋山港四期：智能码头“中国芯”》，载《金秋》2018 年第 3 期，第 8 页。
② 资料来源：上港集团官网。

界集装箱装卸技术的巅峰。

洋山港四期运营三年来，集装箱吞吐量高达900万吨，由2018年201万TEU到2019年327万TEU，2020年克服新冠肺炎疫情暴发带来的影响，发挥自动化装卸优势，首次突破400万TEU（见表4－8）。随着生产规模扩大，洋山港四期的系统和设备性能不断完善，码头各项效能指标屡破纪录。2020年11月，昼夜操作量首次突破2万TEU大关；12月，桥吊平均台时量达到47.3 TEU/小时，再创历史新高[①]。洋山港四期的与众不同主要体现在以下几个方面。

表4－8　洋山港四期运营情况

年份	年吞吐量能力（万TEU）	生产箱区（个）	冷藏箱堆存能力（TEU）	集装箱吞吐量（万TEU）
2018	200	24	2808	201
2020	500	54	4260	420

资料来源：上海海港报。

（一）全球综合自动化程度最高

洋山港四期海侧的岸桥全部是自动化远程操控，海侧的轨道吊全部是中国自主研发的双箱自动化轨道吊，首次在全球市场亮相。自动化双箱轨道吊，配合自动化双箱岸桥作业，按设计能够提升50%的工作效率。其陆侧使用的轨道吊也实现了自动着箱。自动化引导小车采用由振华重工自主研发的自动换电系统。为确保地面运输连续性作业，小车采用机器人自动更换电池，按照设计，更换电池全程只需6分钟，电池充满电仅需2小时，锂电池充满后，可持续运行8小时，整个充电过程零排放，可节省能耗

① 资料来源：上港集团官网。

40%以上[①]。这一系统打破了欧美的技术限制与垄断，标志着中国已掌握自动化引导小车全换电技术。AGV新增了无人驾驶、自动导航、路径优化、主动避障、自我故障诊断、自我电量监控等功能。借助无线通信、自动调度、精密定位系统，AGV能在繁忙码头穿梭自如，准确到达指定位置。

（二）研制应用“中国芯”

洋山四期采用上港集团自主研发的全自动化码头智能生产管理控制系统（TOS系统）和振华重工自主研发的智能控制系统（ECS系统），两者组成了这个全新码头的“大脑”与“神经”。这两套系统的研制与应用，令四期工程成为真正的全自动化码头。TOS系统具备自动配载、智能调度、自动堆场管理及自动道口、业务处理等功能。它是自动化码头会思考、能决策的“大脑”，控制着码头上所有的自动化设备，让作业全过程智能调度、无缝衔接，首次实现桥吊“边装边卸”作业。系统覆盖码头全部业务环节，衔接业务受理、集卡预约、数据分析、统一调度等信息平台；提供智能的生产计划模块、实时作业调度系统及自动监控调整的过程控制系统；创新研发了指令调度架构平台，通过设备调度模块与协同过程控制系统，高效组织现场生产。ECS实现了装船时各堆场出箱次序岸桥司机装船次序，装船时，严格按照装船次序不插箱作业；实现装卸船双箱时优先考虑使用伴侣，以尽早释放AGV车辆，从而提高作业效率；提供调度模块异常出错处理工具，以确保在实船作业中发生错误时能及时处理，保障实船生产。

（三）绿色节能

洋山四期自动化码头具有一个“绿色心脏”，码头的轨道吊、危险品

---

① 任民：《上海洋山港四期：智能码头“中国芯”》，载《金秋》2018年第3期，第8页。

场地、轮胎吊都是采用纯电动方式，自动导引车也是采用锂电池方式替代原来的集卡进行作业，用自动导引车比用集卡能减少损耗，完全不排放尾气，噪声也显著减少；整个码头在设计的时候，采用了新型节能型灯源，无论是从堆场的照明，还是设备的照明都采用了节能新光源，装卸行程优化及能量反馈技术，进一步降低了码头能耗；再加上船舶岸基供电、水网系统远程度数流量计、办公建筑区域电能监控系统、太阳能辅助供热等技术，使洋山四期的能源利用效率再上新台阶。

（四）堆场布局巧妙

自动化作业堆场是整个洋山四期占地面积最大的区域，与洋山一至三期工程相比，四期工程的堆场面积要小得多。但是，由于采用了全自动化码头方案，作业线与码头垂直布置，并采用了高密度堆垛方式，大幅度提高了土地与深水岸线资源的利用率，实现了集装箱在港内运输距离的最短化。港区交通流自东向西，进场闸口位于东端，出场闸口位于西端，集卡进港后统一单向行驶。普通集装箱和冷冻集装箱的进提作业①，均在堆场的陆侧交互区内完成。这种组织方式有效减少了外来集卡的行驶距离，车辆在港时间大幅缩短。因地制宜、效率先行的布局特点，让洋山四期的堆场通过能力比传统码头明显提升。

（五）首创多元交互

针对运量结构和装卸特点，洋山四期的自动化堆场装卸设备采用无悬臂、单悬臂、双悬臂三种轨道吊。无悬臂箱区和带悬臂箱区间隔混合布置。无悬臂轨道吊可在箱区两端与水平运输设备交互，而悬臂式轨道吊不

① 进提作业指进堆场提取集装箱业务。

但具备无悬臂轨道吊的所有功能，还可以直接与位于自身悬臂下的水平运输设备交互。丰富的设备类型，带来多元的交互模式，码头现场作业的机动性和灵活性大大增强。目前，这种多元交互模式在全球的自动化码头中是独一无二的。

第四节　航运央企“强强联合”

一、“强强联合”势在必行

（一）深化国有企业改革的需要

我国作为社会主义国家，国有企业的发展很大程度上决定了国家经济的发展状况。国有企业控制国家经济的命脉，承担着重大的社会责任，国家对国有企业尤为重视，曾多次进行国企改革。2015 年开始，中共中央实施了新一轮的国有企业改革，陆续发布《关于深化国有企业改革的指导意见》《国务院办公厅关于推动中央企业结构调整与重组的指导意见》等文件，针对央企结构调整和重组提出了要求、目标和重点工作，为央企重组整合指明方向。我国航运央企巨头积极响应国有企业改革的深入实践。

（二）应对航运业低迷的必经之路

航运业市场长期萎缩、需求不足，外部航运业开始呈现运力集中、规模经济等特点，我国航运业表现出航运业运力过剩、整体大而不强、多个航运企业经营亏损等问题。为了应对航运业低迷的现状，提高本国航运业的竞争力，我国航运中央企业需要联合起来，共同发展。

（三）提高国际航运市场竞争力和话语权的重要举措

中远集团、中海集团等虽为我国国内的航运巨头，但与国外相比仍有较大差距。国际航运市场联合以及并购已成为常态，马士基、达飞等早已在国际市场上开始并购行动，变得越来越强大，使得同质化竞争严重的中远、中海集团在国际航运市场中将更难拿到话语权，因此由各自发展走向联合重组已是大势所趋。

（四）落实“一带一路”倡议的重要支撑

党的十八大以来，我国提出要推进实施“海洋强国”战略和“一带一路”倡议，此时就需要有实力强大、具有世界影响力的国家航运物流企业作为保障。重组整合后的中国远洋海运集团、招商局集团将具有强大的布局“海上丝绸之路”的集装箱班轮、干散货、油轮、特种杂货船队以及港口码头实力，具有强大的串联“一带一路”、提供海铁联运和跨境运输的综合物流实力，可为国家实施“海洋强国”等战略提供重要支撑。

二、中远中海重组落幕，“中国神运”登上历史舞台

2015 年 8 月，中国航运业两大巨头中远集团与中海集团重组正式启动。2016 年 2 月，中国远洋海运集团在上海挂牌成立，被誉为“中国神运”。

（一）重组基础

中远集团的主要业务为航运和物流板块，经营范围包括航运物流、集

装箱、干散货、油轮、杂货及特种船等运输业务以及物流、码头、船舶代理和客运；工业板块，包括修船、造船、集装箱制造；还有金融和贸易板块。中海集团经营的主要业务涉及集装箱、客运、货运、油运、特种运输等业务。由于中远集团与中海集团业务种类比较繁杂，总部简单合并无法达到消除内部竞争、发挥规模优势和提高国际市场竞争力的目的，重组工作复杂，被称为“史上最复杂企业重组”。

（二）重组举措

考虑到“市场导向、提升服务、以满足客户需求为中心”的经营理念以及“规模增长、盈利能力、抗周期性、全球公司”四大战略维度，中国远洋海运集团确定了航运、物流、航运金融、装备制造、航运服务、社会化、“互联网+”等“6+1”产业集群的战略目标，为业务整合指明了方向（见表4-9）。而航运产业集群（包括集装箱运输、码头投资经营、油轮运输、液化天然气运输、干散货运输和客轮运输业务）作为核心产业集群，它将进一步巩固集团全球第一大综合航运企业的地位。

表4-9　　中远海运集团“6+1”产业集群业务范围

名称	范围
航运产业集群	航运产业集群是中国远洋海运集团核心产业集群，包括集装箱运输、码头投资经营、油轮运输、液化天然气运输、干散货运输和客轮运输业务构成了集团的航运产业集群。作为核心产业集群，它将进一步巩固中国远洋海运集团全球第一大综合航运企业的地位
物流产业集群	物流产业集群包括工程物流、货运代理、仓储网络、多式联运、船舶代理等业务。定位于全球领先的综合性第三方物流服务商，将成为中国企业走向海外市场优先选择的全球物流合作伙伴
航运金融产业集群	金融产业集群包括船舶租赁、航运保险、供应链金融、物流园区投资、股权投资和以“一带一路”基础设施投资为主的资产投资。其发展目标是成为中国第一的航运金融及物流金融产业集群，立足中国，逐步在全球范围内建立领先地位

续表

名称	范围
装备制造产业集群	装备制造产业集群包括船舶制造、海洋工程制造、船舶维修和集装箱制造等业务。作为集团重要产业集群，将继续巩固在海洋工程装备和船舶制造及相关领域的核心技术、市场份额等方面的领先优势
航运服务产业集群	航运服务产业集群主要包括船舶管理、船员管理、船舶备件采购、通导技术管理和燃料、物料供应等业务，将为航运主业提供坚实的保障
社会化产业集群	社会化产业集群包括地产资源开发、酒店管理、医院、学校等社会化服务业务，是打造新产业的孵化器，也是培育专业人才的基地
“互联网＋”相关业务	基于商业模式创新的“互联网＋”相关业务将以大数据的高品质服务新业态，推动各业务转型升级，实现互联网资源与航运要素的集成应用

第一，对旗下主要上市公司重新定位，确定集装箱运输、港口经营、航运金融、能源运输四大专业化上市平台。创造性地将中海集运的船舶和集装箱租赁给中国远洋，将集团的航运金融资产注入中海集运，使其转型为以多元化租赁业务为核心、依托于航运业产业经营的综合金融服务平台，将散货资产剥离到集团层面进行二次整合（见表4－10）。

表4－10　　中远海运集团专业化公司及所属上市公司情况

业务	二级公司	所属上市公司	原所属公司
集装箱运输	中远海运集运	中远海控	中国远洋、中海集运
港口投资运营	中远海运港口	中远海运港口	中远太平洋、中海集团
能源运输	中远海运能源	中远海能	中海发展、中远集团
散货运输	中远海运散运		中国远洋、中海发展
特种船运输	中远海运特运	中远海特	中远航运
航运金融	中远海运发展	中远海发	中远集团、中海集团
物流	中远海运物流		中远集团、中海集团
工业制造	中远海运重工		中远集团、中海集团

第二，对散货运输、特种船运输等业务进行业务归类，实行统一管理、统一经营、统一考核。整合完成后，集团航运、金融、物流、制造等产业集群已基本实现专业化经营，实现了业务的全面横向专业化整合。

第三，推动各产业集群、业务板块协同，形成上下游联动效应。如将集装箱运输板块和港口板块放在同一产业集群内，由中远海控持有中远海运港口和中远海运集运的股份，以打造海内外集装箱枢纽港战略为纽带，促进实现提升集团集装箱运输业务全球竞争力的大目标；推动工业制造板块与各船队的业务协作，提出“集团船集团造”，为船队提供优质服务的同时，也帮助船厂增加业务，抱团取暖。

（三）重组成效

重组前以集装箱运输为例，中远集运和中海集运分别位居全球第六和第七，都是60万~80万标准集装箱的运力规模，主要布局以中国市场为主的东西航线、近洋航线和内贸航线，不具备全球布局的能力，不具备成本竞争优势。重组后，中国远洋海运集团的规模和资源显著增加，截至2021年2月，中国远洋海运集团经营船队综合运力超过1.1亿载重吨，跃居全球航运公司之首。改革重组，形成“6+1”产业集群，业务布局空前优化，抗风险能力不断提高。在多个细分领域处于世界领先地位：干散货船队、油轮船队和杂货特种船队经营规模均稳居世界第一，码头经营规模排名世界第一，船员管理规模世界第一，集装箱租赁业务排名世界第三，集装箱船队排名世界第四，已经逐渐成为航运业东方平衡西方的重要力量（见表4-11）。

表 4－11　　中国远洋海运集团细分业务整合成果

业务领域	业务细分	主要经营公司	成果
航运产业集群	集装箱运输	中远海运控股股份有限公司旗下的中远海运集装箱运输有限公司和东方海外货柜航运公司	运力规模排名世界第三
	干散货运输	中远海运散货运输有限公司	运力规模排名世界第一
	油气运输	中远海运能源运输股份有限公司	业务涵盖石油原油、成品油、LPG 以及 LNG 等货物的运输，运力规模排名世界第一
	码头运营	中远海运港口有限公司	在我国及全球各主要枢纽港均有投资和布局，集装箱吞吐能力排名世界第一
物流产业集群	杂货特种船运输	中远海运特种运输股份有限公司	运力规模稳居世界第一
	船舶代理	中远海运物流有限公司旗下的中国外轮代理有限公司（PENAVICO）和中海船务代理有限公司	业务网点遍布全国，市场份额稳居全国第一。境外代理以中国香港地区、美洲、欧洲、新加坡、日本、澳洲、韩国、西亚、非洲等九大区域公司为辐射点，形成了覆盖近百个国家和地区、200 多个港口的全球代理网络
	理货业务	中远海运物流有限公司旗下的中国外轮理货总公司	市场份额稳居全国第一
航运金融产业集群	集装箱租赁	中远海运发展股份有限公司旗下的佛罗伦公司	集装箱租赁规模排名世界第三
航运服务产业集群	船舶燃料供应	中国船舶燃料有限责任公司、中石化中海船舶燃料供应有限公司	国内各港口和全球重点枢纽港均有较为完善的船舶供油、供水系统，全球船舶燃料销量排名世界第一

续表

业务领域	业务细分	主要经营公司	成果
装备制造业产业集群	中远海运重工	中国远洋海运集团有限公司	现代商船建造的领跑者，拥有10多家大中型船厂，年可建造各类商船1100多万载重吨，已交付各类船舶780余艘；海洋工程装备建造的开拓者，年可承建海工产品12个、海工模块20组，已交付50多个海工项目；“中国修船航母”“FPSO第一改装工厂”，年修理和改装船舶可达1500余艘；客户遍布全球100多个国家和地区，是世界知名海洋石油服务供应商和全球知名航运公司在中国的首选的业务合作伙伴

资料来源：根据中国远洋海运集团有限公司官网整理。

重组的2016~2020年五年内，集团营业收入累计实现13522亿元，年均复合增长率超过8%；利润总额累计实现1103亿元，年均复合增长23.8%；净利润累计实现720亿元，年均复合增长26%；集团上市公司市值达到3260亿元，比重组时上涨92%；集团资产总额从重组时的5930亿元，达到2020年底的8534亿元，增长44%①。成功收购东方海外，创造了双品牌协同运营新模式，投资回报37.8%，夯实集装箱业务半壁江山；成功收购胜狮货柜，占有全球造箱市场份额35%②，在用箱需求飙升时占据先机、赢得主动；成功拓展金融保险租赁业务，推进产融结合，优化产业结构，为未来发展谋篇布局夯基垒台；不断加快布局跨国经营网络，设置10大区域、1050家机构，投资经营码头58个，航线263条，覆盖160个国家的1500多个港口③，成为一家具有国际影响力、竞争力的全球化公司。在《财富》杂志中的世界500强排名第264，较重组前提升了201位④，实现了从跟跑、

①②③④ 资料来源：海南港航控股有限公司网站。

并跑到领跑的历史性转变。

三、中外运长航整体并入招商局，7000亿央企巨无霸启航

2015年12月，中国外运长航集团有限公司（以下简称“中外运长航集团”）整体并入招商局集团有限公司（以下简称“招商局集团”），成为其全资子企业；中外运长航集团不再作为国资委直接监管企业。

（一）重组基础

中外运长航集团由中国对外贸易运输集团（以下简称“中外运”）和中国长江航运集团（以下简称“长航”）2009年合并重组而来，业务涵盖物流、航运、船舶重工等相关业务，属于国际化大型物流企业集团。集团以物流服务为核心主业，以航运产业为重要支柱业务，以船舶重工为重要配套业务，专注于为全球客户提供铁路、水路、公路、航空、仓储、码头等物流专业服务。不过，中外运与长航在重组后的几年内遭遇整而不合的情况，导致2013年出现了百亿亏损。其中，长航油运和长航凤凰作为A股上市公司，因为接连亏损而退市。面对如此困境，陷入内耗，整合不利，仅靠自身已经难以化解内部矛盾。因此急需外部力量参与，解决其内部矛盾，而招商局恰恰有这方面的能力。

招商局集团创立于1872年，是由交通、金融、地产三大板块组成的投资性中央企业，开发了中国第一个对外开放的工业区——蛇口工业区，创办了中国第一家股份制商业银行——招商银行，中国第一家股份制保险公司——平安保险，创办的中集集团是世界最大的集装箱及机场设备制造商，是中国近代民族工商业的领头企业。集团总部位于中国香港地区，业务分布于中国香港地区、中国内地及海外许多地区，被列为中国香港地区

"四大中资企业"之一。

中外运长航集团与招商局集团的资产规模差距较大，业务重合度不高，具有较强的互补性。例如，在航运领域，中外运长航集团侧重于内河运输，而招商局集团则以海运为主，重组后，双方在枢纽港、支线码头和驳运网络资源等方面有望形成更大的协同效应。另外，双方在油运板块的业务重合度较高。早在 2014 年，招商局集团旗下的招商轮船就与中外运长航集团签署超大型油船船队合资协议，组建中国能源运输有限公司开展油运业务，船队规模仅次于中远海运集团重组后的中远海发展股份有限公司。

（二）重组举措

1. 物流板块

2016 年，招商局集团确定了"强强联合、优势互补、资源共享、合作共赢"的重组战略，招商物流和中外运长航的物流板块重组整合，设立综合物流事业部，将中外运长航物流板块中的货运代理、专业物流、仓码汽运和招商物流板块中的快消物流、快运物流和会展物流等物流资源进行统一管理、集中加快发展，实现优势互补，构建更加庞大的物流网络，有利于提供全方位物流服务，例如增设零担①货物及冷链物流业务。

2. 航运板块

招商局集团和中国外运长航集团均有航运业务，且业务种类较多，包括油运、散运、集运业务等。中外运长航集团并入招商局集团后，招商局集团运用委托管理、资产重组、股权置换、业务调整等多种方式，稳妥推进相关业务整合。2017 年，招商局集团依托招商轮船向中国经贸船务以发

① 零担是零担运输（Less－than－Truck－Load）的简称，是物流运输中使用的一个名词，指货主需要运送的货不足一车，作为零星货物交运，期间可能会产生相对较高的运输费用。

行股份购买资产的方式购买其持有的恒祥控股有限公司（恒祥控股）、深圳长航滚装物流有限公司（深圳滚装）、上海长航国际海运有限公司（长航国际）及中国经贸船务（香港）有限公司（香港经贸船务）四家公司全部股权。完成资产收购后，招商轮船主营业务除了原有的油运、散运以及气运之外，还包括滚装船运输以及活畜运输等。中国经贸船务成立于2015年11月，整合了中外运长航集团旗下近400亿元航运资产、85%的船舶运力和全部海上运输业务[①]，全面负责中外运长航集团航运业务的集中管理和整合发展。2020年，招商轮船进一步以现金收购的方式整合中外运航运旗下干散货船舶资产及亚马尔LNG运输项目股权。

在物流、航运板块相继展开重组后，招商局集团也开始对中外运长航旗下的长航集团与长航重工进行重组，这两家公司分别以内河航运和船舶制造为特长。重工板块重组将有利于增强招商局集团造船业务的优势。

（三）重组成效[②]

2020年，招商局集团实现营业收入8137亿元，同比增长13.9%；利润总额1751亿元、净利润1371亿元，同比分别增长7.4%和8.3%；截至2020年底，集团总资产10.3万亿元，同比增长14.6%，其中资产总额和净利润蝉联央企第一。

1. 物流板块

中国外运股份有限公司（以下简称“中国外运”）是招商局集团物流业务的统一运营平台和统一品牌，是世界上最大的海运代理服务商之一，也是中国最大的船舶代理公司之一和中国最大的无船承运人。全球第三方

① 资料来源：航运交易公报、国际船舶网。

② 资料来源：招商局集团官网。

物流和货运代理服务分别居全球第八名和第四名。截至2019年底，在全国共有境内企业1100家，网络分布于国内31个省、自治区、直辖市以及香港地区；海外73家机构分布于38个国家和地区。

2. 航运板块

截至2019年底，集团航运业务船队总运力（含订单）有366艘船舶，合计4502万载重吨，排名世界第二。其中VLCC（超级油轮）和VLOC（超大型矿砂船）规模均列世界第一；成品油船队规模列远东地区第一；滚装船队规模列国内第一。经过资产重组和资本运作，招商局航运已经形成“油散气特”全业态的业务格局，运输航线遍布全球，全力打造世界一流航运企业。

第五节　邮轮产业快速发展

一、邮轮旅游消费持续发力

中国真正意义上的邮轮旅游产品供给始于2006年意大利歌诗达邮轮公司在中国市场母港航次的开辟，自此邮轮旅游开始进入快速发展期。2020年新冠肺炎疫情暴发之前，我国邮轮市场的发展势头迅猛，邮轮接待规模逐年攀升。2016年开始，中国已经成为亚洲第一、全球第二大邮轮客源地市场。

中国交通运输协会邮轮游艇分会（CCYIA）的统计数据表明，2012～2019年，中国港口接待国际邮轮数量从275艘次增加到811艘次，年均增长速度达到16.7%；邮轮出入境旅客数量从654232人次增加到4164599人次，年均增长速度高达30.3%（见表4-12）。

表4-12　　2012~2019年我国邮轮港接待国际邮轮和旅客情况

年份	接待国际邮轮数量（艘次）			邮轮出入境旅客数量（人次）		
	母港	访问港	合计	母港	访问港	合计
2012	169	106	275	412281	241951	654232
2013	335	71	406	1024982	177500	1202482
2014	366	100	466	1479212	244725	1723937
2015	539	90	629	2224209	256245	2480454
2016	927	83	1010	4289780	277590	4567370
2017	1024	79	1103	4780682	174263	4954945
2018	889	80	969	4728283	178300	4906583
2019	735	76	811	3986028	178571	4164599

资料来源：CCYIA发布的《2018中国邮轮发展报告》、CCYIA和中国港口协会邮轮游艇码头分会2019年。

二、邮轮市场运力供给保持增长态势

自2006年国际邮轮首次进入中国市场以来，嘉年华邮轮集团、皇家加勒比游轮有限公司、丽星邮轮集团等国际邮轮集团相继进入中国市场，并不断加大在华投放运力。截至2018年在华运营的邮轮公司共10家，包括歌诗达邮轮、皇家加勒比邮轮、公主邮轮、诺唯真邮轮、地中海邮轮、丽星邮轮、星梦邮轮等国际邮轮公司，渤海轮渡、钻石邮轮等中资邮轮公司，以及合资公司天海邮轮（见图4-5）。

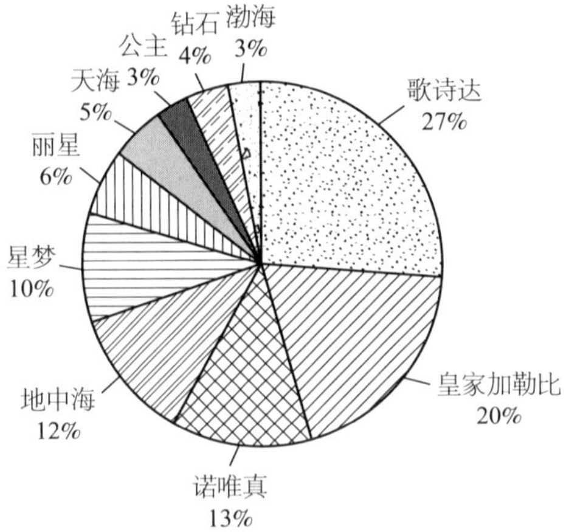

图 4－5 2018 年中国邮轮市场供给侧情况

资料来源：CCYIA 发布的《2018 中国邮轮发展报告》。

（一）国际邮轮公司在华运力投入不断加码

1. 歌诗达邮轮[①]

歌诗达邮轮隶属于世界邮轮业翘楚嘉年华邮轮集团，是首家进驻中国的国际邮轮公司，于 2006 年 7 月派驻爱兰歌娜号进驻上海，首次开启以中国为母港运营的国际邮轮航线。2009 年 4 月，歌诗达邮轮又派驻更加优质的经典号进驻上海。2012 年 5 月，歌诗达邮轮再次加码[②]上海母港，“海上意大利”维多利亚号替代此前的经典号，展开其中国母港的航程。2013 年 7 月，拥有“艺术之船”之称的大西洋号从上海吴淞口国际邮轮码头盛大启航，开启首个冬季日韩航线。特别是 2015 年 3 月，大西洋号为期 86 天的环球航线在上海起航，里程碑式地开启了中国市场的环球邮轮旅行时

---

① 资料来源：歌诗达邮轮公司官网。

② 加码，旧指交易者于已买或已卖之后，再增加其购买额或出售额。因市场中俗称数量、数目为码子，故称增加交易额为加码。

代。2015 年 4 月以“海上古罗马”著称的赛琳娜号从上海盛大启航，开启中国母港邮轮航线。2016 年 4 月和 2017 年 4 月幸运号、新浪漫号均从上海启航并开启中国全年运营。2019 年 5 月专门为中国市场量身订购的维斯塔（Vista）级大型邮轮——威尼斯号于上海首航。作为威尼斯号的姊妹号，佛罗伦萨号也将于 2022 年抵达中国。

2. 皇家加勒比国际游轮①

皇家加勒比国际游轮是皇家加勒比游轮有限公司旗下游轮品牌，在中国发展迅猛。2009 年派驻第一艘常驻中国母港的邮轮——海洋神话号第一次靠港厦门港，并随后抵达上海开启航线。2012 年 6 月，皇家加勒比派驻 13.8 万吨的海洋航行者号进入中国服役，是当年中国最大国际豪华邮轮，开启了中国邮轮旅行巨轮时代。2013 年 6 月，派驻海洋航行者号的姊妹船，13.8 万吨级的海洋水手号进入中国。并于 2015 ~ 2016 年把全新制造、科技含量极高的游轮“海洋量子号”“海洋赞礼号”引入中国，将中国游轮市场推入“新船时代”。2019 年 6 月，皇家加勒比国际游轮史上首艘由中国、美国及德国三国共同合作参与设计及建造的邮轮——海洋光谱号，以中国为母港进行运营。海洋光谱号在设计及建造的过程中受到大量中国文化的影响，中国的文化及审美也融入了邮轮设施及体验的每一个细节。

（二）本土邮轮公司正积蓄力量、蓄势待发

2013 年以前，在中国港口航行的邮轮都属于国外的大邮轮公司。从 2013 年开始，中国企业开始大踏步进军邮轮行业。近些年，国内相继有海航海娜号、渤海轮渡旗下中华泰山号、携程天海旗下新世纪号和钻石邮轮旗下的辉煌号邮轮进入中国市场。这些邮轮正在试水积累经验，也在不断

---

① 资料来源：CCYIA 网站。

将中国本土邮轮市场进行细分化，尝试摸索“烹饪”出适合中国本土消费口味的邮轮“大餐”。

1. **海航邮轮**①

2013年初，海南航空旗下的旅游集团率先开始运营从美国嘉年华邮轮集团引入并改名为海娜号的邮轮，并在三亚首航，这是中国本土首艘自主运营的邮轮，打破了外国邮轮集团垄断的局面。海娜号全长223米，船身宽28米，船上客舱总数739间，最大载客量1965名。2015年11月，因其船龄已经达到30年，海娜停止营运，报废拆解。

2. **渤海邮轮**②

2014年3月，渤海轮渡公司从歌诗达公司购入歌诗达·旅行者号邮轮，更名为“中华泰山号”，这是中国第一艘全资、自主运营管理的豪华邮轮。中华泰山号全长180.45米，船身宽25.5米，船上客舱总数389间，最大载客量960名，于8月从烟台港启航正式投入运营，标志着渤海轮渡公司正式进军国际豪华邮轮产业，全力打造中国邮轮企业。

3. **天海邮轮**③

天海邮轮公司是中国第一家合资运营的邮轮公司，2013年12月由携程旅行网联合皇家加勒比游轮及投资机构共同组建。2015年5月，天海邮轮新世纪号于上海正式启航。新世纪号全长246米，船身宽32米，船上客舱总数1007间，最大载客量1814名。2018年9月，新世纪号结束在中国地区的运营。在运营的3年多，丰富多彩的特色活动深受中国游客好评。

4. **钻石邮轮**④

2016年7月，上海辉煌旅游发展有限公司旗下精致钻石邮轮管理（上

---

①② 资料来源：CCYIA网站：《2014中国邮轮发展报告》。

③④ 资料来源：CCYIA网站。

海）有限公司运营的钻石辉煌号上海首航。钻石辉煌号全长180.45米，船身宽28米，船上客舱总数418间，最大载客量1300名。在运营的2年里，深耕青岛、连云港、大连、温州等新兴邮轮港口，价格低廉，获得了一定的大众乘客口碑。2019年3月，钻石辉煌号暂停营运。

中国市场的人口红利、爆发式增长的邮轮旅游市场以及政府和各专业机构对邮轮产业的支持，使得国际知名邮轮集团为中国打造一系列新型专属邮轮。中国邮轮的实际营运条件不如加勒比海、地中海等地，但独特的休息旅游方式受到中国游客的追捧。随着逐渐完善的邮轮产业制度和邮轮产业链，中国邮轮市场正逐步迈向全球邮轮大舞台，其发展令世界瞩目。

（三）邮轮出境游航线特色差异化逐步突出

2012年，从中国港口出发的邮轮线路主要以日韩线、越南三亚线、中国香港（地区）、中国台湾（地区）线为主，这些线路行程多为4~7天的中短期航线。另外，较受中国游客欢迎的邮轮航线有中东航线、地中海航线、阿拉斯加航线、澳洲航线、加勒比航线、北欧航线。

在近几年发展过程中，国内邮轮旅游航线较为集中和单一，邮轮母港航线仍然以日本为主，但东南亚地区也竞相开始抢占邮轮市场，去往新马泰等地区的航线也不断增多。值得注意的是，在我国最普遍的日本游航线也进行了创新，为了吸引更多的游客，诺唯真邮轮公司（曾用名为挪威邮轮，隶属丽星邮轮集团，简称“NCL”）新增加了北九州、小仓城等新目的地，使日本游变得更为新颖。

随着世界邮轮市场中心的快速东移，亚洲作为全球邮轮旅游市场的后起之秀，俨然已成为当今世界邮轮市场上一颗新的耀眼的明珠。在不久的将来，中国沿海将形成“一点三线”式的邮轮母港基本格局，即北部以天津港为中心，以韩日和西伯利亚东海岸为主的航线；中部以上海港为代表，以韩日、中国港澳台地区为主的航线；南部以厦门、中国香港地区、三亚为核心，以东南亚国家、中国大陆、中国台湾地区为主的航线。

1. 日韩邮轮旅游航线

日本、韩国由于独特的地缘优势，加上旅游业发展较早，旅游市场较为成熟，成为中国游客出境旅游的首选目的地。日韩邮轮旅游航线也成为中国邮轮旅游市场最先兴起的线路，这一线路包括日本邮轮旅游航线、纯韩国邮轮旅游航线、日韩连线邮轮旅游航线。

纯日本邮轮旅游航线主要有两条，一条从中国邮轮母港出发驶向日本群岛（北线），另一条从中国邮轮母港出发驶向冲绳群岛（南线）。执行这两条线路航行任务的邮轮也很多，几乎各大邮轮公司在中国都开通了日本航线，如天海邮轮、公主邮轮、皇家加勒比游轮、星梦邮轮、歌诗达邮轮等。

北线是目前纯日本邮轮旅游航线中最具代表性的一条。这条线路涉及九州、四国、本州、北海道等日本主要岛屿，可停靠福冈、长崎、佐世保、熊本、鹿儿岛、松山、神户、清水、富士、横滨、仙台、札幌等众多港口，线路几乎涵盖了日本本岛所有著名的旅游目的地。相较于北线，纯日本邮轮旅游南线则相对单一，该线路只有一个目的地：冲绳（琉璃群岛），这条航线通常从广州、厦门、三亚、香港地区邮轮母港出发，停靠那霸、八重上群岛、宫古等。

纯韩国邮轮旅游航线一般从天津、青岛、烟台、上海等中国北方海域邮轮港口出发，跨越渤海、黄海到达朝鲜半岛南端的韩国，通常访问仁川（首尔）、釜山、济州等地。

日韩连线邮轮旅游航线一直是国内日韩邮轮旅游航线中线路最成熟、具体线路选择性最多样化、目的地及可停靠港口最多、游客最集中的出境邮轮旅游线路。各大邮轮公司推出不同航程的邮轮旅游航线，不同航程天数，对应两国不同的旅游目的地，让游客花费最少就能体验到日韩两国最真实的国家面貌。

2. 东南亚国家邮轮旅游航线

东南亚国家是最早成为国人出境旅游目的地的区域，“新马泰”也曾一度成为国人出境旅游的标配。随着国内邮轮旅游业的兴起，敏锐的邮轮公司自然早早地注意到了这个区域，纷纷开辟相应的邮轮旅游航线。目前，国内邮轮旅游市场东南亚区域最常见的线路有两条，一条是新马泰连线，另一条是越南线。

新马泰邮轮旅游航线是东南亚邮轮旅游航线中开辟最早的线路，主要涵盖新加坡、马来西亚、泰国三国，沿岸停靠的港口有新加坡、兰卡威、槟城（槟榔屿）、普吉（岛）。这条线路基本上从新加坡邮轮母港起航，因此国内游客须先飞抵新加坡，上船后再沿马六甲海岬北上，一路在印度洋边缘航行，经马来西亚最终到达泰国普吉岛，然后返程。

越南邮轮旅游航线相较而言属于比较新的一条线路，这跟近年来越南旅游业的快速崛起有很大的关系。越南邮轮旅游航线与越南领土的构成划分一致，一般有北、中、南三条线路：北线，邮轮到达越北海港海防或蔡兰；中线，邮轮到达越南中部的顺化、岘港；南线，邮轮到达芽庄、胡志明市，这是越南邮轮旅游航线中最热门的线路。国内去越南的邮轮母港一般是广州、三亚、香港地区等距越南较近的港口。当然，越来越多的越南邮轮旅游线路也打破了上述三条线路的束缚，开通了跨区域邮轮旅游航线，如皇家加勒比邮轮公司开通的“中国香港（地区）—帆港—芽庄—中国香港（地区）”线，歌诗达邮轮公司开通的“广州—芽庄—帆港—下龙湾—广州”线，这些线路均为融合南北越特色的跨区域航线。

除此之外，有些邮轮公司也推出了东南亚邮轮连线，如将新马泰与越南做连线，有些航线甚至会涉及马来西亚沙巴、印度尼西亚巴厘岛、菲律宾群岛等东南亚其他区域。

3. “一带一路”系列邮轮旅游航线

推动21世纪海上丝绸之路邮轮旅游合作是“一带一路”民心相通的重要实现方式。自2013年“一带一路”倡议提出，与此有关的邮轮旅游航线就开始在中国市场上酝酿和打造。凭借原本就拥有的东南亚邮轮旅游航线，全国各地的邮轮母港及邮轮公司纷纷将之与“一带一路”沿线国家挂钩，乘“海上丝路”东风，扬起中国邮轮风帆。2015年2月，由广西钦州、北海出港的北海之星号邮轮启程奔赴越南、马来西亚，开启了北部湾—东盟海上丝绸之路邮轮旅程，成为中国首条以海上丝绸之路名义打造的邮轮旅游航线。2017年5月，首个跨大洲海上丝绸之路邮轮航线开通，由嘉年华邮轮旗下的盛世公主号执行首航，起点为意大利罗马，终点为中国厦门，一路沿着海上丝绸之路东行，跨越欧洲、非洲、亚洲，历时37天。作为首条以“海上丝路”名义打造的跨大洲邮轮旅游航线，加之有大量的外国游客，在整个航行中，船上组织了一系列中国文化展示活动，从中国民乐到茶艺表演，从中国书法到中国雕塑讲解，从“理解中国”讲座到中国媒体人士与观众互动对话等精彩纷呈的活动，沿着海上丝绸之路徐徐展开，向船上游轮呈现出一个具有悠久历史、深厚底蕴、多彩文明的东方大国，整个行程充满了浓浓的中国味道。

三、邮轮港口服务能级不断提升

随着我国邮轮产业的发展，建设邮轮港口成为许多沿海城市的重要战略选择。邮轮港口可以有效地实现国际旅游者的集散，推动邮轮产业链的发展，促进区域经济转型升级。目前，我国正在使用的邮轮港口共有15个。其中，邮轮专用码头包括上海吴淞口国际邮轮港、上海港国际客运中心、天津国际邮轮母港、厦门国际邮轮中心、深圳蛇口太子湾邮轮母港、青岛邮轮母港、三亚凤凰岛国际邮轮港、舟山群岛国际邮轮港等8个港口，此外还有广州南沙国际邮轮母港、海口秀英港、大连港国际邮轮中心、温州国际邮轮港、烟台港、防城港、北海港等7个通过改造货运码头的港口。

2006年以来，中国邮轮产业高速发展，国内兴起邮轮港口建造热潮，大陆海岸线上一共有20个城市已建成或规划建设邮轮码头。目前，国内已经形成了三大邮轮圈，一是以上海为核心的长三角邮轮圈，二是以天津为核心的渤海湾邮轮圈，三是以广州、深圳、厦门为核心的南部邮轮圈。其中，上海、天津、青岛、舟山、深圳、三亚和厦门是邮轮专用码头，大连、广州、烟台、连云港、海口、温州、防城港和北海为客货兼用码头。此外，福州平潭、台州、秦皇岛和南京等均有新增邮轮码头建造计划（见表4－13）。

表4－13　　2019年全国沿海邮轮港口靠泊情况

港口		母港		访问港		总艘次	总人次
		艘次	人次	艘次	人次		
上海	吴淞口	225	1810786	15	60648	240	1871434
	国客	0	0	18	22012	18	22012
	合计	225	1810786	33	82660	258	1893446
天津		104	686458	17	39075	121	725533
广州		92	441641	1	283	93	441924
厦门		128	395977	8	17740	136	413717
深圳		96	367959	1	283	97	373098
青岛		45	158866	6	17421	51	176287
大连		33	78689	6	9818	39	88507

续表

港口	母港		访问港		总艘次	总人次
	艘次	人次	艘次	人次		
三亚	0	0	4	6435	4	6435
温州	7	29604	0	0	7	29604
舟山	5	16048	0	0	5	16048
合计	735	3986028	76	178571	811	4164599

注：国客即上海港国际客运中心码头。
资料来源：CCYIA 和中国港口协会邮轮游艇码头分会，2019 年。

（一）上海国际邮轮母港[①]

上海邮轮码头及配套设施建设日益完善，已形成“吴淞口国际邮轮港+国客中心+外高桥备用码头”的“两主一备”格局。上海港国客中心码头共有 3 个泊位，码头岸线长 882 米，辅助岸线 247 米，基础设施和公共交通配套齐全。

上海吴淞口国际邮轮港位于上海宝山区吴淞口西北侧的炮台湾防波堤水域岸线，其一期码头岸线总长 774 米，设有 2 个大型邮轮泊位，可同时停靠 1 艘 15 万吨级及 1 艘 20 万吨级邮轮，码头配套建设登船廊道、客运大楼和登船设备，客运服务配套设施 2.3 万平方米。2010 年 4 月成功试靠 11.6 万吨“钻石公主”号邮轮，2011 年 10 月正式开港试运营。2012 年 9 月，上海邮轮旅游发展实验区在上海吴淞口国际邮轮港正式揭牌，成为中国首个邮轮旅游发展实验区。2015 年 6 月，上海吴淞口国际邮轮码头开工实施二期工程建设，建成后码头总长度 1600 米，共可布置 2 个 22.5 万吨级和 2 个 15 万吨级总计 4 个大型邮轮泊位，具备“四船同靠”的运营能

① CCYIA 官网：《2016－2017 中国邮轮发展报告》。

力。2016 年，吴淞口国际邮轮港取得了令全球邮轮业界瞩目的发展成绩：全年接靠国际邮轮 471 艘次，接待出入境邮轮游客 284.7 万人次，分别约占全国总量的 47% 和 63%，继续稳居亚洲第一，同时成为全球第四的国际邮轮母港。上海吴淞口国际邮轮母港率先实施 144 小时过境免签政策和国际邮轮旅游团 15 天入境免签政策，首创邮轮通关条码，以 3 秒通关速度达到全球领先水平；首创邮轮旅游合同示范文本，发布全国首个邮轮旅游经营规范；首创中国邮轮综合保险；首创邮轮船票制度；开通邮轮直通车、设置入境免税店、出境免税店，形成“吴淞口”邮轮服务品牌。

邮轮经济作为上海的一张新名片，已经成为国际邮轮市场的重要力量。目前，歌诗达、地中海等邮轮公司纷纷落户上海，上海吴淞口国际邮轮港所在的宝山区已成功引进各类邮轮企业 50 余家，邮轮总部经济特征逐渐凸显。

（二）天津国际邮轮母港①

天津国际邮轮母港位于天津港东疆港区最南端，由天津港集团公司和招商局共同投资建设，规划占地 120 万平方米，包括港口物流、旅游、休闲、商务办公、高端住宅等功能为一体的邮轮港城。码头一期工程（包括客运大厦和 2 个邮轮泊位）总投资 13.8 亿元，于 2010 年 6 月 26 日建成并投入使用。2012 年为适应大型邮轮、客货运船舶多样化发展趋势，满足滚装于客运业务发展需求，公司启动二期工程建设，投资 6.6 亿元。目前，拥有规划岸线 1600 米，码头前沿水深 -11.5 米。

天津港开港运营以来，皇家加勒比游轮、歌诗达邮轮、海航邮轮、公主邮轮、渤海邮轮、地中海邮轮等邮轮公司相继开辟了以日韩为主、航程

① CCYIA 官网：《2016 - 2017 中国邮轮发展报告》。

5～10 天的母港运营航线。同时，公主邮轮、银海邮轮、水晶邮轮、NYK 邮轮等众多国际知名邮轮公司也相继开通了访问港航线，成为国际各大邮轮公司开辟亚洲航线的重点运力投放港口之一。天津邮轮旅游发展实验区于 2013 年 4 月成立，天津国际邮轮母港是中国第二个中国邮轮旅游发展实验区。

（三）广州南沙国际邮轮母港①

广州南沙国际邮轮母港位于中国（广东）自贸试验区南沙新区片区，是全国单体规模最大的邮轮母港，规划建设 4 个 10 万吨至 22.5 万吨级邮轮泊位，总岸线 1600 米。一期工程岸线总长 770 米，邮轮泊位数 2 个，最大泊位数为 22.5 万吨，年设计通过能力达 75 万人次。星梦邮轮、歌诗达邮轮已入驻通航。目前共开通了 9 条航线，邮轮目的地 12 个，包括中国香港地区 1 个、日本 4 个、越南 4 个、菲律宾 3 个，是目前国内东南亚航线最多的邮轮港口，邮轮产品多样。

广州南沙国际邮轮母港地铁、公交、港澳地区水上客运等交通方式紧密结合，是国内第一家实现与地铁无缝接驳的邮轮母港。紧邻的南沙客运港可乘坐快船前往中国香港地区中港城码头、香港地区国际机场以及澳门地区。

（四）深圳蛇口太子湾邮轮母港②

太子湾邮轮母港项目包括太子湾邮轮母港和蛇口邮轮中心两部分。太子湾邮轮母港填海面积为 37.75 公顷，建成 22 万总吨邮轮泊位 1 个、10 万吨级邮轮泊位 1 个、2 万总吨客货滚转泊位 1 个。建成客运码头 1 座，

---

①② CCYIA 官网：《2016－2017 中国邮轮发展报告》。

包括124米长的突堤3座，共形成10个800总吨高速客轮泊位，其中4个为国内线高速客轮泊位、6个为港澳地区线高速客轮泊位以及港池东北侧的待泊泊位2个。

蛇口邮轮中心为港务交通商业办公综合体，占地面积约为4.26万平方米，建筑面积约13.6万平方米，地下2层+1夹层，地上10层。二层以下为旅客通关服务、口岸联检、停车、公告交通等区域，三层以上为餐饮、商业和办公区域。

深圳蛇口太子湾国际母港充分发挥招商局集团金融、地产、物流、海工、贸易等内部板块的综合优势，利用前海蛇口自贸区和邮轮旅游发展实验区先行先试的特殊政策，在深圳太子湾邮轮母港打造邮轮产品销售、邮轮物供、邮轮修造、临港免税等业务，通过邮轮母港功能业务的不断完善、商业模式的逐步升级，实现“船、港、城、游、购、娱”一体化运作，全方位、全产业链建设集航运、口岸、商业地产、周边配套、旅游、国际物流中转、海工修造配套、旅游配套、特色免税消费、金融服务等于一体的邮轮母港样板，推动区域与城市的升级。

（五）厦门国际邮轮中心①

厦门国际邮轮中心位于厦门东渡港区，拥有东渡泊位共1419米的岸线，邮轮旅游线路集中于日本和东南亚，由丽星邮轮、地中海邮轮等邮轮公司运营。依托21世纪海上丝绸之路支点城市定位，凭借独特东南亚历史“侨乡”优势及深厚闽南文化底蕴，厦门国际邮轮中心打造“一带一路”邮轮特色航线，深化“邮轮+文化”创新运作模式，歌诗达新浪漫号执行全国首条跨东南亚六国邮轮航线，执行全国首个以邮轮为载体的文化交流

① CCYIA官网：《2016－2017中国邮轮发展报告》。

活动航次；歌诗达大西洋号执行妈祖巡安菲律宾航次。

中远海运集团和中国旅游集团出资成立的中国首家国有邮轮企业运营总部星旅远洋国际邮轮（厦门）有限公司落户厦门，公司第一艘邮轮“星旅·鼓浪屿”号已于2019年10月投入以厦门为母港的中国港口运营。

四、邮轮修造加速推进

（一）邮轮建造“顶浪而行”

邮轮建造被誉为摘取造船行业皇冠上的明珠。目前，世界邮轮设计制造及配套产业链主要集中在欧洲，欧洲的邮轮制造科学技术在世界遥遥领先，在高技术壁垒、高经济效益的邮轮设计研发制造方面获得巨额回报，一直以来都是世界邮轮制造业强竞争力的领军者。尽管我国在邮轮产业上游高附加值船舶的设计、制造方面还是空白，但中国企业砥砺前行，开始尝试探索打破海外邮轮公司对华市场垄断，自主设计、建设并运营本土邮轮。

2016年，原中国船舶工业集团公司（以下简称“中船”，2019年与中国船舶重工集团有限公司联合重组为中国船舶集团有限公司）联合中国投资有限责任公司（以下简称“中投”）与嘉年华邮轮集团签署开发中国本土豪华邮轮品牌协议，大力开发中国市场。为突破技术瓶颈，中船和意大利最大造船企业芬坎蒂尼集团在制造技术方面开展合作。中船下属上海外高桥船公司凭借自身在造船方面的良好优势，准备制造中国第一艘豪华邮轮，开创我国制造邮轮的历史先河。2017年，中船与中国旅游集团公司在北京签署全面战略合作协议，并正式启动了国产中小型邮轮项目合作。双方拟发挥各自在旅游产业和装备产业领域的优势，重点加强邮轮产业领域合作，合力打通邮轮销售、运营、设计制造等上下游产业链，携手推动本土邮轮产业发展，并以此为基础拓展海洋旅游、高端旅游装备、金融投资等多领域的合作。

招商局工业集团也将邮轮制造业务确定为战略性新兴业务，按照“从小到大，由易到难”的发展路径，正在分阶段、分层次打造高端内河游轮、极地邮轮、中小型邮轮等产品，并同步培育发展邮轮制造配套产业链。招商局工业集团已于2019年9月成功交付中国首艘极地探险邮轮，同时又承接了近十艘中小型邮轮订单，致力于打造成为全球主要的邮轮制造商，推动实现“邮轮中国制造”的梦想。

2018年9月，交通运输部等10部委正式发布《关于促进我国邮轮经济发展的若干意见》，提出加快推进我国邮轮建造及配套装备产业发展的战略部署，明确邮轮建造需重点突破豪华邮轮设计建造技术，鼓励合资合作方式，形成多元投入格局，加快实现首艘大型邮轮建造。鼓励通过“引进消化吸收再创新”和“自主创新”相结合的模式，推进邮轮设计建造逐步达到世界先进水平，完善和优化邮轮建造配套供应链体系。该意见的出台对于中国邮轮建造必将具有里程碑式的意义。

（二）邮轮修理遍地开花

目前，中国修船企业在豪华邮轮的翻新、修理方面已经积累了一定的经验，越来越多的修船企业开始涉足豪华邮轮翻新、修理市场。同时，随着中国修船企业综合实力不断增强，越来越多的豪华邮轮开始选择在中国进行翻新、修理工作，这给中国的各大船舶修理厂带来了更大的机遇与挑战。

2015年起上海华润大东船务公司（以下简称“华润大东”）开始尝试豪华邮轮修理，从最初提供钢结构的服务类工程到如今提供关键设备的维护保养、船体清洁、内装施工等工程，开始在豪华邮轮的修理工程中进行全面介入。2016年2月，华润大东还与意大利芬坎蒂尼集团就豪华邮轮修理改装签署独家合作协议，推进双方在邮轮技术工艺、项目管理以及物流流程等方面合作，共同开发中国邮轮修理改装市场。此外，黄海造船有限公司（以下简称“黄海造船”）、舟山中远船务工程有限公司也在豪华邮轮翻新、修理领域实现突破。黄海造船成功改造了国内首艘全资且自主经营管理的豪华邮轮“中华泰山”号，舟山中远船务则完成了超大型豪华邮轮“海洋礼赞”号的维护保养工作。

第六节　上海国际航运中心基本建成

近年来，上海国际航运中心建设取得了显著进展，航运“软实力”不断取得突破，国际影响力和竞争力不断增强。得益于一代代港航人的不懈奋斗和经济、金融、贸易等大环境的优化提升，上海正吸引着越来越多的全球百强航运企业和国际航运组织等航运要素在此集聚，海事法律与仲裁、航运融资与保险、海事教育与研发、航运咨询与信息等航运服务能级进一步提高。根据新华·波罗的海国际航运中心发展指数报告（2020），上海国际航运中心已经成为仅次于新加坡、伦敦之后的第三大国际航运中心。

一、港口国际枢纽地位进一步巩固

（一）上海港基础设施建设长足进步，集装箱吞吐量领跑全球

1. 港口码头建设稳步前行

党的十八大以来，上海港的码头建设取到了长足发展。截至 2019 年

底，上海沿海码头长度达到10.7万米，沿海泊位数目1957个，其中生产用万吨级泊位数185个、集装箱泊位数55个[①]。上海港已成为中国大陆集装箱航线最多、航班最密、覆盖面最广的港口。2010年至今，上海港的班轮运输联通性指数（LSCI）一直居世界首位[②]。同时，长江深水航道经过一至三期建设，达到12.5米水深，5万吨级船舶可全天候通过，10万吨级船舶可乘潮进出[③]。长江沿线集装箱物流实现班轮化运作，2019年上海港集装箱水水中转比例达48.3%[④]。

2. 吞吐量规模逐年递增

上海国际航运中心建设启动以来，上海港集装箱吞吐量快速增长。2010年货物吞吐量和集装箱吞吐量全球排名双第一，实现了历史性的跨越。2017年上海港集装箱年吞吐量突破4000万TEU，创全球港口集装箱运输史最高纪录，上海国际航运中心建设进入了新的历史时期。2020年上海港集装箱吞吐量逆势冲上4350万TEU新高峰，连续第11年领跑全球。其中，国际中转完成超530万TEU，同比增长超14%；水水中转比达到51.6%，同比增长约3%，上海港作为国际集装箱枢纽港的地位得到了进一步巩固（见图4-6）。

（二）集疏运体系效果显著，腹地经济推动航运发展

1. 水运系统焕发活力，黄金水道日益生辉

为改善上海水运运输，减轻公路运输负担，上海启动内河航道建设和整治工作，经过多年努力，现已建成赵家沟、黄浦江上游等高等级内河航

---

① 资料来源：《2020年上海统计年鉴》。

② 资料来源：联合国贸易和发展会议网站。

③ 资料来源：上海市交通委员会网站。

④ 资料来源：《2020年上海市国民经济和社会发展统计公报》。

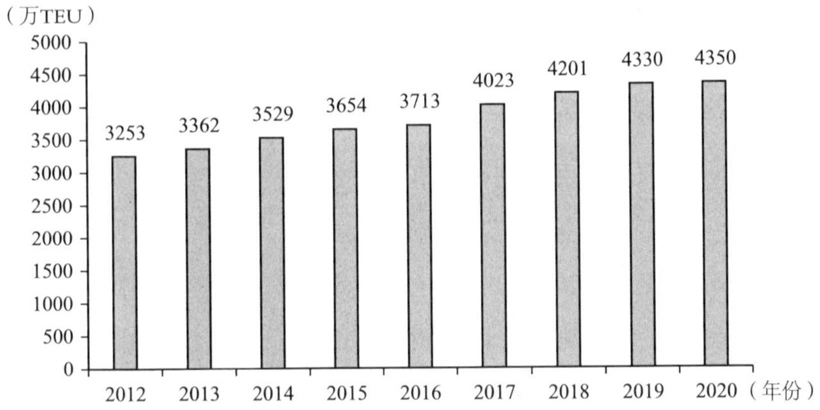

图 4－6　2012～2020 年上海港集装箱吞吐量

资料来源：《2019 年上海统计年鉴》、上港集团官网。

道 190 余公里，打通了上海港到浙江北部、江苏南部的水上通道。上海建成“一环十射”的高等级内河航道网。其中，黄浦江、赵家沟、大芦线、大铺线、苏申外港线、太浦河和杭申线航道已列为国家水运主通道。

上海的水运系统还包括江海运输与海港中转。江海运输主要是通过长江实现上海港集装箱集散的水路运输，主要包括江海联运、江海直达等运输方式。江海联运主要线路是长江中上游的省份通过港口装船之后，一路沿江而下，或经过太仓穿梭巴士转运洋山，或直接挂靠外高桥港区。江海直达的主要线路是长江中上游省份通过港口装船之后，通过长江黄金水道直接抵达洋山港进行装卸。海港中转包括沿海口中转与境外港口中转两部分，目前沿海经上海中转的沿海港口包括青岛港、渤海湾区港口及珠三角区域港口等，境外中转货物主要来自日本、中国台湾地区等地的港口。

随着长江口深水航道、洋山港航道等水路的不断维护疏浚，江海直达船型的发展及上海内河航运基础设施的完善，上海水路运输持续发展。

2020 年，上海国际航运中心集疏运体系基本形成以水路集疏运为主，公路集疏运为辅助的低耗能、低污染、高效率的综合集疏运体系，水路集疏运系统所占比例达到 51.6%①。

2. 公路系统体系完善，路网效率逐步优化

党的十八大以来，上海公路集疏运设施建设不断加快，公路集疏运网络不断完善。截至 2019 年底，上海公路运输通车里程已超过 1.3 万公里，全部为等级公路，其中高速公路占 845 公里②。上海先后建成了诸多交通要道，形成了“两环、九射、一纵、一横、两联”的路网格局。

3. 铁路系统日益优化，货物运输蒸蒸日上

长江三角洲及沿江经济区包括上海、浙江、江苏、安徽、江西、湖南、湖北、四川和重庆七省二市，铁路运营里程占全国铁路营业里程的近 1/4。上海港南北有沪宁、沪铁路线与全国铁路干线相连，2019 年底，上海市铁路运输运营里程达 467 公里③。

（三）南北两翼加快发展，宁波舟山港熠熠生辉

江苏和浙江港口群作为上海国际航运中心的重要组成部分，近年来的发展也取得了显著成效。如表 4 – 14 所示，2020 年浙江和江苏的沿海港口货物吞吐量分别达到 14.14 亿吨和 3.24 亿吨，其中宁波舟山港的货物吞吐量更是超过 11.72 亿吨，成为连续十一年位居世界第一的超级大港。

---

① 资料来源：《2020 年上海市国民经济和社会发展统计公报》。

②③ 资料来源：《2020 年上海统计年鉴》。

表 4-14　　2012~2020 年江浙港口货物吞吐量　　单位：亿吨

年度	浙江沿海港口货物吞吐量	宁波舟山港货物吞吐量	江苏港口货物吞吐量	江苏沿海港口货物吞吐量
2012	9.28	7.44	19.54	2.32
2013	10.06	8.10	21.40	2.69
2014	10.82	8.73	22.60	2.87
2015	10.99	8.89	23.33	3.02
2016	11.42	9.22	24.15	3.16
2017	12.57	10.09	25.70	3.32
2018	13.35	10.84	25.85	3.34
2019	13.54	11.20	28.31	3.16
2020	14.14	11.72	29.66	3.24

资料来源：《2013~2020 年浙江统计年鉴》、《2013~2020 年江苏统计年鉴》、交通运输部网站。

2018 年 11 月，习近平总书记在首届中国国际进口博览会上宣布，支持长江三角洲区域一体化发展并上升为国家战略。长三角区域一体化发展上升为国家战略后，长三角地区港口迎来新的发展机遇：区域港口一体化稳步推进，内河高等级航道高标准贯通，港口、航道等基础设施实现互联互通和融合协同，互联网科技助力港口经济发展和资源优化配置，铁水联运、江海联运、公水联运等融合发展，从而将进一步推动上海国际航运中心高质量发展。

二、上海国际航运中心服务功能日益完善

党的十八大以后，以习近平总书记为核心的党中央对上海国际航运中心建设非常关心。上海国际航运中心建设突飞猛进，进入多点突破、向纵

深推进的新阶段。国际航运发展综合试验区的改革创新实践有序推进，“一关三检”改革取得了突破、口岸监管和服务效率有了明显的提高，船级、航运金融、航运保险、航运经济、航运咨询、航运仲裁、航运法律服务等航运现代服务业得到妥善培育并获得稳健成长，初步形成外高桥、洋山—临港、北外滩、陆家嘴等航运服务集聚区，邮轮产业开始形成格局。国际航运服务“一带一路”倡议、航运智能化和科研创新能力持续加强。

在中国（上海）自由贸易试验区建设的推进下，与航运服务相关的多种业务准入门槛得以大幅降低，供应链节点地位与高端航运服务功能加速融合。上海现代航运服务业呈现出百花齐放的繁荣景象，并向更高端的方向发展。

（一）航运机构和企业齐聚上海

上海国际航运中心建设离不开航运企业和航运机构，众多国际知名机构或全球性航运企业都将目光聚集在了上海。波罗的海交易所分支机构和国际海事卫星组织（INMARSAT）中国区总部等国际的二级机构落户上海。联合国国际海事组织亚洲海事技术合作中心、亚洲船级社协会等一批国际性航运功能性机构云集上海；全球十大船舶管理机构中的 6 家、国际船级社协会正式成员中的 10 家、全球排名前百位班轮公司中的 39 家、全球排名前五的邮轮企业等都在上海设立了区域总部或分支机构。在虹口区注册的航运企业从 2007 年的 1600 余家增长到 2019 年底的 4700 余家①；以陆家嘴地区为重点，浦东新区注册航运企业数近 8000 家②。

特别是我国最大也是全球最大的航运企业中国远洋海运集团有限公司

---

① 资料来源：上海市虹口区人民政府网。

② 资料来源：上海市浦东新区人民政府官网。

将其总部落户于上海。全球著名的上海振华重工所生产的集装箱起重机在国际市场上占有超过80%的份额。

此外，在中国港口协会、上海航运交易所、中小航运企业联盟等功能性机构的基础上，中国船东协会、中国船东互保协会等相继转移到上海，其中北外滩集聚的功能性机构达到35家。

（二）航运金融规模明显扩大

1. 航运保险业步步深化

党的十八大以来，上海航运保险机构不断集聚，航运保险市场份额日益提高。2014年，上海率先成立了航运保险协会，这是国内首家保险协会。国内第一家专业航运保险公司——东海航运保险公司股份有限公司在沪设立分公司，国内唯一一家航运类自保公司——中远海运财产保险自保有限公司获批在沪筹建。上海已成为我国航运保险专业经营机构类型最丰富、数量最多的地区。

上海目前共有包括11家航运保险营运中心在内的57家财产保险和3家再保险公司，2019年上海船舶险和货运险业务总量达到43.7亿元，在全国占比近1/4①，上海已成为国内航运保险市场中心，其船货险保费收入的市场份额仅次于伦敦和新加坡，位列世界第三。

2. 航运融资稳步前行

上海航运融资业务发展相对成熟，金融租赁公司在沪不断集聚和发展。上海的航运融资租赁服务正逐步深化，在沪注册的交银租赁、招银租赁、农银租赁、浦银租赁和太平石化租赁等金融租赁公司已获得在境内保

---

① 金校宇、韩菁：《上海国际航空中心砥砺前行二十余载——潮起海天阔，风流浪淘沙》，中国交通新闻网，2020年7月10日。

税地区设立项目公司开展融资租赁业务的资格。截至 2019 年底，自贸试验区保税区域累计设立融资租赁母公司 1400 余家，特殊目的实体（SPV）项目公司近 400 家①。

（三）航运交易举世瞩目

上海航运交易所已成为国际班轮运价备案受理中心、国际航运信息中心、航运运价交易中心、船舶交易信息平台和鉴证中心。美国联邦海事委员会称赞航交所是“世界海运大国市场监管的风向标”，国际权威航运媒体《劳氏日报》也称其为“中国航运信息的源头”。

1. 船舶交易争取全球市场话语权

船舶交易作为航运服务业的一个重要方面，是航运功能的体现。船舶买卖是上海航运交易所的重要业务内容。上海航运交易所承担搭建全国船舶交易平台的重任。2011 年，历时一年多编制的上海船舶价格指数和二手船买卖标准合同横空出世。这是上海国际航运中心建设过程中取得的一项重要成果。该指数基于船舶市场的实际成交信息结合专家评估系统编制而成，具有自主知识产权，是国内外首创，填补了我国船舶价格评估和系列船价指数的空白。同时，上海船舶价格指数的发布及时准确地反映了国内外船舶市场的总体价格状况和价格走势，开拓了我国在全球船舶交易市场的定价权和话语权。2017 年，上海航交所完成船舶交易 112 艘次，完成船舶评估 61 艘次②。

2. 航运指数发出“中国声音”

航运指数是上海国际航运中心在世界航运市场中所发出的“上海声

① 《跻身全球三甲，上海国际航运中心锚定“基本建成”》，载《人民日报》2020 年 7 月 12 日。
② 资料来源：《2018 年上海市交通行业发展报告》。

音”。党的十八大以来，上海在航运定价市场上的“话语权”越来越强。上海航运指数系列不仅成为反映市场行情的“晴雨表”，还被政府采信，进入国家统计局大数据平台。而以运价指数为结算标准的指数挂钩协议、指数衍生品交易更是创新了海运业定价、交易模式。

上海航运交易所在全球首创的集装箱运价指数已经在全球航运界树立了不可替代的影响力，成为世界航运市场的三大指数之一。在美国联邦海事委员会（FMC）运价备案所统计的挂钩协议中，与上海航交所指数挂钩的协议比例占他们所接受的挂钩合约的78%。

2020年11月，拥有21大类指数，覆盖集装箱、散货、买卖船、船员薪酬、“一带一路”航运等多个领域的“上海航运指数”系列再添新成员，上海航运交易所正式发布上海出口集装箱结算运价指数（SCFIS）。上海航运信息服务业发展迅速，日渐完善的“上海航运指数”逐渐成为全球航运市场的风向标。依托长三角腹地的产业优势，上海港口早已超越传统港口的物理需要，正奋力成为配置全球资源、连通国内国际双循环的战略链接。

（四）海事仲裁加快拓展

随着上海航运、物流服务的广度和深度加快拓展，上海国际航运中心对于海事仲裁的需求也在不断上升。党的十八大以来，上海已经成为继伦敦、纽约、新加坡之后的第4个国际海事仲裁地，这使得上海国际航运中心国际影响力不断提高。2019年，上海的海事相关律所及合伙人数量已达到629人，排名全球第四，海事仲裁案件数占全国71.4%[①]。

---

① 真虹：《见证上海国际航运中心“十年之约”》，载《中国水运报》2020年9月。

（五）打造一流营商环境

2013 年上海率先成立自由贸易试验区，之后为进一步深化改革开放，成立了自由贸易试验新片区和特殊综合保税区，将改革开放步入深水区。在航运领域出台了一系列改革开放政策，发布了设计航运领域的负面清单，不断改善口岸环境，率先打造单一窗口，口岸服务效率明显提高，口岸成本显著下降。

7×24 小时全年无休服务，方便快捷的网上业务办理，为上海航运、贸易产业乃至经济社会发展提供持续动力。根据世界银行《全球营商环境报告 2020》，中国排名跃升至第 31，其中上海统计权重占到 55%，上海跨境贸易便利度在具有可比性的海运经济体中排名全球第五。

响应国家减税降费部署，上海着力提升口岸成本优势，跨境贸易合规费用中的政府性基金、港口经营收费、航运企业经营收费、报关代理费用等全链条费用明显降低。与此同时，压缩业务办理时间、简化环节提升效率也成为上海口岸单位关注的重点工作。2014 年，上海在全国率先推出国际贸易“单一窗口”，通过统一的电子平台处理国际贸易当中的各类申报，为企业节省大量人力和时间成本。

2020 年是上海国际航运中心基本建成的目标之年。2020 年 7 月 11 日，新华社中国经济信息社和波罗的海交易所联合发布了《新华·波罗的海国际航运中心发展指数报告（2020）》，报告显示，上海首次跻身国际航运中心排名前三，这标志着 2020 年基本建成上海国际航运中心这一国家战略目标基本实现。

第七节　自贸区政策创新助推航运发展

中国自由贸易试验区（以下简称“自贸区”）是以制度创新和海关特殊监管政策为主要手段，在中国境内设立的多功能经济性特区，主要目的是实现贸易自由化和便利化。原则上是指在没有海关“干预”的情况下允许货物进口、制造、再出口。自贸区不受关税、进口许可证和配额量限制，海关特别管理，是世界上最开放的经济自由区之一。

中国（上海）自由贸易试验区是我国最早在2013年9月批准设立的自贸区，2014年其面积扩展到120.72平方公里，范围涵盖上海市外高桥保税区、外高桥保税物流园区、洋山保税港区和上海浦东机场综合保税区、金桥出口加工区、张江高科技园区和陆家嘴金融贸易区七个区域；2015年，广东、天津、福建成为第二批自贸试验区；2017年，辽宁、浙江、河南、湖北、重庆、四川、陕西7地自贸区成立；2018年，国务院同意设立海南自由贸易试验区，实施范围为海南全岛，并于2020年6月以自贸港的身份启动运作；2019年，山东、江苏、广西、河北、云南、黑龙江共6个自由贸易试验区挂牌，并增设中国上海自由贸易试验区临港新片区；2020年9月21日，北京、湖南、安徽也加入自贸区大家庭。7年的时间里，我国自贸区个数从1个增至21个，不断发展壮大。

在推动经济高质量发展及畅通国内外经济双循环的背景下，自贸区作为国家经济功能区扮演着非常重要的角色。自贸区建设将为形成以国内大循环为主体、国内国际双循环相互促进的新发展格局探索路径和积累经验，向全国及特定区域复制推广其创新成果，从而建设更高水平的开放型经济新体制。在如今复杂的国际航运形势下，基于创新的航运政策必然助力我国航运业的发展。自贸区建设以来，国家发展改革委、财政部、交通运输部等国家部委相继出台了一系列制度政策，对自贸区航运业发展产生深远的影响。

一、持续推广沿海捎带政策

沿海捎带政策属于沿海运输权的范畴，主要指进出口集装箱在国际干线船舶上的互转业务，并不包括全部的内外贸同船问题。它包括进口捎带和出口捎带两方面，出口捎带即从国内某港口报关出口的集装箱通过干线船捎带到国内另一港口中转装船出境。进口捎带即某干线船将境外的集装箱在国内某港口卸船后，经该港中转再装上另外一艘干线船运抵国内港口，然后完成港口报关进口。

2013 年 9 月 18 日国务院发布的《中国（上海）自由贸易试验区总体方案》中“允许中资公司拥有或控股拥有的非五星旗船，先行先试外贸进出口集装箱在国内沿海港口和上海港之间的沿海捎带业务”。将支持中资航运公司悬挂“方便旗”的船舶进行沿海捎带业务，吸引中转货物回归到自贸区进行装卸。随着全国自贸区范围扩大，目前该政策被推广到广东、天津、福建、辽宁、浙江等自贸区，其自贸区总体方案中都有关于沿海捎带的政策规定。以及“扩大内外贸同船运输、国轮捎带运输适用范围，提升运力资源综合效能”在湖北、四川、海南、广西自贸区政策中被提出。

沿海捎带业务可以增加港口集装箱中转装卸量，可以促进区域港口群发展，巩固枢纽港的地位，对自贸区港口而言是有利的。经营沿海捎带业务能够优化航线资源配置，提高航线舱位利用率，降低运营成本，对航运企业而言是有利的。沿海捎带业务增加货主运输货物的选择机会，整体提高物流效率和商品的市场竞争力，对货主而言也是有利的（见表4－15）。

表4－15　各自贸区沿海捎带业务相关政策

自贸区	沿海捎带业务政策
上海	推动中转集拼业务发展，允许中资公司拥有或控股拥有的非五星旗船，先行先试外贸进出口集装箱在国内沿海港口和上海港之间的沿海捎带业务
广东	推动中转集拼业务发展，允许中资公司拥有或控股拥有的非五星旗船，试点开展外贸集装箱在国内沿海港口和自贸试验区内港口之间的沿海捎带业务
天津	允许中资公司拥有或控股拥有的非五星旗船，试点开展外贸集装箱在国内沿海港口和天津港之间的沿海捎带业务
福建	允许中资公司拥有或控股拥有的非五星旗船，试点开展外贸集装箱在国内沿海港口和自贸试验区内港口之间的沿海捎带业务
辽宁、浙江	优化沿海捎带业务监管模式，提高中资非五星旗船沿海捎带业务通关效率
湖北	扩大内外贸同船运输、国轮捎带运输适用范围，提升运力资源综合效能
四川	支持开展内外贸同船运输、国轮捎带业务
海南	扩大内外贸同船运输、国轮捎带运输适用范围，提升运力资源综合效能
广西	支持开展北部湾港至粤港澳大湾区的内外贸集装箱同船运输

资料来源：根据自贸区相关文件资料整理。

二、启运港退税队伍不断壮大

启运港退税政策指的是从国内启运港发往保税港区中转至境外的出口货物，一经确认离开启运港口即被视同出口并可办理退税，也即启运港预先退税政策。原先，企业在货物离境向海关报关后，才能从税务机关办理出口退税；实行这一政策，企业可以在货物从启运港出发之际就申请退税。

启运港退税政策首次正式实施是在2012年8月，国务院发布了《关于推进上海加快发展现代服务业和先进制造业，建设国际金融中心和国际航运中心的意见》，其规定对在启运地口岸启运报关出口，并由符合条件的运输公司承运，从水路转关直航运输经上海洋山保税港区（离境港）离境的出口货物，实行出口退税政策，货物一旦被确认离开启运港，便可办理退税。当时的离境港只局限于上海洋山保税港区，启运港也只局限于青岛市前湾港和武汉市阳逻港。2018 年《关于完善启运港退税政策的通知》对启运港政策进行重新定义，并扩大了实施范围。启运港由原来的 2 个增加到 13 个，包括泸州市泸州港、重庆市果园港、宜昌市云池港、岳阳市城陵矶港、武汉市阳逻港、九江市城西港、芜湖市朱家桥港、南京市龙潭港、张家港市永嘉港、南通市狼山港、苏州市太仓港、连云港市连云港港、青岛市前湾港。离境港由上海市洋山保税港区扩大至上海市外高桥港区，并突破直航限制，增设沿途经停港。此外，南沙自贸区从 2020 年 10 月起，对以珠三角 9 市 37 个港口为启运港、以南沙保税港区和前海保税港区为离境港的水运货物实行启运港退税政策，为出口企业提供更加便捷的退税服务，节省退税等待期。

启运港退税政策的实施能够有效缩短退税时限，极大提高出口企业的资金周转和使用效率，降低企业经营成本，减轻口岸海关工作压力，提高通关效率，更重要的是能够有效引导出口货物在既定的港口聚集，从而起到促进国际贸易和带动当地航运服务业发展的作用。

三、航运市场进一步开放

许多自贸区放宽外商投资国际船舶运输的股比限制，极大地激发了外商投资中国航运业的积极性，更大程度地促进我国对外开放的水平。例如，允许外商在中国（上海）自由贸易试验区以超过 49% 的投资比例设立中外合资经营企业或者中外合作经营；允许企业经营国际船舶运输业务；

允许船舶登记主体的外商出资比例突破 50% 的限制。海南自贸区进一步压缩交通运输领域外资准入负面清单，全面取消了国际海运及辅助业外商投资股比限制，推进海运服务业扩大对外开放。福建自贸区放宽在自贸试验区设立的中外合资、中外合作国际船舶企业的外资股比限制。允许外商以合资、合作形式从事公共国际船舶代理业务，外方持股比例放宽至 51%。2019 年 11 月，商务部等 18 部门联合印发的《关于在中国（海南）自由贸易试验区试点其他自贸试验区施行政策的通知》提出，允许特定条件下租用外籍船舶从事临时运输、进一步便利国际船舶管理企业从事海员外派服务等 7 项内容。随着中国进一步对外开放和中国船员劳动力成本的上升，放开对雇用“外籍船员”的限制，将对船舶所有人或船舶营运人利好。

另外，上海、广东、天津、福建、辽宁、浙江、湖北、海南等自贸区均允许外商设立独资企业从事国际船舶管理业务。而以往的航运政策并不允许外商独立经营国际船舶管理业务，因此，允许外商设立国际船舶管理企业，且将其经营相关业务的许可权限下放给各省份，企业注册方式和效率都将得到提高，也将扩大与国际市场的交流，从而提升国内船舶管理企业的业务水平。

四、国际船舶登记制度更开放

船舶登记是指赋予船舶以国籍和权利与义务的行为。船舶要有航行权，需要先取得一国国籍，之后该船舶被视为此船旗国领土的延伸，在后期有关该船上人员等发生的法律关系将受到该船旗国法律管辖。我国船舶登记制度属于严格登记制度，随着航运不断发展，国家相关部门也在不断完善和规范船舶登记制度。

2017 年 2 月开始实施《中华人民共和国船舶登记办法》规定，船舶在自贸区进行国际登记不受“中方投资人出资额不得低于百分之五十”的股份比例限制。此举提高了外商投资限制比例，对实现更多中资船舶登记在中国、促进我国现代化海运船队建设具有极大影响。2020年11月，海南海事局发布实施《海南自由贸易港国际船舶登记程序规定》，该规定在推进“中国洋浦港”船籍港建设、优化审批流程、简化申请材料、压缩办结时限以及便利船舶换籍等方面开展了创新性探索，形成了一套比现行船舶登记程序更加高效便捷的船舶登记新程序，为进一步打造海南自由贸易港国际一流海事营商环境提供了制度支撑。具体做法是：以“全岛一港”创建国际船舶注册机制，使注册在三亚、海口等地航运企业可以选择“中国洋浦港”作为船舶登记港，享受海南自贸港零关税、出口退税政策和加注保税油相关政策。以“两级审查”简化国际船舶登记流程，以“并联办理”优化国际船舶登记事项，以“先批后补”提升国际船舶登记办事效率，以“无缝衔接”保障国际船舶转籍“不停航”。到2020年12月，已有“远贵洋”等10艘国际航行船舶到海南登记注册，新增船舶运力175.22万载重吨，海南国际船舶总体运力增幅达到60%，直接拉动12亿至16亿元国内生产总值（GDP）。政策实施后，使国际船舶提前15天投入营运，预计增加约60万元的营运收益①。

国际船舶登记制度吸引在境外登记的中资船舶回国登记，从而提升我国五星红旗船队的总量和竞争力，提升我国在国际上的话语权。船舶在我国登记注册，有利于增加国家税费，带来相关收益。其有关的营运管理工作和航运衍生服务也在境内快速发展，有利于形成具有国际竞争力的航运服务体系。同时，能够充分保障我国船舶安全和船员利益，有利于我国政府实际控制征用船舶，加强我国船队后备力量，维护我国经济发展安全

① 资料来源：海南省人民政府网站。

（见表4－16）。

表4－16　　各自贸区国际船舶登记制度相关政策

自贸区	国际船舶登记制度政策
上海	充分发挥上海的区域优势，利用中资“方便旗”船税收优惠政策，促进符合条件的船舶在上海落户登记。逐步放开船舶法定检验。简化国际船舶运输经营许可流程，形成高效率的船籍登记制度
广东	在落实国际船舶登记制度相关配套政策的基础上，自贸试验区海关特殊监管区域内中方投资人持有船公司的股权比例可低于50%。充分利用现有中资“方便旗”船税收优惠政策，促进符合条件的船舶在自贸试验区落户登记。简化国际船舶运输经营许可程序，优化船舶营运、检验与登记业务流程，形成高效率的船舶登记制度
天津	在落实国际船舶登记制度相关配套政策的基础上，中方投资人持有船公司的股权比例可低于50%。充分利用现有中资“方便旗”船税收优惠政策，促进符合条件的船舶在自贸试验区落户登记
福建	加快国际船舶登记制度创新，充分利用现有中资“方便旗”船税收优惠政策，促进符合条件的船舶在自贸试验区落户登记。简化国际船舶运输经营许可流程。简化船舶进出港口手续，对国内航行船舶进出港海事实行报告制度。支持简化入区申报手续，探索试行相关电子数据自动填报。探索在自贸试验区内对中国台湾地区试行监管互认
重庆	创新长江船舶登记制度，优化船舶运营、检验与登记业务流程，简化入区申报手续，试行电子数据自动填报，加快智能物流网络建设。推进与沿海沿江口岸信息对接互联
海南	利用现有“方便旗”船税收政策，促进符合条件的船舶在自贸试验区落户登记。逐步开放中国籍国际航行船舶入级检验
山东	逐步开放中国籍国际航行船舶入级检验
广西	探索建立更加开放的国际船舶登记制度

资料来源：根据自贸区相关文件资料整理。

五、负面清单再“瘦身”

负面清单指的是一个国家禁止外资进入或限定外资比例的行业清单，

相当于投资领域的“黑名单”。2013 年上海自贸试验区首次实施外资准入负面清单管理，特别管理措施为 190 项。而 2020 年 7 月起实施《自由贸易试验区外商投资准入特别管理措施（负面清单）（2020 年版）》条目已缩减至 30 项，极大提升了自贸试验区的开放度和透明度。中国商务部数据显示，2017～2019 年，在全球跨国投资连续下滑的背景下，我国吸引外资分别达 1363 亿美元、1383 亿美元、1412 亿美元，稳居世界第二位，实现了稳中有增、稳中提质[①]。2020 年，我国自贸试验区实际利用外资总额 1790 亿元，新设外资企业 6472 家，占全国比重上升至 16.8% 和 17.9%[②]。

这一项突破性的政策创新是深化全面改革精神的战略性举措，进一步放宽准入限制，为外商投资提供了更加开放的环境，有利于实现平等准入，促进政府和市场的有效配合，加快形成高效规范、公平竞争的国内统一市场。

六、航运保险税收优惠促发展

航运保险作为保险业服务国家航运业的重要载体，其服务经济提质增效升级的重要性日益凸显。从航运保险税收优惠政策方面看，目前我国共有上海、天津、深圳、福建平潭、广东南沙等 5 个地区获得国际航运保险税收优惠。其中，上海自贸区和天津自贸区对注册在上海和天津的保险企业从事国际航运保险业务取得的收入免征营业税；深圳和福建平潭也对注

---

① 国家发展改革委：《国家发展改革委有关负责人就 2020 年版外商投资准入负面清单答记者问》。

② 刘颖、张道峰、徐宁宁：《商务部：2020 年中国成为全球最大外资流入国》，环球网，2021 年 2 月 24 日。

册在当地的保险企业向特定企业提供国际航运保险业务取得的收入，免征营业税；从 2020 年 10 月至 2023 年底，注册在广州市的保险公司向注册在南沙自贸片区的企业提供国际航运保险业务取得的收入，免征增值税。从航运保险产品注册制来看，上海保监局授权上海航运保险协会开展航运保险产品注册管理，注册制改革实现了保险产品即时注册、通过和投入市场，能有效推动产品创新，提升市场活力。随着航运保险政策的实施，上海已成为亚太主要航运保险中心之一。2018 年，上海航运保险保费收入为 34.59 亿元，同比增长 2.30%；其中，国际货运险保费收入为 4.72 亿元；船舶险保费收入为 16.07 亿元，同比增长 9.36%[①]。由此可见，上海航运保险市场集聚效应正日渐显现。

2019 年 10 月，广州南沙正式上线全国首个线上航运保险要素交易平台，该平台为大湾区内航运保险产品提供备案、登记、注册、交易等服务，投保人在网上即可完成投保支付出单等操作。截至 2020 年 6 月，该平台累计实现内河船舶险交易量 102 单、累积保费金额 712 万元，累积风险交易保险金额约 4.4 亿元[②]，航运保险业整体在稳定中前进。

税收优惠不仅能够吸引大型保险公司到自贸区集聚，还能为国际货运企业提供更多便利服务。以及平台的搭建能够降低国际航运的各项成本，促进国际航运的发展，从而带动其他要素的自由流动和国际贸易的发展，具有非常积极的意义。总体而言，我国在航运保险领域的竞争力正在逐渐增大，航运服务业正蓄势崛起（见表 4-17）。

---

① 上海航运保险协会。

② 耿旭静、董业衡：《南沙新利好：国际航运保险税收优惠、启运港退税政策来了！》，载《广州日报》2021 年 10 月 10 日。

表 4－17　各自贸区航运保险相关政策

自贸区	航运保险政策
上海	支持内外资企业和机构开展航运融资、航运保险、航运结算、航材租赁、船舶交易和航运仲裁等服务，探索发展航运指数衍生品业务，提升高端航运服务功能
广东	促进航运金融发展，建设航运交易信息平台，发展航运电子商务、支付结算等业务，推进组建专业化地方法人航运保险机构，允许境内外保险公司和保险经纪公司等服务中介设立营业机构并开展航运保险业务，探索航运运价指数场外衍生品开发与交易业务
天津	大力发展航运金融、航运保险业，建设中国北方国际航运融资中心，鼓励境内外航运保险公司和保险经纪公司等航运服务中介机构设立营业机构并开展业务
浙江	支持境内外企业开展航运保险、航运仲裁、海损理算、航运交易等高端航运服务。探索组建海洋保险等专业性法人机构，允许符合条件的境内外保险代理公司、保险经纪和保险公估公司等中介机构在自贸试验区设立营业机构并依法开展相关业务。吸引海事仲裁机构和船级社等入驻，打造国际航运服务平台
湖北	促进航运要素集聚，支持依托自贸试验区发展长江航运电子商务等业务，培育航运保险、海事仲裁、船舶检测认证等高端航运服务业态，探索形成具有国际竞争力的航运发展机制和运作模式
重庆	大力发展长江航运金融服务，探索组建专业化地方法人航运保险机构，鼓励境内外航运服务中介机构设立营业机构
海南	支持境内外企业和机构开展航运保险、航运仲裁、海损理算、航运交易、船舶融资租赁等高端航运服务，打造现代国际航运服务平台。支持设立专业化地方法人航运保险机构

资料来源：根据自贸区相关文件资料整理。

七、抢抓邮轮游艇产业新机遇

随着消费需求的升级，邮轮游艇消费开始慢慢发展，多个沿海自贸区方案中都制定了促进邮轮游艇产业发展的支持政策。例如，2018 年 10 月正式对外发布的《中国（海南）自由贸易试验区总体方案》指出，发展环海南岛邮轮航线，支持邮轮企业根据市场需求依法拓展东南亚等地区邮轮航线，不断丰富由海南邮轮港口始发的邮轮航线产品等。该方案实施积极推动了邮轮旅游大力发展，有利于海南邮轮游艇产业形成完整的服务体系，使邮轮游艇市场越来越规范，物流、医疗等配套设施越来越完善，同时促进海南的邮轮游艇销售、租赁，从而带动整个产业的发展。

邮轮游艇业上下游关联着邮轮制造、设计研发、金融贸易、休闲旅游多项产业，具有强大的经济拉动能力，本身对港口城市或相关产业的经济发展具有全方位的带动作用。同时大批海内外游客的到来促进本地特色文化的传播，强化与国际间的文化联系（见表4－18）。

表4－18　　各自贸区邮轮游艇产业相关政策

自贸区	邮轮游艇产业政策
天津	完善国际邮轮旅游支持政策，提升邮轮旅游供应服务和配套设施水平，建立邮轮旅游岸上配送中心和邮轮旅游营销中心
福建	允许在自贸试验区内注册的大陆资本邮轮企业所属的“方便旗”邮轮，经批准从事邮轮运输
辽宁	加快东北亚区域性邮轮港口和国际客滚中心建设。推动与旅游相关的邮轮、游艇等旅游运输工具出行的便利化
浙江	推动与旅游相关的邮轮、游艇等旅游运输工具出行的便利化
海南	发展环海南岛邮轮航线，支持邮轮企业根据市场需求依法拓展东南亚等地区邮轮航线，不断丰富由海南邮轮港口始发的邮轮航线产品。研究支持三亚等邮轮港口参与中资“方便旗”邮轮公海游试点，将海南纳入国际旅游“一程多站”航线

资料来源：根据自贸区相关文件资料整理。

八、大力发展多式联运

大力发展多式联运，是实现交通强国战略、发展综合交通运输体系的重要支撑，能够推进运输结构调整、促进物流业降本增效，推进国际贸易便利化。海南自贸区和山东自贸区实施发展以“一单制”为核心的便捷多式联运，“一单制”可以有效连接运货和送达环节，使得货物实现“门到门”运输的“一单到底”服务，同时也有效解决陆路运输市场主体多、运单标准不统一、运单不能作为“物”权凭证等问题。2018 年 8 月，交通运输部发布的《深入推进长江经济带多式联运发展三年行动计划》中提出，以江海直达、江海联运、铁水联运等为重点，加快推进长江经济带多式联运发展，构建高质量综合立体交通走廊，更好地服务长江经济带发展战略（见表 4 – 19）。

表 4 – 19　各自贸区多式联运相关政策

自贸区	多式联运政策
上海	以洋山深水港、浦东国际机场与芦潮港铁路集装箱中心站为载体，推动海运、空运、铁路运输信息共享，提高多式联运的运行效率
天津	依托亚欧大陆桥连接功能，完善多式联运体系，增强对沿线国家及地区转口贸易服务功能，发挥中蒙俄经济走廊重要节点作用和海上合作战略支点作用，推动“一带一路”建设
辽宁	深化自贸试验区多港区联动机制，推进海陆空邮联动发展
湖北	构建多式联运国际物流体系。支持在自贸试验区内建立海关多式联运监管中心，打造覆盖铁路、公路、水路、航空多种运输方式的国际物流运输体系
海南	发展以“一单制”为核心的便捷多式联运。建立健全适合海岛与内陆多式联运的标准规范和服务规则，加强与国际联运规则的相互衔接。建设多式联运公共信息平台，推进不同运输方式、不同企业间多式联运信息开放共享和互联互通
山东	发挥港口功能优势，建立以“一单制”为核心的多式联运服务体系，完善山东省中欧班列运营平台，构建东联日韩、西接欧亚大陆的东西互联互通大通道。加强自贸试验区与海港、空港联动，推进海陆空邮协同发展

续表

自贸区	多式联运政策
江苏	推动“一带一路”交汇点建设。支持在自贸试验区内建立多式联运中心，探索建立以“一单制”为核心的便捷多式联运体系
广西	打造西部陆海联通门户港。加快建设服务西南、中南、西北的国际陆海联运基地。深化泛北部湾次区域合作，加快推进中国—东盟港口城市网络建设

资料来源：根据自贸区相关文件资料整理。

九、船员减税政策落地

2018 年 3 月，《广州南沙新区（自贸片区）促进航运物流业发展扶持办法实施细则》正式出台，首创将海员纳入自贸区人才奖励范围，并为从事国际海员培训的机构和国际海员外派的机构提供奖励的制度。该办法作为我国第一个在自贸区出台的涉及海员扶持的新政策，起到了至关重要的示范和引领作用，促进海员的发展，有利于航运业人才的培养。

随着全球航运业的发展，以及我国“交通强国”“海洋强国”战略的推进，需要的船员数量越来越多。2019 年 11 月，为促进海运业发展，适应国内对海产品较快增长的需求，国务院出台中国远洋船员个税优惠政策，自 2020 年 1 月起至 2023 年底，对一年在船航行超过 183 天的远洋船员，其工资薪金收入减按 50% 计入个税应纳税所得额。实施船员减税政策，将有利于注重海员权益，促进我国海员队伍的扩大和航运业的发展。

第八节 21 世纪海上丝绸之路

海洋是各国经贸文化交流的天然纽带，古老的海上丝绸之路自秦汉时期开通以来，一直是沟通东西方经济文化交流的重要桥梁，而东南亚地区自古就是海上丝绸之路的重要枢纽和组成部分。习近平总书记基于历史，着眼中国与东盟建立战略伙伴十周年这一新的历史起点上，为进一步深化中国与东盟的合作，构建更加紧密的命运共同体，为双方乃至本地区人民的福祉而提出的战略构想。

同时，“21 世纪海上丝绸之路”是我国在世界格局发生复杂变化的当前，主动创造合作、和平、和谐的对外合作环境的有力手段，为我国全面深化改革创造良好的机遇和外部环境。

21 世纪海上丝绸之路的战略合作伙伴并不仅限于东盟，而是以点带线，以线带面，增进同沿边国家和地区的交往，将串起连通东盟、南亚、西亚、北非、欧洲等各大经济板块的市场链，发展面向南海、太平洋和印度洋的战略合作经济带，以亚欧非经济贸易一体化为发展的长期目标。由于东盟地处海上丝绸之路的十字路口和必经之地，将是 21 世纪海上丝绸之路战略的首要发展目标，而中国和东盟有着广泛的政治基础，坚实的经济基础，21 世纪海上丝绸之路战略符合双方共同利益和共同要求。

打造 21 世纪海上丝绸之路虽存在一些风险和挑战，但沿线国家加强与中国合作是大势所趋。实施策略将从现有区域合作机制着手，把这些国家和地区串联起来，搭建战略平台，携手重现海上丝绸之路的繁荣，促进沿线国家的经济发展与共同富强。不仅保证了中国的国际战略安全，而且能让沿线国家和中国互惠互利共赢。

（一）基本情况

2013 年 10 月，中国国家主席习近平在出访东南亚国家期间，提出共建“21 世纪海上丝绸之路”的重大倡议，得到国际社会高度关注。21 世纪海上丝绸之路圈定上海、福建、广东、浙江、海南 5 省市，在发展中对各地也有明确的定位。对沿海诸市的定位是加强沿海城市港口建设，强化国际枢纽机场功能；对广西的定位是 21 世纪海上丝绸之路与丝绸之路经济带有机衔接的重要门户；对云南的定位是面向南亚、东南亚的辐射中心。

“21 世纪海上丝绸之路”建设秉承共商、共享、共建的原则，主要航线为：泉州—福州—广州—海口—北海—河内—吉隆坡—雅加达—科伦坡—加尔各答—内罗毕—雅典—威尼斯。

在“21 世纪海上丝绸之路”的建设和发展中，中国加强与沿线有关国家的沟通磋商，稳步实现经贸合作中长期发展，在基础设施互联互通、产业投资、资源开发、经贸合作、金融合作、人文交流、生态保护、海上合作等领域，推进了一批条件成熟的重点合作项目。如 2015 年 6 月 6 日签署的中国同欧洲国家签署的第一个此类合作文件——中匈协议。

中国不断完善政策措施，积极推进投资贸易便利化，推进区域通关一体化改革。如推动亚洲基础设施投资银行筹建，还发起设立丝路基金，强化中国与欧亚经济合作基金投资功能，为“21 世纪海上丝绸之路”有关沿线国家的基础设施建设提供资金支持，促进经济合作。

与此同时，中国各地成功举办一系列以“21 世纪海上丝绸之路”为主题的国际峰会、论坛、研讨会、博览会，充分发挥平台作用。

（二）中欧班列与海上丝绸之路

按照固定车次、线路等条件开行，往来于中国与欧洲及“一带一路”

沿线各国的集装箱国际铁路联运班列——中欧班列，是“一带一路”的领跑者。如今，我国铺划了西、中、东 3 条中欧班列运行线通道：西部通道由我国中西部经阿拉山口（霍尔果斯）出境，中部通道由我国华北地区经二连浩特出境，东部通道由我国东南部沿海地区经满洲里（绥芬河）出境。

“一带一路”中的“一路”是“21 世纪海上丝绸之路”的简称，借用古代丝绸之路的历史符号，积极发展与沿线国家的经济合作伙伴关系。历史上玄奘西行虽只走了丝绸之路的一部分，但他的壮举在丝路上如一盏明灯，经千年、过百年仍熠熠闪光。

千年后的今天，世界经济缓慢复苏。我们重新开启丝绸之路，沿着玄奘当年留下的足痕。幸运的是我们再也不用苦苦行走十万八千里才能取得真经，中欧班列成为国际物流陆路运输的新兴方式。

自首列中欧班列在重庆诞生到现在，历经 9 年的沉淀，中欧班列越发成熟，班列沿途国家经贸交往日趋活跃，国家间铁路、口岸、海关等部门的合作日趋密切。

中欧班列的最大优势在于时效和成本。直线运输的铁路完美回避了海运和空运的劣势，更短的时长意味着更快的货物周转，也意味着一条更稳定的供应链。如果走海运去欧洲，可能需要约 45 天，而中欧班列只需要约 12 天。

沃尔沃中国总部有关人士表示，利用中欧班列运输，交付速度比传统的海运速度更快（节约多达 50%），铁路受天气和交通条件限制也较小，能更加有效地保证沃尔沃成品车交付到客户手中。通过扩大欧亚大陆铁路运输的应用，从而降低沃尔沃产品的静置时间与成本、减轻工厂库存压力，也能让产品更迅速地响应市场需求，大大提高客户满意度①。

据了解，随着中欧班列运行线路的不断扩大，班列搭载的货物品类也

① 葛红林：《打造“命运共同体”班列》，载《一带一路报道（中英文）》2020 年第 1 期。

愈加丰富，从最初的电子产品、打印机、笔记本电脑扩展到如今的食品、红酒、汽车、服装百货等200余种，商品种类越发多样，也越来越贴近大众生活，运输附加值明显增加。

中欧班列已经正式进入“千列”时代。据中国国家铁路集团有限公司对外公布，2020年5月，中欧班列累计开行1033列，同比增长43%，首次突破1000列，发送货物9.3万标箱，同比增长48%，单月开行列数和发送量均创历史新高①。

中欧班列以其运距短、速度快、安全性高的特征，以及安全快捷、绿色环保、受自然环境影响小的优势，已经成为国际物流中陆路运输的骨干方式。中欧班列物流组织日趋成熟，班列沿途国家经贸交往日趋活跃，国家间铁路、口岸、海关等部门的合作日趋密切，这些有利条件，为铁路进一步发挥国际物流骨干作用，在“一带一路”倡议中将丝绸之路从原先的“商贸路”变成产业和人口集聚的“经济带”起到重要作用。

（三）新丝路的未来畅想

1. 经济影响——拓展经济发展空间

中国是世界第二大经济体，在新起点上科学谋划经济发展，对促进经济持续健康发展十分重要。共建21世纪海上丝绸之路，不仅有助于中国与海上丝绸之路沿线国家在港口航运、海洋能源、经济贸易、科技创新、生态环境、人文交流等领域开展全方位合作，而且对促进区域繁荣、推动全球经济发展具有重要意义，同时将大大拓展中国经济发展战略空间，为中国经济持续稳定发展提供有力支撑。

---

① 资料来源：中国国家铁路集团有限公司官网。

2. 社会文化影响——构建和平稳定的周边环境

和平稳定的周边是中国外交政策的首要任务。共建21世纪海上丝绸之路的战略构想，是在新形势下致力于维护世界和平、促进共同发展的战略选择。它将成为中国与东盟之间开拓新的合作领域、深化互利合作的战略契合点，有利于搁置争议、增进共识、合作共赢，推动构建和平稳定、繁荣共进的周边环境。

3. 提高中国国际影响力

打造21世纪海上丝绸之路虽存在一些风险和挑战，但沿线国家加强与中国合作是大势所趋。实施策略将从现有区域合作机制着手，把这些国家和地区串联起来，搭建战略平台，携手重现海上丝绸之路的繁荣，促进沿线国家的经济发展与共同富强。不仅保证了中国的国际战略安全，并能让沿线国家和中国互惠互利共赢。21世纪海上丝绸之路的发展带动了沿线地区的发展，也提高了中国的国际影响力，中国在促进世界和平与发展的道路上发挥着重要的作用。

在新的国际形势下中国倡导建立的“21世纪海上丝绸之路”是构建和平稳定周边环境的建设举措，是中国与东盟之间开拓新的合作领域、深化互利合作的战略契合点，有利于搁置争议、增进共识、合作共赢，推动构建和平稳定、繁荣共进的周边环境，也是新形势下中国应对挑战、用开放倒逼改革的重要途径，还是拓展中国经济发展空间的深远谋划。这不仅有助于中国与海上丝绸之路沿线国家在港口航运、海洋能源、经济贸易、科技创新、生态环境、人文交流等领域开展全方位合作，而且对促进区域繁荣、推动全球经济发展具有重要意义，同时将大大拓展中国经济发展战略空间，为中国经济持续稳定发展提供有力支撑，并最终促进沿线国家共同繁荣，实现互利共赢。

第五章

奋发图强的水运未来发展

第一节　打造具有全球竞争力的国际海港枢纽

海港连接着海洋和陆地，是具有物流、信息服务、商业以及产业功能等的海上运输枢纽。随着世界经济贸易一体化的发展，依托海港运输的贸易量占全球贸易量的90%以上，海港不仅成为国际贸易、商业往来的重要交通枢纽，还具有很强的资源聚集、整合能力，能够促进港口城市及周边区域产业、经济的发展。据全球化与世界城市研究机构统计，全球排名前10的国际化城市中有9个为港口城市。由此可见，海港的发展对区域经济发展发挥着至关重要的作用。为了引导我国海港的发展，2019年中共中央、国务院印发的《交通强国建设纲要》明确指出“打造具有全球竞争力的国际海港枢纽”，为我国海港的发展指明方向。

一、发展国际海港枢纽的基础

国际海港枢纽是依托沿海港口，与国内外港口形成干支航线密集、航班集中的运输网络，为港口腹地及其辐射区域提供货物集散、国际中转、保税监管等港口物流服务和其他增值服务，实现海港枢纽与其经济区（腹地及辐射区域）经济协同联动发展的目的。国际海港枢纽与一般海港不同，其辐射区域更广、集聚效应更强、服务功能更优、运行效率更高，在我国物流网络中发挥关键节点、重要平台和骨干枢纽的作用。

对于海港而言，要发展国际海港枢纽，首先，所依托的沿海港口应是国际强港，即港口发展具有较高的国际化水平和较强的国际竞争力。具体而言，港口应拥有高效的基础设施、发达的集疏运网络、密集的国际干支线航线以及完善的港口服务功能等。其次，海港枢纽与其经济区应协同联动发展，即海港枢纽与海港枢纽经济区应相互支撑、相互促进、协调发展，实现二者的深度融合。

目前，我国初步具备发展国际海港枢纽的基础条件。首先，我国拥有数十个亿吨级沿海港口和多个世界级大型集装箱港，已建立较为密集的国际干支线。其次，我国港口与区域经济已基本实现协同联动发展。近年来，随着我国港口的快速发展，极大地促进了区域经济的发展，同时，区域经济的发展也带动了港口的发展，港口与区域经济呈现协同发展趋势。

虽然，目前我国海港已具备发展国际海港枢纽的基础条件，但未来发展国际海港枢纽，还需要在现有条件下，不断完善港口基础设施、提升综合服务能力，进一步推动区域经济的发展。

二、不断完善海港枢纽的基础设施

随着近年来港口基础设施建设的加快，我国沿海港口通过能力由不足向适度超前转变。从泊位吨级来看，船舶大型化的发展使得泊位建设也趋于大型化，万吨级以上港口数量逐年增加。从码头专业化程度来看，我国沿海港口拥有集装箱、铁矿石、煤炭、粮食、石油、商品汽车等专业化码头，有力的支撑区域经济、贸易的发展。同时，近年来我国有序推动LNG、邮轮等专业码头的建设，不断完善我国专业化码头体系。

然而，要打造具有全球竞争力的国际海港枢纽，需要在现有港口基础设施的基础上，进一步完善LNG码头、邮轮码头、港口新基建等港口基础设施，以满足区域经济发展的需要。首先是LNG码头建设方面。经过十余年，我国沿海LNG泊位建设取得了良好成效，但随着我国LNG消费量的增加，LNG 接收设施呈现“南多北少”，与“北高南低”的消费格局不匹配。因此，未来我国应充分利用海岸线长的优势和良好港口设施条件，不仅要完善 LNG 码头布局规划，还要积极推进沿海地区 LNG 码头的建设，提升 LNG 接卸和转运能力。

其次是邮轮码头建设方面。随着我国经济社会发展和人民生活水平的提升，邮轮旅游需求旺盛，市场发展迅速成为经济增长的新亮点。目前，我国邮轮市场发展处于起步阶段，未来还需要有序推进邮轮码头建设，完善邮轮港口基础设施，推动形成以邮轮母港为引领、邮轮始发港为主体、访问港为补充的邮轮港口布局。同时，未来还应加快邮轮港口配套基础设施的建设，比如搜救应急基础设施和装备的建设、邮轮码头供电售电设施建设等。

最后是港口新基建方面。打造具有全球竞争力的国际海港枢纽，需要建设融合高效的智慧交通基础设施。交通运输部印发的《推动交通运输领域新型基础设施建设的指导意见》，给未来港口新基建建设指明了方向。在《推动交通运输领域新型基础设施建设的指导意见》中指出，未来引导自动化集装箱码头、堆场库场改造，推动港口建设养护运行全过程、全周期数字化，加快港站智能调度、设备远程操控、智能安防预警和港区自动驾驶等综合应用；鼓励港口建设数字化、模块化发展，实现建造过程智能管控；建设港口智慧物流服务平台，开展智能航运应用；建设船舶能耗与排放智能监测设施。

三、大幅提高海港枢纽综合服务能力

随着经济社会的发展，海港的作用不断提升，不仅发挥着货物运输的枢纽功能，而且也通过产业、要素等的聚集优势成为服务方式创新、商业模式创新等的策源地，成为带动区域经济发展的新引擎。经历长期发展，海港功能呈现“节点——扩展——专业化——区域化”的演化过程，服务范围不断扩大，服务内容也日益增多。当前，我国海港服务功能形成了煤炭、石油、铁矿石、集装箱、粮食、商品汽车、陆岛滚装和旅客运输等多个运输系统的综合布局，服务内容包括装卸、转运、仓储等基本服务，以及包装、配送、加工、信息服务等增值服务，还包括金融、保险等高端服务。鉴于我国港口吞吐量高速增长时期已经过去，提高海港综合服务能力，打造海港枢纽是我国港口未来的发展方向和首要任务。通过发展港口物流服务供应链、高端航运服务等提升我国海港综合服务能力。

第一，拓展港口物流服务供应链业务。港口物流服务供应链是以港口为核心，港口与客户、各类物流服务供应商、政府相关机构等形成的功能性网络结构，目的是把货物按时、完好地送到指定地点，并对链上的物流、信息流、资金流等进行有效管理。其中，客户一般指收发货人、船公司、货代、船代等；各类物流服务供应商包括提供运输、仓储、装卸、加工、配送、金融、信息等服务的供应商；政府相关机构一般包括港口管理、海事、海关、检验检疫等机构。发展港口物流服务供应链不仅可以为客户提供高质量的服务，也是港口未来发展、海港枢纽发展的需要，同时还有利于提升供应链上企业的竞争力。因此，我国海港应先进一步优化港口存储、装卸等业务，完善港口船舶供应和服务保障体系，同时积极发展港航信息、商贸、金融保险等现代服务业，吸引国际货物中转、集拼等业务，提升航运服务能级，然后积极拓展港口物流服务供应链业务，尤其是专业化物流链服务业务，比如开展冷藏箱装卸、拆拼、配送、修理等一体化服务；开展码头装卸、滚装航运、物流金融、汽车贸易等一体化滚装汽车服务；拓展邮轮产业链业务等，为客户提供高质量服务，提高海港综合服务能力。

第二，大力发展高端航运服务。高端航运服务包括航运交易经纪、航运金融、航运保险、航运信息、航运衍生品、海事海商法律等，是国际海港枢纽的标志之一，发展高端航运服务对于我国提升海港枢纽的地位和功能具有重要的意义。鉴于我国航运金融规模小、相关业务有外移趋势等不足之处，未来应大力发展高端航运服务。具体而言，一是拓展航运保险业务，鼓励保险机构拓展货运险、船舶险、码头责任人险等航运保险业务，不断完善航运保险市场体系。二是支持保险机构发展再保险业务，鼓励发展离岸再保险业务。三是加强高端航运服务产品研发与创新，鼓励金融、保险等机构加强高端航运服务产品的开发与创新。此外，为鼓励金融、法律、保险等机构进入我国航运服务领域，可对这些机构发展高端航运业务给予财税优惠政策扶持。

四、大力推动海港枢纽经济的发展

海港枢纽经济是以海港枢纽为中心，通过海港枢纽与城市产业相互作用、相互反馈而形成的特色经济。与一般经济不同，海港枢纽经济具有经济开放性、资源集聚性、枢纽驱动性等特点：（1）经济开放性，海港枢纽是城市对外开放的窗口，通过海港枢纽将城市与外部国际市场连通，有利于推动城市发展外向型经济；（2）资源聚集性，海港枢纽具有资源聚集功能，凭借物流、信息流、资金流等要素资源的聚集，可以加速城市经济与社会发展；（3）枢纽驱动性，海港枢纽经济是以海港枢纽为核心而形成的，因而海港枢纽的规模、能级等直接影响枢纽经济的发展。当前，我国海港枢纽经济的发展还处于起步阶段，存在较多不足，比如缺乏海港枢纽经济发展的总体规划，不能有效指导海港枢纽经济的发展；临港产业发展存在滞后性，且很多海港枢纽城市还未制定临港产业发展专项规划。鉴于此，未来可通过制定海港枢纽经济规划、推进临港产业发展、加快推进开放融合发展等推动海港枢纽经济的发展，建成一个集海港、城市、产业为一体的海港经济枢纽区。

首先，制定海港枢纽经济发展规划。以海港枢纽为战略支点，科学定位、优势互补，制定海港枢纽经济发展规划，引导我国海港枢纽经济的快速发展。针对我国海港枢纽经济发展特点，确立海港枢纽经济发展的战略目标，明确海港枢纽经济的发展路径、发展重点、发展任务及保障措施等，为我国海港枢纽经济的发展指明方向。

其次，推进临港产业发展。在推进海港枢纽经济发展的契机下，以物流园区、保税区、保税港区等为依托，加快临港产业的发展。凭借海港枢纽自身的资金、土地、港口平台等优势，与大客户等共同开发临港产业项目，打造“前港后场”经营模式，逐步形成临港产业聚集区。

最后，加快推进海港枢纽与其他行业的融合发展。一是积极推动港口与航运业的协同发展，鼓励港航企业通过共同开发、联合运营等方式，促进港航互动联合发展、合作共赢。二是推进港口、产业、城市的深度融合发展，依托港口建设物流中心、跨境贸易中心等，促进资源聚集，推动临港产业升级；加强港口与城市产业发展布局规划的有效衔接，推动港城协调发展。三是优化口岸营商环境，依托自由贸易区、自由贸易港等，创新港口管理模式，打造“单一窗口”“一站式”服务平台。

第二节　促进智能航运、自动化码头的发展

港口和航运虽然是历史悠久的传统行业，但由于其关系全球贸易的命

脉，在物联网、大数据、人工智能等新技术的应用方面始终保持领先。全球自动化码头、无人货船、船岸一体化等一系列创新给港口和航运带来了重大变革。随着高新技术的发展，智能航运、自动化码头是航运与港口未来的重要发展趋势。

一、大力发展智能航运

智能航运是指传统航运要素与人工智能、现代信息等高新技术深度融合形成的现代航运新业态。智能航运对人的依赖将会越来越少，船舶运输、船舶管理等的效率将会越来越高，发展智能航运不仅有利于提高我国航运和相关产业竞争力，还能够加快推动交通强国、创新型国家和现代化经济体系建设。鉴于此，我国发布的一系列规划、行动方案中，均明确提出要发展智能航运，比如第十二届全国人大四次会议通过的《中华人民共和国国民经济和社会发展第十三个五年规划纲要》、国务院印发的《“十三五”现代综合交通运输体系发展规划》、交通运输部印发的《智慧交通让出行更便捷行动方案（2017－2020年）》。并且，工业和信息化部等四部委印发的《智能船舶发展行动计划（2019－2021年）》和交通运输部等七部委印发的《智能航运发展指导意见》，为智能航运的发展指明了方向，未来智能航运的发展主要聚焦如下五个方面。

第一，推进智能船舶技术应用。智能船舶指利用传感器、通信、物联网、互联网等技术手段，自动感知和获得船舶自身、海洋环境、物流、港口等方面的信息和数据，并基于计算机技术、自动控制技术和大数据处理分析技术，在船舶航行、管理、维护保养、货物运输等方面实现智能化运行的船舶，以使船舶更加安全、更加环保、更加经济和更加高效。智能船舶不仅要求对船舶主机等设备进行实时远程监测，还要求船舶具备性能优化、能效管理、设备智能运行与维护的能力。因此，未来要推进智能船舶技术的应用，应以集装箱、散货船、油船等货物运输船舶为重点，在船舶自主航行、船体监测、船舶网络安全监测、能效监测和优化控制、货物状态监控与优化配载、船舶及设备系统全生命周期状态监控与管理等方面开展智能船舶技术推广应用。在技术推广过程中，可以适时通过网络、新闻媒体等方式发布智能船舶技术应用成果，引导和鼓励现有船舶通过改造或直接应用一些成熟的智能船舶技术与产品。

第二，建立智能航运保障系统。智能航运保障系统是指利用现代计算机技术、通信技术、物联网、互联网等技术手段，全面感知船舶航行密切相关的各种导助航信息、环境信息，并基于计算机信息技术、自动控制技术、大数据处理分析技术等，实现航海保障的智能化运行、船舶航行安全的智能化保障和服务系统。智能航运保障系统为船舶航行提供可供分析、处理和决策的信息材料，能够使船舶航行更安全、航运更便捷。智能航运保障系统应包含智能通信、智能导助航等子系统。在智能通信子系统方面，综合应用卫星通信、高频/甚高频数字通信等多种手段，完善全覆盖、全天候的通信网络，满足高通量、高速率、高可靠、低延时、多连接的智能航运通信需求。在智能导助航子系统方面，针对内河、近海和远洋不同的导航需求和特点，推动北斗导航系统专项应用，推进陆基备份定位系统和增强系统建设，提高船舶定位可靠、可用性和完好性；加快电子海图和内河电子航道图标准化步伐，扩大覆盖范围，提高数据精度；推进航标码头设施智能靠泊技术改造，实施航标船舶智能配布等。

第三，构建智能航运创新平台。智能航运创新平台旨在降低资源和信息的不对称性及提高创新技术的协同性和融合性，从而提升智能航运的服务质量、技术水平以及运行效率等。智能航运创新平台包括服务创新平台和技术创新平台，前者是通过整合智能航运服务资源和信息，确保航运服务高质量、高效率、低成本，推动智能航运服务发展，促进航运经济转型升级；后者是通过将人工智能、物联网、大数据等高新技术应用于智能航运中，推动智能航运技术的研发、集成以及共享等，提升自主创新能力。未来在智能航运服务平台建设方面，支持成立智能航运信息服务机构，鼓励航运企业、第三方企业等建立电子商务平台，为客户提供线上交易、信息服务、延伸服务等；未来在智能航运创新平台建设方面，加快推进物联网、云计算、大数据、人工智能等高新技术在航运活动中的创新应用，开展智能船舶、智能航运保障等智能航运技术集成攻关。

第四，加强智能航运监管。随着智能航运的发展，也为海事监管带来了挑战，因此，保障智能航运的安全成为未来海事监管面临的重要问题。一是研究现行公约、规则等对智能航运的适用性，根据智能航运特征，提出相关国际公约、规则的修改建议与方案。比如智能船舶高度自动化甚至自主化，船舶所需配备的船员大幅度减少，甚至完全不需要船员在船，但为了保证船舶正常运营，需要增加岸基支持设施及岸基操控人员，因此现有的船舶配员规则以及“船—岸”人员适任标准则需要重新审视。此外，制定统一的智能船舶相关的数据技术标准、信息交换标准等，以提高数据的安全稳定性。二是研究探索高效、透明、经济的监管模式、方法、手段，加强促进和保障智能航运安全有序发展的监管制度和规则，构建智能航运监管系统与平台，使之与智能船舶岸基控制中心同步分享智能船舶的各种技术参数和营运状态，在智能船舶出现异常情况、其岸基控制中心提出请求时，能够及时提供必要的海事协助甚至海上搜救。

第五，强化智能航运安全风险管理。虽然智能航运采用人工智能、物联网等高科技实现高度自动化甚至自主化，以提高航运的运行效率、降低航运成本，但智能船舶在动力装置稳定性、远程操控可靠性、人为因素、信息传输安全性和软件安全性等方面均会存在风险。比如智能船舶仍然会因为船舶自身设备和系统运行、通航环境、操控人员失误等原因而导致碰撞和搁浅等事故的风险；网络安全风险也可能导致智能船舶失去控制甚至失联。因此，未来应加大力度研究智能船舶航行安全风险防控技术和风险监测预警防范，构建智能船舶航行安全风险监测体系，探索智能船舶故障和突发事件的应急处置策略与国际合作机制，并开发事前感知、事中防御、事后分析的智能船舶网络安全技术和管理机制，建立智能航运网络和信息安全策略，降低智能船舶的风险。

二、促进自动化码头升级

自动化码头是指利用先进技术、先进设备，通过对信息的获取、分析、处理等，能够在少数人操作下自动进行货物装卸、搬运等活动的码头，一般由堆场作业、岸边作业、水平作业以及控制作业系统构成。自动化码头设施设备主要包括车辆、电气控制及传动系统、导航系统、无线电通信系统、定位系统和障碍物检测系统等，通过远程控制，可以实现车辆按照预定路线自动行驶、往返装卸货物。与传统码头相比，自动化码头实现了货物装卸、水平运输、堆场装卸环节的全过程智能化操作，大大提高了码头的作业效率。鉴于此，我国逐步开始建设自动化码头，2014 年厦门远海码头对 14 号泊位及 15 号部分泊位开始进行改造，建成国内第一个全自动化集装箱码头并于 2016 年 6 月投入运营；2015 年，青岛港、上海港先后开始规划建设自动化集装箱码头；2017 年 12 月上海港洋山四期码头全面启用，成为世界规模最大、技术最先进的自动化码头。当前我国自动化码头的建设已经进入快速发展时期，未来为了引导符合条件的现有传统码头进行自动化改造，可推广已经建成自动化码头的工程技术与运行管理经验。同时，可提高港口、巷道、船闸等基础设施与智能船舶自主航行、靠离码头、自动化装卸货的配套衔接水平，开展相关关键技术研究与工程实践。

随着我国自动化码头建设步伐的加快，以及人工智能、物联网、5G技术等高科技的不断发展，未来自动化码头将会不断升级，向智能化发展，即发展智慧港口。“智慧港口”是基于现代化基础设施设备，将人工智能、大数据、物联网、云计算等高新技术与港口业务深度融合，创新港口运输组织服务，并拥有完善的体制机制、法律法规、标准规范、发展政策等，能够在更高层面上实现港口资源优化配置，在更高境界上满足多层次、敏捷化、高品质港口运输服务要求的，具有生产智能、管理智慧、服务柔性、保障有力等鲜明特征的现代港口运输新业态。智慧港口的特色主要体现在港口基础设施与装备的现代化、高新技术与港口业务的深度融合化、港口生产运营的智能自动化、港口服务的敏捷柔性化、港口管理决策的智慧化等方面。

未来智慧港口的建设，需要对现有自动化码头进行技术升级。交通运输部发布的《关于推动交通运输领域新型基础设施建设的指导意见》中，明确指出智慧港口的建设方向，即“推动港口建设养护运行全过程、全周期数字化，加快港站智能调度、设备远程操控、智能安防预警和港区自动驾驶等综合应用”“鼓励港口建设数字化、模块化发展，实现建造过程智能管控”“应用区块链技术，推进电子单证、业务在线办理、危险品全链条监管、全程物流可视化等”。智慧港口的建设离不开高新技术的应用，未来应大力推进区块链、5G、智能识别技术、智能监管技术等在自动化码头的应用。

首先，区块链技术在智慧港口中的应用。区块链实质是一个共享数据库，存储于其中的数据或信息，具有“不可伪造”“全程留痕”“可以追溯”“公开透明”“集体维护”等特征。区块链在智慧港口中的应用，一方面，可被用于港口资产流通过程和数据信息转移过程中，能够实现无纸化。比如，港口可通过使用内部区块链减少文书工作，促进实时状态更新并加速信息交换。另一方面，区块链的智能合约功能可以实现港口与船公司的自动交易，比如，通过物联网、人工智能获取整个港口运行状态，结合船公司货运量等外界因素，设置诸如堆存费优惠等合约条款后自动与船公司发生交易。同时智能合约功能也可以用来加速优化生产流程，比如集卡司机送箱前，向码头发送相关装箱单单据，以及集卡、箱子位置数据，码头经过校验后可提前安排作业设备，以加速作业流程提升客户满意度。

其次，5G 技术在智慧港口中的应用。5G 技术即第五代移动通信技术，是数字经济时代的一种通用技术，与 4G 技术相比，具有超高移动性、超大流量密度、超大连接数密度和超低能耗等特性。5G 技术将凭借超大带宽、超低延迟和海量连接等特性在港机远程控制等方面发挥至关重要的作用。比如，龙门吊的远程控制，5G 的大带宽、低时延可实现龙门吊远程控制场景中监控视频回传，大幅度降低龙门吊远程控制改造成本和改造门槛；IGV（intelligent guided vehicle）集卡的远程控制，当 IGV 在操作现场出现故障时，5G 大带宽、广连接能力可有效支持多路高清视频和传感器信息回传，远程操作员则可根据收到的信息，远程操控 IGV 使其走出目标区域。

再次，智能识别技术在智慧港口中的应用。智能识别技术包括无线射频识别（radio frequency identification，RFID）、光学字符识别（optical character recognition，OCR）、视频流识别、人工智能等技术，这些技术可被应用于智能闸口、堆场，以及码头前沿等。一是智能闸口的应用，智能闸口是港口智能化过程中最早实现的领域，主要是利用智能识别技术对进出港口的车辆车牌、集装箱箱号等进行识别，以提升车辆通行效率。二是堆场的应用，主要通过智能识别技术识别集卡信息、集装箱箱号等，以完成集装箱的装卸作业。三是码头前沿的应用，通过对装船、卸船整个流程视频信息进行识别，提取集装箱箱号、箱型等信息，并将这些信息与理货软件等进行匹配，以确保作业业务与指令一致后完成装卸作业业务。

最后，智能监管技术在智慧港口中的应用。智慧港口的发展促使港口监管也趋向于智能化发展。智能监管的主要体现是，通过大数据、GIS、物联网、三维虚拟现实等技术，建立智能查验系统及智能化安全管控信息平台等，实现查验委托的电子化传输与查验信息实时查询、精准锁定风险集装箱、推动实现安全管理业务协同和信息开放共享等目标，使智能港口的安全管理朝着数字化、智慧化转型发展。

第三节　完善港口集疏运体系

港口集疏运是以港口为中心，运用港口各项设施或条件（如码头、库场、道路、装卸设备、运输车辆等），与港外的铁路、水路、公路、管道、航空等相联系，将出口货物和进口货物通过港口运达目的地的过程。港口集疏运系统是集运输、设施、管理于一体的集中和分散港口货物的系统。良好的港口集疏运系统能够拓展港口经济腹地，有效促进港口和区域经济的发展。

一、继续贯彻落实港口集疏运发展规划与方案

目前，我国基本形成了布局合理、层次分明、功能齐全、配套设施完善、现代化程度较高的港口体系，港口基础设施逐步完善，港口集疏运网络体系建设步伐也不断加快。随着我国港口集疏运的快速建设与发展，一

些不足之处也逐渐呈现出来。一是港口集疏运体系结构不平衡，我国港口集疏运以公路为主，铁路比例偏低，据有关统计，全国港口集装箱集疏运量中，公路约占 85%，水路约占 14%，而铁路仅占 1% 左右[①]。二是港口多式联运发展相对滞后，我国多式联运量约占全社会货运量的 6%[②]，远低于欧美等发达国家。三是港口集疏运基础设施建设时，港口企业承担资金压力较大，投融资制度还需进一步完善。

为了推动港口集疏运的发展，我国有关部门陆续发布了《“十三五”综合客运枢纽和货运枢纽（物流园区）建设方案》《推进物流大通道建设行动计划（2016—2020 年）》《关于推进供给侧结构性改革促进物流业“降本增效”的若干意见》《关于贯彻落实“一带一路”倡议加快推进国际道路运输便利化的意见》等文件，推动主要港口疏港公路和铁路集装箱中心站的建设。为了进一步加快推进港口集疏运系统建设，解决港口“最后一公里”短板问题，提升港口辐射能力和衔接转换水平，有力支撑“一带一路”建设，2017 年交通运输部、国家铁路局、中国铁路总公司联合印发《“十三五”港口集疏运系统建设方案》，提出将重点突破铁路、公路进港“最后一公里”，加快推进港口集疏运系统建设，为促进港口转型升级、多式联运发展、物流业“降本增效”以及推进交通运输供给侧结构性改革、服务“三大战略”提供支撑和保障。

鉴于此，针对我国现有港口集疏运发展现状以及存在的问题，未来应继续贯彻落实港口集疏运发展规划、方案等，可从完善港口多式联运集疏运体系、创新港口集疏运基础设施投融资机制等方面，不断完善港口集疏运体系。

---

① 中华人民共和国交通运输部发布《交通运输部等十八个部门关于进一步鼓励开展多式联运工作的通知》，2017 年 1 月 4 日。

② 陈羽：《我国港口集疏运系统发展现状分析》，载《中国港口》2017 年第 3 期。

二、完善港口多式联运集疏运体系

港口多式联运集疏运体系是以港口为节点，由江海联运、海公联运、海铁联运、海空联运等构成的港口集疏运体系。不同联运方式具有不同特征，科学组织港口多式联运、合理分配多式联运货运量，可以减少集疏运过程中的交接时间，提高货物衔接效率。由于我国现有港口多式联运集疏运体系存在发展滞后、海铁联运比例较低等问题，未来完善我国港口多式联运集疏运体系时，可以从如下几个方面开展工作。

首先，优化现有港口多式联运集疏运系统。港口集疏运体系的建设是一项长期工程，应合理规划、逐步完善。当前，在港口多式联运集疏运体系建设的同时，可对现有的多式联运集疏运系统进行优化，达到不同运输方式的无缝衔接，实现港口集疏运系统的高效运行。港口多式联运集疏运系统可从打破信息不对称、开展智能调度等方面进行优化。第一，通过搭建港口集疏运综合信息平台以消除信息的不对称性，减少多式联运的衔接时间。通过建立网上信息平台，实现船期、装卸、通关、结算等信息的实时共享，并基于实时信息为客户提供最优的多式联运实施方案，提高公路、铁路等的利用率，合理节省固有资源，降低成本，提高多式联运的效率。第二，实施智能调度，提高港口多式联运系统的效率。针对港口多式联运集疏运业务发展的瓶颈问题，对现有多式联运集疏运业务进行业务流程再造，由人工调度向智能调度方式转变，即将云计算、大数据、人工智能等集疏运智能调度算法与港口多式联运集疏运业务深度融合，考虑影响集疏运业务的码头、车队、铁路中转站等因素，以及数据归集、计划编制、任务发布、动态监控等业务环节，进行多式联运集疏运智能调度，实现提高作业效率、降低运行成本、达到最优调度的目的。

其次，加强铁路基础设施建设，提升铁路在港口集疏运中的比例。铁路运输具有运送量大、速度快、成本较低、排放较少等特点，因此，充分发挥铁路运输的优势，加强港口铁路集疏运通道及场站建设，推进大宗干散货港区、规模化集装箱港区铁路集疏运通道及场站建设，推动港站一体化、实现铁路货运站与港区无缝衔接，是我国港口集疏运发展的趋势。为了促进港口集疏运铁路的发展，我国发布了多项规划、意见，为港口集疏运铁路的发展指明了方向。2018 年交通运输部、国家发展改革委等九部门联合发布的《推进运输结构调整三年行动计划（2018—2020 年）》，提出要组织实施港口大宗货物“公转铁”、集装箱铁水联运拓展等工程，并指出要加快推进港口集疏运铁路专用线项目建设；2019 年交通运输部、发展改革委等九部门发布的《关于建设世界一流港口的指导意见》中，指出要健全港口集疏运体系，促进不同运输方式间的有效衔接，重点解决铁路进港“最后一公里”问题，重要港区新建集装箱、大宗干散货作业区原则上同步规划建设进港铁路。

最后，制定港口多式联运集疏运相关标准，规范市场发展。为了提高港口多式联运市场的规范性，需要制定相关的标准、政策，以保障港口多式联运集疏运市场的发展。一是制定基础设施标准、运营规则及标准等，从技术层面给予多式联运换装、转运的侧面辅助，加强内河、公路、铁路、海运直接的衔接。二是建立港口集疏运业务链数据服务标准，由于港口集疏运业务涉及码头公司、场站、车队等，各方信息没有统一标准，会导致分属不同方但又高度相关的数据，在统计口径和时间不一致等原因无法被应用，因此，建立一套资源共享、标准统一的数据服务体系，可以实现各方数据的共享，以节约成本、提高效率。三是建立协调推进机制，港口集疏运涉及港口、运输公司、铁路、集卡等企业，也涉及海关、检验检疫等部门，为了确保集疏运系统高效有序地运行，应建立协调推进机制，推动港口集疏运的建设，协调解决建设中存在的问题。

三、创新港口集疏运基础设施投融资机制

港口集疏运设施包括运输设施和集散设施两部分，前者主要是指与港口集疏运相关的设施，比如港口铁路、公路等；后者是在运输交接点中为货物提供装卸、仓储、加工等服务的设施，比如公路货运站、铁路货运站等。目前，建设港口集疏运基础设施，我国港口企业承担资金压力较大。港口企业作为港口投资、建设和运营主体，承担港口配套的公路、铁路等集疏运体系建设，除少部分道路有省级建设补贴外，其余均需要企业出资建设。尤其是港口专用铁路，投资大、回报低、公共性强，港口企业建设时面临较大的资金压力。鉴于此，未来建设港口集疏运基础设施应创新投融资机制，比如加大政府扶持力度、吸引社会资本等，以保障我国港口集疏运基础设施的建设。

（1）加大政府资金支持力度，促进港口集疏运基础设施的建设。港口集疏运系统建设投资较大，港口企业面临较大资金压力，需要各级政府加大港口集疏运系统建设的支持力度，通过资金补贴、税收优惠等方式，对疏港高速、疏港铁路等基础设施的建设给予资金支持，完善港口集疏运基础设施公共财政保障制度。首先，通过拓展各级财政资金保障能力、积极争取债券资金投入、实施全口径预算管理、推行中期财政规划管理等，强化港口集疏运基础设施在建管养运、安全应急、服务等所需资金支出的财政保障。其次，通过保障重点项目支出需求、合理使用一般项目补助资金、坚持公路与航道养护资金的专款专用、强化专项资金使用监管等，进一步调整完善车辆购置税和港口建设费等中央交通专项资金投融资政策。

（2）吸引社会资本参与基础设施的建设、管理与运营。港口集疏运基

础设施投资额巨大，仅依赖政府和港口企业，资金压力较大，吸引社会资本参与基础设施的建设、管理与运营是未来发展方向。然而行业垄断和市场壁垒的存在，使得社会资本难以进入，故而未来应创新投资运营机制，改进政府投资安排方式，完善多元筹资、规范高效的投融资体制，积极推广政府和社会资本合作模式，充分激活社会资本投资活力。一是通过特许经营权、合理定价、财政补贴等事先公开的收益约定规则，采取建设—运营—移交方式（build-operate-transfer，BOT）、政府与社会投资者共同成立特别目的公司等方式，积极引导社会资本参与港口集疏运基础设施投资和运营中。二是推广港口集疏运基础设施政府和社会资本合作（public-private partnership，PPP）模式，制定港口集疏运基础设施 PPP 项目管理办法，加强政府与社会资本合作的制度建设。三是建立港口集疏运基础设施投资资金，以财政性资金为引导，吸引社会资本投入，建立稳定的港口集疏运发展的资金渠道。

第四节　内河航运安全管控与应急搜救技术研发

内河航运是综合运输体系和水资源综合利用的重要组成部分，在促进流域经济发展、优化产业布局、服务对外开放等方面发挥了重要作用。内河航运的安全与否直接关系流域的经济、产业、对外开放等的发展，也影响交通强国的建设。未来，保障内河航运安全、推动内河航运高质量发展、服务国家战略实施是我们需要关注的重要问题。其中，研发内河航运安全管控与应急搜救技术则是重中之重。2019 年中共中央、国务院印发的《交通强国建设纲要》、2020 年交通运输部发布的《内河航运发展纲要》

中，均明确提出要加强基于船岸协同的内河航运安全管控与应急搜救技术的研发。

一、内河航运安全管控技术研发

近年来，随着内河开发利用水平不断提高，内河航运发展迅速，内河船舶数量大大增加，航道通航密度也随之增大，进而导致内河船舶沉没、人员死亡失踪等事故频频发生，给人民生命财产带来损失，进而影响社会发展。这些事故发生的主要原因有船舶因素、环境因素以及人为因素等。考虑上述因素，研发内河航运安全管控技术，加强内河水上交通安全管理，从而减少内河水上交通安全问题，推动我国内河运输更快、更好发展。

首先，船舶安全相关技术的研发。近年来，内河航运发展迅速，内河船舶数量不断增加。这些船舶大都存在通导设施较差、避碰预警及提示不足、电子海图未能及时更新等问题，有很大的安全隐患。因此，加大力度研发船舶安全管控技术是内河航运安全管理的重要发展方向。比如，未来可考虑将船舶自动识别系统（automatic identification system，AIS）应用于内河船舶避碰技术中。目前有的内河船舶配备有保障航运安全的船载自动识别系统，但此系统只能提供船舶的基本信息与位置信息等，难以对船舶做到有效、实时的具体监控，尤其是在发生复杂气象条件与水面事件的情况下，该系统发挥不了应有的安全作用。而结合 AIS 研发内河船舶避碰技术，则可以有效避免内河船舶在航行中发生碰撞事故。该技术是通过聚合 AIS、ARPA 和雷达中获取有关监控船舶的静态和动态信息，利用信息处理器对所有数据进行处理，生成关于目标船与本船舶的相对船速、相对方向等信息，在此基础上，计算出目标船舶的空间碰撞危险度、时间危险度、最小会遇时间和距离等信息，并给出最佳的避碰决策方案。

其次，航运安全监控相关技术的研发。随着内河船舶数量的快速增加，内河通航密度越来越大，加之内河航运船舶吨位和速度不断提高，给内河船舶的监控与调度带来了挑战。通过采用区块链、智能光电、无人机、数字航道等，研发和推广内河航运安全监管相关技术，是未来我国内河航运发展的重要趋势。

（1）基于区块链技术研发内河运输安全监管系统。由于区块链技术具有去中心化、信息不可篡改、公开透明、可追溯等特性，融合区块链技术和微服务架构，研发具有认证、报告、业务、查询等功能的内河航运监管系统，实现内河航运监管的自动监管闭环流程，系统操作数据以交易的形式存储在区块链账本中，保证了数据的安全完整性。同时，内河各部门、各区段间的协作也可以通过注册区块链用户，实现数据共享。

（2）将智能光电技术应用于内河航运的监管中。智能光电是指光电技术与人工智能技术的深度融合，主要解决视觉清晰、决策精准等问题，可应用于内河船舶监管、落水人员检测、桥区偏航防撞等领域。在内河船舶监管方面，可以实现船舶的识别、船上人员识别、船舶位置和速度检测、实时报警等；在落水人员检测方面，可以识别出落水人员以及落水位置，并进行实时报警；在桥区偏航防撞方面，可以自动对测量船舶高度、对偏航船舶进行预警等。

（3）将无人机系统应用于内河航运的监管中。无人机系统作为现代化监控手段，具有便捷、快速、范围广等显著优势，可将其应用于内河航运的辅助巡航、污染监控、通信巡线及事故救助等方面。比如，采用“固定翼无人机＋无人直升机”相结合方式对长距离内河航运进行检测，固定翼无人机负责大范围日常巡逻，而无人直升机负责对重点河段及事故的现场监控。

（4）数字航道技术应用于内河航运的监管中。数字航道是指融合了地理信息系统、虚拟仿真技术、宽带网络、遥感技术和多媒体等多种技术，对航道及其附属设备的资源进行整合，从而为航道管理提供数字化、智能化、人性化数据的技术。应用数字航道技术，可以实现对内河航道各项指标的监测，保证航运的及时性和准确性，不断完善内河航道的管理和运行情况。

（5）研发内河航道电子卡口智能监管系统。若依靠人工测量—水尺测量的传统方法监测效率低，只能随机抽查，无法对吃水超限的船舶进行有效预警。因此，要实现有效监管，需要通过船舶尺度检测技术、雷达目标处理技术、CCTV 叠加技术①、联动跟踪技术及多传感器融合处理技术等，研发内河航道电子卡口智能监管系统。基于智能监管系统，可以实现船舶动态信息可视化、船舶目标监控多元化、船舶违法取证智能化。

（6）研发智能航标系统。内河航道上的航标是指引船舶安全行驶的标志。当处于持续大雾、阴雨等不良天气情况下，会出现太阳能充电不足，导致航标灯光变暗，甚至失常，可能会造成船舶事故。因此，确保航标持续、正常运行十分重要。通过智能切换恒压输出直流变压器，研发出能够恒压输出到航标灯器来确保航标效能的技术，可保证工作设备的稳定性，可用于恶劣环境的助航标志的供电。

二、内河应急搜救技术研发

应急搜救主要是对遇险人员、船舶等进行救助，以保证人身安全、防止水域污染、减少财产损失。经过数十年的发展，我国内河航运建立起了从国家到省、市、区的四级应急响应机制；而在搜救方面，海事管理部门

---

① CCTV 叠加技术指 CCTV 叠加显示船舶信息，是 AR（增强实现）分析展示系统的表现形式。万丽梅：《内河航道电子卡口智能监管系统解决方案》，载《区域治理》2019 年第 32 期，第 88 ~ 90 页。

则采用巡航救助一体化模式。虽然我国内河航运应急管理和搜救水平不断提升，但存在应急搜救技术落后等问题，一旦发生重大水上险情，现有的应急、搜救能力难以及时、高效地组织应急救援行动。因此，探索高新技术在内河应急搜救中的应用、研发内河应急搜救相应技术、提高应急搜救水平，是未来保障内河安全的重要内容。

（1）探究大数据在内河应急搜救中的应用。随着大数据的快速发展，其应用领域越来越广。在内河航运应急搜救中，大数据也大有可为，通过大数据建立应急搜救数据库，实现信息共享，并解决应急、搜救中的信息孤岛问题，以大幅提升内河航运的应急搜救效率。首先，将大数据系统安装在内河船舶的报警系统中，实现快速、准确报警，以提升险情传导效率和搜救时效性。其次，将大数据应用在内河船舶遇险搜救定位中，帮助搜救人员快速地检测出船舶编号、运行位置及遇险原因、滞留时间等，从而实行及时救助。再次，将大数据应用于船舶的通信系统中，一旦遇险，基于大数据的通信系统会迅速反应，进行到岸预警、接受搜救协调通信、自动定位等。最后，将大数据用于内河船舶搜救的无人机空中巡航中，在无人机出发前，地面通信机构将接收到的相关数据转换为如人间巡航的精准数据，以帮助搜救人员快速、准确地处理内河水运的突发事件。

（2）人工智能在内河应急搜救中的应用。随着互联网技术的发展，人工智能越来越成熟，已经由单个智能主体研究发展为基于网络环境下的分布式人工智能研究转变，目前人工智能被广泛应用于国防、工业、医疗等多领域。未来基于人工智能研究内河应急搜救相关技术，实现内含交通的智能监管。首先，可通过人工智能技术，研发内河救助辅助系统。通过该系统，搜救人员可在事故发生后，迅速做出科学合理的搜救计划，并派遣搜救力量及时进行救助。其次，利用人工智能研发智能水上救援装备，以提高遇险救助的自动化程度、通信效率和智能定位遇险者位置，从而使得救援工作实现及时、高效的效果。最后，还可通过人工智能研发智能视频管理技术，实现电脑自动监控、及时提取和处理视频中的关键信息等功能。

（3）内河溢油应急处理技术的研发。随着我国内河运输的发展以及输油管道的增加，内河溢油风险越来越大。为了规避溢油风险，研发内河溢油紧急处理技术至关重要。一是溢油围控技术的研发。围油栏的主要作用是疏导溢油流向流速较小或者环境敏感性小的水域，从而实现溢油的有效围控。但围油栏受油品类别等多因素的影响，会造成失效。因此，研发具有稳定性的新型围油栏技术，以实现溢油的快速围控。二是溢油回收技术的研发。在溢油围控的基础上，需要进行溢油回收处理。常用的收油机、吸油材料等在水流较快的水域收油效率较低。因而，需要考虑水速、油品等，设计多功能溢油应急处理船、溢油回收浮桥等溢油回收设备，以提升溢油回收效率。三是溢油检测技术的研发。溢油检测是对内河水运进行监控，以便快速发现溢油事故，并对溢油进行追踪。可通过遥感检测、巡逻船检测、智能视频检测、无线通信技术等，研发溢油检测系统，以便及时发现溢油事故。

此外，由于目前现有搜救船舶的功能不能满足复杂多样的内河突发事件救援需求，研发具有多功能的内河应急救援船型非常重要。未来可考虑利用人工智能等高新技术，研发兼有智能灭火、溢油围挡及收回、拖带、卸载转驳、应急救助、数据采集及信息管理等多功能的内河应急救援船舶，以推动我国内河水域应急救援迈入现代化、智能化。

第五节　强化与 IMO 接轨的水运节能减排和污染防治

全球贸易的 90% 以上是通过海上运输完成的。随着贸易量的增长，海运量随之增加，从而使得海运业的排放量也不断增加。为了减少船舶造成的空气污染，作为目前全球航运监管机构国际海事组织（IMO）推出一系列节能减排政策，比如2020年实行的“限硫令”，即自2020年1月起禁止船舶使用含硫量超过0.5%的燃料；2021年1月1起，在波罗的海和北海设立氮氧化物排放控制区（NECA）。针对IMO的这些节能减排政策，我国应制定相应的与IMO接轨的水运节能减排和污染防治对策与措施。建设资源节约型、环境友好型水路运输行业，依然是未来发展的重要方向。

一、IMO水运节能减排和防污染政策

根据IMO第四次温室气体研究报告统计，当前航运业二氧化碳排放量约占全球总量的3%，预计到2050年，航运业二氧化碳排放量将达到2008年的90%～130%[①]。这与2015年12月12日在巴黎气候变化大会上通过的、2016年4月22日在纽约签署的《巴黎协定》的长期目标——将全球平均气温较前工业化时期上升幅度控制在2℃以内，是不匹配的。因此，为了控制水运业排放，减少环境污染，IMO近年来制定了一系列规定。

（1）控制船舶温室气体排放的相关规定。2018年4月IMO海上环境保护委员会第72届会议审议通过了《国际海事组织海运温室气体减排初步战略》[②]，其中明确提出控制温室气体排放的三个目标，即全球海运船队碳排放量到2030年比2008年降低至少40%、到2050年力争降低70%，以及温室气体年度排放量到2050年比2008年至少下降50%。2020年11月在线召开了IMO海上环境保护委员会第75届会议，会议通过了

① 国际海事组织官网：IMO，Fourth IMO GHG Study 2020，2020.8.4.

② IMO，Reduction of GHG Emissions from Ships，MEPC 72，2018.1.26.

《MARPOL 公约附则 VI 修正案》草案（以下简称“MARPOL 公约”），草案中规定实现到 2030 年全球船队相对于 2008 年平均减少 40% 的目标[①]。

（2）提升船舶能效的相关规定。IMO 海上环境保护委员会第 74 届会议批准了船舶设计能效指数（EEDI）适用的 12 种船型第三阶段要求的开始时间，集装箱船、普通杂货船、LNG 运输船、非传统推进邮轮和 15000 载重吨及以上气体运输船第三阶段要求提前至 2022 年[②]。IMO 海上环境保护委员会第 75 届会议审议完成新造船 EEDI 计算导则修正案的议题。

（3）防治船舶大气污染的规定。IMO 海上环境保护委员会第 70 届会议审议通过燃油含量限制规定，即自 2020 年 1 月 1 日起，在全球范围开始实施关于 0.5% 燃油硫含量限值的规定。IMO 海上环境保护委员会第 75 届会议通过了关于燃油含硫量取样与核实的修正案，以确认燃油是否符合 MARPOL 公约中含硫量的要求和含硫量超过 0.50% 的燃油运输禁令的规定，修正案将于 2022 年 4 月 1 日生效。

（4）压载水有害生物处理的规定。《2004 年国际船舶压载水及沉积物控制和管理公约》（以下简称“BWM 公约”）于 2017 年 9 月生效，迄今已获得 80 多个国家批准。从 BWM 公约发布以来，压载水管理一直是 IMO 关注的重要内容。IMO 海上环境保护委员会第 73 届会议以通函形式发布了《压载水管理系统设计限制（SDL）及监测指南》和《压载水管理系统调试试验指南》，第 75 届会议通过修订后的 BWM 通函《压载水管理系统调试试验指南》及修正草案《压载水取样和分析试用指南》。

（5）减少海洋塑料垃圾的规定。IMO 第 30 届大会要求海上环境保护委员会考虑制定全球性的解决方案，到 2025 年实质性减少船舶造成的海洋

① IMO，Consideration and Adoption of Amendments to Mandatory Instruments，MEPC 75，2019. 8. 19.

② IMO，Air Pollution and Energy Efficiency，MEPC 74，2019. 3. 20.

塑料垃圾污染。IMO 海上环境保护委员会第 73 届会议审议制定了《应对船源海洋塑料垃圾行动计划》①，第 74 届会议批准了 IMO 有关船舶海洋塑料垃圾研究的职权范围、关注所有船舶提供海洋塑料垃圾的信息、污染预防和应对分委会（PPR）有关处理船舶海洋塑料垃圾行动计划的行动工作范围等。

二、制定与 IMO 接轨的水运节能减排和污染防治措施

水运业是我国综合交通运输系统中的重要组成部分，在国民经济发展中占有重要作用。近年来，为了发展绿色水运业，我国颁布的《中华人民共和国大气污染防治法》《中华人民共和国水污染防治法》《中华人民共和国节约能源法》《打赢蓝天保卫战三年行动计划》等都对绿色交通发展提出了明确的工作要求。交通运输部发布的《交通运输节能环保“十三五”发展规划》《推进交通运输生态文明建设实施方案》《交通运输部关于全面深入推进绿色交通发展的意见》《交通运输标准化“十三五”发展规划》《绿色交通标准体系（2016 年）》《水运工程标准体系》等，也为绿色水运的发展指明了方向。随着我国一系列推进水运绿色发展相关工作的有序开展，取得了良好的成效。但我国水运业绿色发展中仍然存在一些问题，比如发展不平衡、体制不完善、科技创新力度有待于加强等。为了顺应国际航运业绿色减排的发展趋势，针对 IMO 水运节能减排和污染防治政策，以及我国水运业绿色发展现状，制定与 IMO 接轨的水运节能减排和污染防治措施，是我国未来发展的重要方向。

---

① IMO, Development of an Action Plan to Address Marine Plastic Litter from Ships, MEPC 73, 2018. 7. 12.

（1）控制船舶温室气体排放。为了与 IMO 的排放要求接轨，我国控制船舶温室气体排放考虑政策引导、研发创新节能减排技术等。一是针对 IMO 的 2030 年、2050 年的船舶温室气体排放目标，制定我国航运业温室气体排放的中长期发展规划，引导绿色航运业的发展。同时，制定相应的资金扶持和税费优惠政策，积极引导航运企业、科研院所、高校等参与绿色航运技术研发及绿色船舶的生产建造中。二是加大研究和推广力度，围绕船舶绿色营运与建造、船舶动力燃料低碳化、船舶总体优化等，积极研发和推广新能源动力船舶等绿色节能船舶技术，以减少温室气体排放。比如通过研发流量监测技术等实现实时反馈船舶各个航行区间所有废气的排放数量，为节能减排提供基础数据；通过船舶碳捕集与封存技术等，实现大幅减少船舶的二氧化碳排放量；通过鼓励节能减排技术应用和推广，将节能减排技术应用于船舶的建造以及运营中。三是在船舶替代燃料、船舶能效决策支持系统等方面，通过与国际行业技术领先企业、工程总包企业等积极开展国际合作，以实现船舶节能减排。

（2）提升船舶能效。针对 IMO 对船舶设计能效、船舶运营能效等方面的目标，制定相应的改善船舶能效措施，是降低污染的重要举措。第一，建立船舶智能能效管理系统。开发集船载能效数据采集系统与岸基能效数据分析平台于一体的船舶能效综合智能优化管理系统，通过船上安装的数据采集装置自动采集船舶航行的状态、外界环境信息、机器耗能状况数据等，基于这些数据，利用大数据分析、数值仿真分析等，对船舶能效状况、航行及装载状态等进行智能评估，并给出船舶航行最优航速等决策建议，从而实现船舶能效实时监控、智能评估以及优化。第二，研发船舶智能能效优化技术。通过将大数据分析、数据挖掘技术等与船舶智能能效管理的融合，研发船舶智能能效优化管理技术，并积极推广和应用；通过探究风、浪、流、船舶装载等多因素对船舶能效的影响，建立基于实时数据驱动的多环境要素耦合作用下的船舶能效在线模型，实现基于大数据的船舶能效模型参数的自动更新。第三，完善动力和推进系统。通过更换旧齿轮、使用新型发动机等方式实现船舶动力的完善；通过对船舶发动机废气中的热能及功能进行吸收和循环利用，以改善船舶能效；通过采用电力推进系统、使用转速低、大直径螺旋桨等方式完善船舶推进系统。第四，加强船舶能效管理。针对具体船舶制定能效目标、指标，并根据船舶特点、航行区域等，制定有针对性的能效控制方案，改善船舶能效。

（3）防治船舶大气污染。为了与2020年1月1日实行的IMO“限硫令”接轨，我国交通运输部海事局于2019年10月发布了《2020年全球船用燃油限硫令实施方案》，实行更为严格的“限硫令”。其中规定：自2020年1月1日起，国际航行船舶在我国管辖水域不得使用含硫量超过0.5%质量比（m/m）的燃油，进入我国内河船舶排放控制区不得使用含硫量超过0.1%质量比（m/m）的燃油（2022年扩大至海南水域），不得在我国船舶大气污染物排放控制区内排放开式废弃清洗系统洗涤水。同时，该方案在船舶履约、保税船用燃油供应、海事监管等方面也提出了具体要求，明确了对船舶装载不合规燃油的处置措施，建立了全国统一的船舶燃油报告信息系统，加强对到港国际航行船舶及供油单位的监督检查，建立部门信息通报机制，监督船舶使用合规燃油。未来，为了应对《2020年全球船用燃油限硫令实施方案》，船舶可以采用高硫燃油＋脱硫装置＋脱硝装置、低硫燃油＋脱硝装置、LNG燃料＋脱硝装置、纯电池推进、混合动力推进、氢燃料、太阳能等其他燃料方式，以减少船舶大气污染。

（4）防治船舶压载水污染。为防止船舶压载水和沉积物引入的有害水生生物和病原体对我国水域生态环境、人身健康、资源和财产造成污染和损害，基于IMO对船舶压载水有害生物处理的相关规定，我国也采取了积极措施。比如2019年1月我国施行的《船舶压载水和沉积物管理监督管理办法（试行）》明确规定，置换压载水在距离最近的陆地至少 200 海里、水深至少 200 米的水域；或距离最近的陆地 50 海里、水深至少 200 米的水域（航程小于 200 海里）。在现有措施的基础上，一方面未来可以继续优化船舶压载水污染防治的策略，比如减少压载水的排放、在深海领域中的指定水域对压载水进行更换、对于压载水进行循环式的更换等；另一方面还可以加大力度研发压载水处理技术、开发船舶压载水处理系统等。

（5）减少船源海洋塑料垃圾污染。目前，船源海洋塑料垃圾污染主要来源于船舶垃圾非法排放造成的塑料污染、船舶灰水排放造成的塑料污染、船舶事故造成的塑料污染等。为了减少船源海洋塑料垃圾污染，未来应加强船源塑料污染物接收处置的监管力度。比如出台船源塑料污染物接收处置政策，对垃圾回收企业实施减免税、财政补贴等支持政策；推进船源塑料垃圾无害化处理技术的研发以及推广；基于 IMO 相关规定，制定相关法律法规，并加强海事监督管理，以减少船源塑料垃圾。

第六节　推进中国特色自由贸易港建设

党的十九大报告指出，要赋予自由贸易区更大改革自主权，探索建设自由贸易港。2018 年 3 月，李克强总理在政府工作报告中也提出：“要全面复制推广自贸区经验，探索建设自由贸易港，打造改革开放新高地。”同年 4 月，习近平总书记在海南建省办经济特区 30 周年大会上提出：“要支持海南全岛建设自由贸易试验区，支持海南逐步探索、稳步推进中国特色自由贸易港建设。”因此，未来推进中国特色自由贸易港建设，是我国水运发展趋势，是我国着眼于国内国际两个大局、推动中国特色社会主义创新发展、加快新时代改革开放进程的重大战略决策。

一、中国特色自由贸易港的建设进程

近年来，我国在推广自由贸易试验区的基础上，逐步探索建设自由贸易港。自由贸易试验区由国务院批准在境内设立的试行特殊贸易、投资与金融政策，并率先探索政府管理模式改革的特定区域。2013 年 9 月，我国建立首个自由贸易试验区——上海自贸试验区。此后，我国分多批次又批准了 20 个自由贸易试验区（截至 2020 年 9 月 21 日）。自由贸易试验区的建立对于促进区域贸易和经济发展起到重要作用，其不仅可以进一步扩大区域出口贸易和转口贸易，还有助于区域利用区内税收、外汇等优惠政策吸引外资，同时在港口、交通枢纽等设立的自由贸易区，可以促进港口、区域物流业的发展。

目前，我国自由贸易试验区已经形成多层次、多类型、多功能的自由经济区开放格局，未来在自由贸易试验区的基础上，进一步深化改革和对外开放，将建立适应我国对外开放战略和全球经济发展格局的自由贸易港。自由港是设在一国（地区）境内关外、货物资金人员进出自由、绝大多数商品免征关税的特定区域，是目前全球开放水平最高的特殊经济功能区。对进出港区的全部或大部分货物免征关税，并且准许在自由港内，开展货物自由储存、展览、拆散、改装、重新包装、整理、加工和制造等业务活动。2018 年 4 月，中共中央、国务院印发的《关于支持海南全面深化改革开放的指导意见》中提出，赋予海南经济特区改革开放新使命，建设自由贸易试验区和中国特色自由贸易港。这标志着我国自由贸易港进入建设阶段。2020 年 6 月 1 日，中共中央、国务院印发的《海南自由贸易港建设总体方案》，对海南自由贸易港的发展目标、定位、制度设计、分步骤分阶段安排及组织实施均进行了明确规定，为海南自由贸易港的建设与发展指明了方向。这表明我国自由贸易港的建设进入进一步推进阶段。

我国自由贸易港是具有中国特色的，其建设是服务于新时代国家发展战略、应对新的世界经济形势、改善国内营商环境、接轨国际贸易高标准和新规则、提升国际话语权的重要战略举措。当前我国拥有建立自由贸易港的一些基础条件，比如具有全球竞争力的国际大型港口及多年的自由贸易试验区建设经验等。未来在推进自由贸易港建设过程中，不仅要学习国际成熟先进自由贸易港的发展经验，还要结合我国实际国情，探索出一条适合我国经济、产业发展的中国特色自由贸易港建设之路。

二、中国特色自由贸易港的建设与发展重点

历经数百年的发展，国际自由贸易港功能不断完善、数量不断增加。目前，全球有包括中国香港地区、新加坡、迪拜、鹿特丹等的 130 多个自由贸易港，以及 2000 多个与自由贸易港的内涵和功能相似的自由经济区域。虽然不同自由贸易港的功能定位、特点以及发展路径不尽相同，但这些贸易港均是本地区重要的经济增长极，在推动本地区国际贸易和产业经济发展中发挥重要作用。

总体来看，纵观全球主要的自由贸易港，其发展演进具有如下趋势：一是功能方面，由单一功能向综合功能发展，早期自由贸易港的功能主要是扩大贸易往来、促进自由贸易，而单一功能无法满足个性化、多样化的客户需求。随着世界经济贸易的发展，自由贸易港功能的范围不断扩张，拓展为集贸易、工业、科技研发、服务等为一体的多元综合功能。二是产业方面，由单产业向产业链发展，初期的自由贸易港主要是货物储运、转运等业务，随着货物贸易、工业制造等业务的不断发展，自由贸易港覆盖

贸易、投资、资产、金融、免税等多个行业，并逐渐向产业链延伸，并同时注重产业高端化的发展。三是要素方面，由单要素向全要素发展，早期自由贸易港的要素以货物为主，后来逐渐扩展为涵盖人才、科技、资本、信息、服务等的全要素。四是地理区位方面，由海港向内陆延伸，自由贸易港最初是设立在沿海港口，比如新加坡、荷兰鹿特丹、中国香港地区等自由贸易港，后来随着铁路、公路等运输的发展，自由贸易港不断向内陆延伸，出现陆港、空港等，比如瑞士的内陆自由贸易港。五是自由贸易港布局方面，由欧美发达国家延伸至发展中国家，早期的自由贸易港主要集中在欧美等发达国家，后来一些发展中国家和地区自由贸易港开始建设，并发展迅速，比如阿联酋迪拜。

具体而言，自由贸易港是一定经济社会条件下的产物，其建设与发展路径没有统一的范式，比如不论是自由贸易港独立运营的中国香港地区，还是自由贸易港与自由贸易区协同发展的新加坡、迪拜，都是自由贸易港发展较为成功的典范。因此，我国自由贸易港的建设与发展应在借鉴国际先进经验，以及我国自由贸易试验区成功经验的基础上，遵循我国国情，从自由贸易港的整体布局、体制改革与制度创新、营商环境、服务业发展及与区域经济联动发展等方面着手，走一条具有中国特色的自由贸易港建设之路。

（1）从国家层面合理布局我国自由贸易港。当前，仅海南获批自由贸易港，单靠这一个自由贸易港无法满足我国打造对外开放新高地、连接国内和国际两个市场的强烈需求，因此，应从国家层面分步骤合理布局和规划我国自由贸易港。一是先在区位地缘优势突出、开放程度较高的东部沿海港口再选定 2 ~ 3 个自由贸易港，推进自由贸易港建设与发展，以实现示范引领作用；二是随着沿海自由贸易港的发展，逐步向内陆延伸，在内陆基础条件较好的中西部地区选择 1 ~ 2 个陆港型自由贸易港，扩大对外开放、加强互联互通，促进自由贸易港和区域经济的协调发展。此外，在合理布局自由贸易港的基础上，要根据各自由贸易港特征，采取“基本功能+延伸功能”的思路，科学定位各自由贸易港的功能，合理规划自由贸易港的发展。

（2）深化体制改革与制度创新，打造开放便利的自由贸易港营商环境。营商环境是自由贸易港建设的重要内容和顺利推进的重要因素，为了打造一流的营商环境，就需要在贸易、税收、金融等方面深化体制改革与制度创新。一是贸易制度的改革与创新。自由贸易港建设的核心是实现区内自由贸易，因此贸易制度的改革与创新具体体现在：对进出港的船舶和货物给予最大限度的自由，实现真正的“一线放开”；通过智能化、信息化等手段，实现全国海关通关高效化、一体化，对接国际贸易“单一窗口”，提高港口货物贸易便利度；与国际规则和标准接轨，降低外资准入门槛、设立企业退出机制，实现投资自由化。二是税收制度的改革与创新。现有的税收制度难以满足自由贸易港的建设需求，需要在关税、增值税、所得税等方面进行改革与创新，简化税收制度，营造具有国际竞争力的税收环境。比如对大多数货物免征进口关税；对自由贸易港区内注册的高新技术、港航物流、先进制造、开展离岸贸易等企业实施更为优惠的增值税与企业所得税或退税；对于自由贸易港区内的人才实施较低的个人所得税。三是金融制度的改革与创新。自由贸易港通过在融资便利、汇兑自由、人民币跨境使用、利率开放等方面的改革与创新，实现金融资本的自由流动。逐步实现从自由贸易账户到资本项目开放，不断提升跨境贸易和投融资结算的便利性。

（3）全面开放服务业市场。自由贸易港的建设应注重现代服务业的发展。通过服务业市场的开放，与国际规则和标准接轨，积极参与国际服务贸易协定规则制定，提高我国的话语权。注重旅游、互联网、医疗健康等现代服务业的发展，尤其要加强金融服务业的发展。通过财税政策吸引社会资本，充分发挥金融资本市场化运作优势，积极开展人民币贷款、境外发债等，以拓宽企业融资渠道；支持国际著名的金融、保险等机构，进入自由贸易港区；与国家进出口银行等机构建立合作，为“走出去”企业提供金融工具；通过大数据、人工智能等高科技为突破点，发展国际离岸金融创新服务。

（4）实现自由贸易港与自由贸易区、区域经济的协调发展。一方面，经过多年的发展，我国自由贸易试验区在贸易便利性、投资自由化、金融创新等方面的建设与发展，已经取得了丰硕的成果。通过建立自由贸易试验区与自由贸易港之间的联动机制，实现二者相互促进、共同发展的新局面。另一方面，通常自由贸易港是区域乃至国际性的贸易中心、航运中心、金融中心。自由贸易港不仅可以将区域的资源要素聚集起来，还对区域发展具有辐射带动作用。因此，加强自由贸易港与区域经济的互动发展，通过自由贸易港具有的贸易、金融、流通等功能，促进区域相关产业的发展。

（5）出台自由贸易港相关的法律法规以及相应的管理细则。根据全球自由贸易港发展经验，完备的法律法规是保障自由贸易港建设与发展的基础，也是一种长效保障机制。当前，我国的法治环境不能满足自由贸易港的建设与发展，加快推进自由贸易港的法制化建设势在必行。一是根据我国发展实情，制定自由贸易港法律法规和相关细则，以法律形式明确贸易港的功能、定位及各项制度安排，同时规范各级政府的权力清单，减少对自由贸易港的非市场性干扰，为自由贸易港建设提供原则性、基础性的法治保障；二是鼓励自由贸易港所在地的立法机构出台相应的地方性规范，规范自由贸易港的建设与发展；三是完善国际商事纠纷案件集中审判机制，提供国际商事仲裁、国际商事调解等多种非诉讼纠纷解决方式；四是考虑到大数据、人工智能、区块链等高科技在自由贸易港的广泛应用，建立健全相应的法律法规，明确权责，维护数据安全。

（6）建立高效的监管制度。未来保障自由贸易港的建设与发展，应考虑从监管体系、监管途径、监管模式等方面，建立高效的监管制度。监管体系上，采用中央和地方的两极管理体系，在中央层面设立自由贸易港国家管理机构，负责自由贸易港的总体管理与协调，地方层面作为自由贸易港的直接管理机构，负责具体推进和落实自由贸易港的建设与发展。监管途径上，通过大数据、人工智能、区块链等高科技，达成自由贸易港的不同平台、不同市场的数据共享，对各项贸易、金融等活动进行动态、智能监管。监管模式上，采用事前、事中、事后监管模式，即事前强化自由贸易港内企业和管理机构的风险意识，建立健全相应的风险预警体系；事中积极统筹各类资源和力量，建立基于多维度、多主体的监管体系；事后建立健全相应的奖惩机制以及改进制度，全面推进自由贸易港的发展。

此外，建立健全人才引进与培养机制，也是保障我国自由贸易港建设的重要内容。创新人才政策，通过人才激励机制，吸引国内外高层次人才在自由贸易港所在地区就业；通过与国内外高校、科研院所等机构共同培养人才，为自由贸易港的发展储备力量；通过建立完善的人才选拔、考核、激励等体系，改进人才评价机制，为人才创建良好的工作环境。

第七节　实现水运治理体系和治理能力现代化

全球治理委员会在 1995 年将治理定义为：治理是或公或私的个人和机构经营管理相同事务的诸多方式的总和。由定义可知，首先治理的主体是多元化的，不仅包括政府，还有非政府机构、个人等，是多主体联合行动的过程；其次治理是上下互动、合作、协商、共同管理事务的过程，并不是由上至下、通过命令等管理事务。党的十九届四中全会提出的“共建共治共享”“政府负责、民主协商、社会协同、公众参与”体现出了治理的特征。基于治理的定义，治理体系就是管理共同事务的基本制度，治理能力则是运用制度管理事务的能力，也就是制度的执行力。完善水运治理体系，提升治理能力现代化，是加快建设航运强国、交通强国的必然要求，也是确保航运业高质量发展的现实需要。2019 年中共中央、国务院印发的《交通强国建设纲要》中明确提出，要实现交通治理体系和治理能力现代化。2020 年交通运输部等七部委联合印发了《关于大力推进海运业高质量发展的指导意见》，其中明确提出，到 2050 年要全面实现海运治理体系和治理能力现代化。因此，全面实现水运治理体系和治理能力现代化，是未来水运业发展的重要趋势。

一、推进水运治理体系和治理能力现代化的重点内容

为了推进交通运输治理体系和治理能力现代化，服务加快建设交通强国，2020 年交通运输部发布了《关于推进交通运输治理体系和治理能力现代化若干问题的意见》，也为完善水运业治理体系和提升治理能力指明了未来发展方向。

（1）推进水运法治制度体系建设。依法治国是我国的基本国策，因此坚持法治引领，不断完善水运法治制度体系，是提升水运治理能力的重要内容。首先，推动制定水上运输法律。规范水上运输安全、船舶管理、船舶检验、船员管理、航道管理等方面内容，并促进相应配套法规制度制定或修订，比如《中华人民共和国海商法》《中华人民共和国海上交通安全

法》等法律法规及配套规章制度的修订，推动形成系统完备、相互衔接的水上运输法规体系。其次，深化水上运输行政执法改革。指导地方政府完成水上运输行政执法改革工作，研究制定行政执法相关配套标准和制度，继续推进“四基四化”建设（基层执法队伍职业化建设、基层执法站所标准化建设、基础管理制度规范化建设、基层执法工作信息化建设），并加快推动水上运输行政执法管理信息系统建设。最后，加强水上运输法治部门建设。坚持依法行政，完善并优化行政决策制度、程序、后评估等制度，健全行政权力制约、监督，凭借机制体制，加强系统治理、依法治理、综合治理，提高运用法治思维和法治方式加强和改进行业治理的能力。

（2）推进水运行政管理体系建设。第一，完善水运管理机制体制。推进机构、职能、权限、程序、责任法定化，制定落实权责清单，优化工作流程，完善水运行政管理组织机构，健全水运发展、运行监测等职责体系；健全海事、救捞等管理体制与地方水运管理部门的协作机制。第二，完善水运发展战略规划体系。制定水运发展战略实施长效机制，探索形成水运业发展战略、发展规划、实施方案等紧密衔接的规划体系。第三，完善水运发展指标与标准体系。不断完善水运统计调查体系，推进常规统计调查与大数据应用相结合，加强对水运物流等的胴体检测；健全水运标准体系，更好的发挥标准化的引领型作用。第四，深化水运业“放管服”改革。编制水运业行政许可事项清单，不断推进简政放权。第五，推行现代化管理。加强和规范“互联网＋监管”等事中事后监管，深入开展“互联网＋政务服务”，推进船舶、船员证书电子化，促进水路运输、海事管理、船舶检验等证书信息共享，建立健全运营大数据、人工智能、互联网等进行水运行政管理的机制。此外，还可以通过水运专项资金、产业投资资金等方式，不断深化水运领域投融资机制改革。

（3）完善水运市场治理体系。加强水运市场治理，破除区域壁垒，防止市场垄断，构建统一开放、竞争有序的现代水运市场体系。首先，激发水运市场主体活力。推动水运领域国有企业混合所有制改革，培育充满活力的市场主体；支持水运民营企业的发展，建立健全民营企业制度，打造所有主体平等使用资源、公开公平公正参与竞争的市场环境。其次，完善水运市场规则。完善水运市场准入与退出制度，破除市场进入壁垒，打造良好的营商环境；完善水运价格形成机制，进一步规范水运市场的发展；推动水运领域公共数据开放和数据资源有效流动的制度，推动水运大数据中心和航运治理基础数据库建设。最后，完善现代水运产业体系。推动水运服务上下游产业协同发展的机制，提升全产业链保障能力；推动水运与金融、保险、物流等领域的深度融合发展机制，培养水运经济产业集群。

（4）完善水运多主体治理体系。水运治理不能仅依靠政府，还需要非政府机构、企业等的参与，因此应由多主体协同治理。首先，完善社会参与机制。鼓励水运协会、企业等积极参与航运治理；拓宽水运政务公开领域和范围，推进决策、执行、管理、服务等的公开。其次，完善智能监管机制。积极推进“互联网＋监管”，发挥好行业协会自律作用；再次，构建以信用为基础的新型监管机制。实施市场准入负面清单制度，并共享、公开信用信息；推进水运领域信用评价和分级监管，建立覆盖市场主体全生命周期的新型监管机制。最后，完善行业矛盾纠纷预防与化解机制。规范行业利益协调、权益保障工作，及时化解矛盾纠纷；完善行政协调和信访工作机制，提高行政复议公信力和应诉水平。

（5）完善水运安全与应急体系。安全是水运发展的基础和先决条件，健全水运安全与应急体系是水运治理的重要内容。首先，完善水运安全风险防范体系。推动水运企业安全生产责任和管理等制度，并建立安全监管机制；加快水运安全生产风险的研判、评估等，找出生产流程中的关键风险节点，并通过人工智能、大数据、互联网等高新技术建立相应的动态风险预警机制，提升风险预防能力。其次，完善水运应急管理体系。建立水运应急管理体制，优化海上搜救、海上溢油等应急处置的各部门协同联动机制；完善水运应急预案以及配套的指南、操作手册等；推动现代化应急体系的建设，利用大数据、人工智能、5G 等技术，提升应急救援能力。

（6）完善水运科技创新体系。随着无人驾驶船舶技术、自动化码头建造技术、人工智能技术、大数据和船联网技术的不断突破和深入应用，水运业正处于技术改革新阶段。只有不断创新，掌握核心关键技术，才能真正提升水运业发展质量。鉴于此，完善水运科技创新体系也是十分重要的内容。首先，建立水运科技研发应用机制。推动水运基础研究及关键核心技术、前沿领域技术研发应用，完善水运科技成果转化和推广制度。其次，完善输运技术创新体系。构建产学研一体化的水运技术创新体系，推动大数据、人工智能、区块链等技术与水运行业的深度融合，推动智慧水运技术的创新与应用；强化水运技术创新智库，开展关键核心技术攻关。最后，优化水运科技创新环境。完善水运科技评价和激励机制、科研经费管理制度、科研诚信制度、科研自由共享机制等，打造良好的科技创新环境。

（7）完善水运绿色发展体系。水运业的重要趋势之一是绿色发展，因此要提升水运业治理能力需完善水运绿色发展体系。首先，建立水运节能减排和防污染制度。建立与完善水运节能减排、污染防治等设备和技术的推广机制，比如岸电技术等，完善绿色水运发展制度。其次，完善水运绿色发展的标准。开展绿色水运标准体系建设，比如内河船舶标准化建设，并强化标准落实；建立标准实施效果评估与反馈机制，及时更新标准。最后，完善绿色水运相关管理制度，形成推动绿色发展的长效机制。

（8）完善水运开放合作体系。首先，建立更高水平的对外开放制度。服务于我国自贸港、自贸区等的建设，制定更为开放的航运制度，比如国际船舶登记等，支持有条件的区域率先探索形成新发展格局；打造国际航运枢纽，拓展航运服务产业链，支持融资、保险、仲裁等航运高端服务业发展。其次，完善水运多边合作机制。完善与共建“一带一路”国家的水运基础设施互联互通合作机制，加强海上安全管理与合作；鼓励水运企业“走出去”，加快完善境外水运网络的建设。最后，积极参与全球水运治理体系建设。在现有国际海运组织中发挥作用，积极参与全球海运治理，努力提升话语权；完善海运国际组织人才培养和输送机制，探索建立驻外官制度，吸引国际组织落户中国；完善国际交流合作机制，鼓励海运企业、高校、研究机构建立稳定的对外互信合作关系。

二、推进水运治理体系和治理能力现代化的保障措施

为了保障我国水运治理体系和治理能力现代化发展，未来应充分发挥总览全局、协调各方的作用，建立统筹协同的工作机制，强化各部门协同、上下联动，整体有序推进水运治理体系和治理能力现代化发展。具体而言，可从人才、资金、政策等方面建立相应保障措施。

首先，加强人才保障。人才是发展的核心要素，未来加强人才保障是推进水运治理能力现代化的重要内容。一是完善水运业人才培育与引进机制。以重大科技项目、重大建设项目等为依托，完善水运业领军人才、青年科技人才等的培养机制；建立灵活的高层次人才引进机制，不断提升水运人才队伍的水平和质量。二是完善水运业人才队伍建设机制。以科研院所、行业企业等为主体，完善校企合作、产学研融合的现代水运业人才培养机制；完善船员培训、考试、职业晋升等机制，加强搜救、行政执法等人才队伍建设，提升水运业人才队伍综合素质。三是建立水运业新型智库。加快建立以水运业战略问题和公告策略为主要研究对象、以服务党和

政府科学民主依法决策为宗旨、具有咨政建言以及社会服务等重要功能的水运业新型智库。

其次，加强资金保障。水运业是资金密集型行业，加强资金保障是发展水运业的基础。一是加大现行财税政策执行力度，确保落实到位；整合各种专项资金，推动运力结构调整、节能减排和运输效能提升。二是深化水运业投融资改革，增强可持续发展能力，完善政府主导、分级负责、多元筹资、风险可控的资金保障和运行管理体制。三是建立健全中央和地方各级财政投入保障制度，鼓励采用多元化市场融资方式拓宽融资渠道，积极引导社会资本参与水运业建设，强化水运业风险防控机制建设。

最后，加强政策保障。建立完善的政策保障机制，是推进水运业治理体系和治理能力现代化的重要保障之一。一是充分利用中央和地方支持水运业发展的相关政策，巩固减税降费政策成效。二是鼓励地方在水运业的市场准入、科技创新、水运安全与应急、绿色发展、对外开放、人才建设等方面，制定能推动水运业治理体系和治理能力现代化发展的政策措施。三是支持有条件的地方和企业参与水运业治理体系和治理能力现代化发展的试点。四是以治理体系和治理能力现代化为导向，建立实施水运业治理体系和治理能力现代化评价指标体系。

第八节　继往开来迈向新辉煌

征程波澜壮阔，初心历久弥坚。中国共产党成立以来，其所付出的一切努力、进行的一切斗争、作出的一切牺牲，都是为了人民幸福和民族复兴。正是由于始终坚守这个初心和使命，中国共产党才能在极端困境中发展壮大，才能在濒临绝境中突出重围，才能在困顿逆境中毅然奋起。

中国共产党人带领着亿万人民乘风破浪、昂扬奋进，从嘉兴南湖的一叶扁舟，发展成为领航中国行稳致远的“强国号”巨轮。“我们通过奋斗，披荆斩棘，走过了万水千山。我们还要继续奋斗，勇往直前，创造更加灿烂的辉煌”①。

历经千山万水、波澜壮阔的新中国水运，从致敬建党100周年的思索与奋进中走来，从历史中汲取智慧，锐意创新、迎难而上、砥砺前行的水运人，撸起袖子干，挥洒汗水拼，绘就一幅大江奔腾、港通天下、舟楫便往、绿意盎然的美丽画卷。

激流险滩，人们改革的脚步从未停滞。国际贸易“单一窗口”持续推进，“一单多报”无纸化试点压缩了80%以上的通关时间；船舶证书“三合一”并联办理入选国务院自由贸易试验区可复制推广经验。新冠肺炎疫情防控期间，水路运输领域的交通人用他们的奉献和坚守诉说着一段段扣人心弦的抗疫故事。他们毫不松懈，筑牢境外疫情输入防线；他们日夜兼程，护航抗疫物资顺利过海；他们主动请缨，严守海上疫情防控阵线。

在改革浪潮中，中国水运先行先试，善作善成。风云变幻，国家对外开放的大门始终打开。海运互联互通指数保持全球第一，一批海运搜救协定、合作行动计划陆续签署，持续释放出互利共赢的诚意；国际海运业全面实现对外开放，探索建立自由贸易区和中国特色自由贸易港，有力彰显出进一步扩大开放的胸襟；北斗系统纳入国际搜救卫星系统，越来越多的中国方案、中国智慧在国际舞台上散热发光。

在开放道路上，水运人昂首阔步，英姿勃发。胸怀家国，他们服务大局的作用更加凸显。瓜达尔港、汉班托塔港等项目建设火热，中欧班列通

---

① 国家主席习近平二〇二一年新年贺词。

达欧洲15个国家49个城市，传递出“一带一路”建设蹄疾步稳的讯息。

栉风沐雨，中国水运转型升级的路径越发清晰。在追求高质量发展的实践中，他们插上智慧的翅膀，铺陈绿色底色。如履薄冰，牢守安全的红线固若金汤。抓住源头，从督促航运企业落实安全生产主体责任入手，加快责任体系建设；把握规律，在“六区一线”重点水域建立起水、陆、空立体监管模式，提高了管控水平；疏堵结合，大力打击内河船舶非法参与海上运输，形成了高压态势，净化了环境；坚守港珠澳大桥水域，兑现了大桥建设期间水上交通“零伤害、零污染、零事故”的庄严承诺。

中国水运勇立潮头，搏击风浪，执着追梦，围绕推动交通运输高质量发展的这一主题，落实“巩固、增强、提升、畅通”八字方针总要求，深化供给侧结构性改革，找准六个工作着力点，在建设交通强国新征程中，蓝图绘就千般景，扬帆破浪正当时，站在新的历史起点，我们当有继续大踏步前进的凌云志，对照“时间表”“路线图”谋发展、强推进；当有推动高质量发展的大担当，牢牢守好发展和生态两条底线，将汇聚起千里奔涌、万壑归流的洪荒伟力，继往开来创造新时代水运腾飞的奇迹荣光。

参考文献

[1] 北京比达信息咨询有限公司：《2018 年中国在线邮轮市场年度报告》，2018 年版。

[2] 蔡喆：《厦门东南国际航运中心建设正拉开波澜壮阔的大幕》，载《中国港口》2013 年第 3 期。

[3] 车军、季岚、汤连帮：《对上海国际航运中心发展方向选择的探讨》，载《中国工程科学》2013 年第 15 卷第 6 期。

[4] 陈显仲：《借势“东风”变向再起航》，载《珠江水运》2015 年第 14 期。

[5] 邓小辉、周汉鹏：《建设航运服务聚集区助推南沙航运金融发展》，载《广东造船》2012 年第 6 期。

[6] 杜玉：《招商局与中外运长航重组后的文化整合研究》，大连海事大学学位论文，2018 年。

[7] 郭翔：《中远中海重组或成首个航运国资投资运营公司》，载《珠江水运》2015 年第 16 期。

[8]《航运“巨无霸”走向何方？——中远、中海两大航运集团整合重组影响分析》，载《船舶物资与市场》2016 年第 1 期。

[9] 何建中：《推动海运业更高水平对外开放　着力打造高质量发展海运强国》，载《交通企业管理》2018 年第 6 期。

[10] 黄有方：《聚焦海运软实力建设　实现我国海运强国发展战略》，载《水运管理》2016 年第 7 期。

[11] 黄镇东：《领导干部交通知识读本》，人民交通出版社 2002

年版。

［12］纪海东：《中国远洋海运集团重组整合绩效评价研究》，大连海事大学学位论文，2018 年。

［13］贾大山：《站在新起点　适应新要求》，载《中国远洋海运》2017 年第 11 期。

［14］贾大山：《指标引领标杆示范　推进世界一流港口建设》，载《中国交通报》2020 年 3 月 3 日。

［15］贾大山：《中国水运发展 30 年回顾》，载《水运科学研究》2008 年第 3 期。

［16］姜宏丽、李晋玉、马莹、王蓓蕾：《我国邮轮母港航线现状调查及拓展研究》，载《广西质量监督导报》2020 年第 3 期。

［17］交通部行政史编委会：《交通部行政史》，人民交通出版社 2008 年版。

［18］李金龙：《浙江海港口资源整合与转型升级的思考》，载《政策瞭望》2016 年第 7 期。

［19］李明月：《重庆航运交易所的“速成”之路》，载《珠江水运》2013 年第 Z2 期。

［20］李晓川：《招商局和中外运长航将有什么故事》，载《中国船检》2015 年第 12 期。

［21］林晓言、刘秀英：《中国交通运输发展》（1978 ~ 2018），社会科学文献出版社·经济与管理分社 2018 年版。

［22］刘佳、董伟：《环渤海地区港口资源整合及发展趋势分析》，载《海洋信息》2010 年第 1 期。

［23］刘丽耀：《对福建省沿海港口整合的思考》，载《集装箱化》2017 年第 8 期。

［24］刘全：《中国造船产业现状发展分析》，载《中国水运（下半月）》2011 年第 8 期。

［25］刘昭青：《联合国贸发会议披露了 2017 年世界海运船队统计数》，载《航海》2017 年第 5 期。

［26］龙巍、周汉鹏：《华南地区首家航运交易所成立》，载《中国水运报》2011 年 9 月 9 日。

［27］卢成：《港口资源整合大势所趋》，载《中国港口》2008 年第 6 期。

［28］陆海祜：《中国港口行业改革开放 30 年回顾与 2008 年发展展望》，载《中国港口》2008 年第 4 期。

［29］孟成斐：《港口整合下厦门港与城市经济协同实证分析》，大连海事大学学位论文，2019 年。

［30］钱永昌、汪泓：《邮轮绿皮书：中国邮轮产业发展报告（2018）》，社会科学文献出版社 2018 年版。

［31］任民：《上海洋山港四期：智能码头“中国芯”》，载《金秋》2018 年第 3 期。

［32］芮雪、裴刚：《全球自动化码头时代已经到来——2017 集装箱码头自动化推进与技术交流会现场直击》，载《中国港口》2017 年第 8 期。

［33］上海国际航运中心建设推进小组办公室：《上海国际航运中心建设的创新与发展》，载《航海》2012 年第 6 期。

［34］施元红、於世成：《我国新形势下沿海捎带业务创新政策回顾和展望》，载《中国航海》2019 年第 4 期。

［35］宋兵：《宁波首个航运指数“开市”》，载《中国水运报》2013 年 9 月 9 日。

［36］苏芮：《辽宁省政府推动港口资源整合研究》，大连海事大学学

位论文，2019 年。

［37］苏永桂、常森峰：《我国航运保险业务发展的再思考》，载《市场周刊》2020 年第 2 期。

［38］汪传旭：《迈向全球城市背景下的上海国际航运中心》，格致出版社 2020 年版。

［39］王大勇、朱士秀：《招商局史》（现代部分），人民交通出版社 1995 年版。

［40］王杰：《辽宁港口整合的思路与对策——国内外港口整合实证分析》，载《辽宁经济》2009 年第 3 期。

［41］王杰、李艳君、白玮玮：《中国（上海）自贸区下的航运政策解析》，载《世界海运》2014 年第 2 期。

［42］王泽华：《2012 年上海国际航运中心建设与发展状况分析》，载《统计科学与实践》2013 年第 8 期。

［43］魏俊辉、程军：《广西北部湾港口整合经验回顾》，载《交通企业管理》2020 年第 2 期。

［44］徐乐灵、刘博：《上海港集疏运体系发展现状及对策建议》，载《港口经济》2016 年。

［45］许立荣：《经济强国必定是海洋强国航运强国》，载《中国远洋海运报》2019 年 8 月 23 日。

［46］许梦云、陆菁菁、戴佳静、王银银：《江苏省沿江港口一体化的资源整合分析》，载《纳税》2018 年第 15 期。

［47］杨宇华、张氢、聂飞龙：《集装箱自动化码头发展趋势分析》，载《中国工程机械学报》2015 年第 6 期。

［48］叶红军：《港口法解析》，人民交通出版社 2003 年版。

［49］郁鸿胜等：《发展转型中的上海国际航运中心建设理论探索与实

践》，上海社会科学院出版社 2018 年版。

［50］元征、于青双：《青岛港集装箱自动化码头关键技术综述》，载《港工技术》2020 年第 5 期。

［51］原野：《山东港口释放整合红利》，载《走向世界》2020 年第 6 期。

［52］翟剑峰、张凌：《“立体整合”——江苏沿江港口资源整合新思路》，载《港口经济》2005 年第 3 期

［53］张磊：《青岛港港口资源整合历程及对天津港发展的启示》，载《港口经济》2012 年第 7 期。

［54］张凌云、徐贤研、董园园：《征程在途，勇者起航——武汉航运交易所重组一周年》专题报道，载《中国水运报》2016 年 7 月 20 日。

［55］张伟：《青岛港全自动化码头作业效率创最高纪录》，载《大陆桥视野》2017 年第 12 期。

［56］真虹：《见证上海国际航运中心“十年之约”》，载《中国水运报》2020 年 9 月。

［57］郑庆国：《“中国洋山港”船舶登记制度创新发展研究》，载《现代营销（下旬刊)》2020 年第 9 期。

［58］致远：《厦门远海码头将启用全球首个第四代全自动化码头装卸系统》，载《中国远洋航务》2012 年第 11 期。

［59］中波轮船股份公司：《中波轮船股份公司发展史》，中国古籍出版社 2011 年版。

［60］中共上海市委党史研究室、上海市交通委员会、上海中国航海博物馆：《向海而兴：上海国际航运中心建设亲历者说》，上海人民出版社 2020 年版。

［61］中国航海学会：《现代航海史》，人民交通出版社 1989 年版。

［62］中国交通年鉴社：《中国交通年鉴》，中国交通年鉴社 1986～2019 年各年。

［63］中华人民共和国交通运输部、《中国交通运输改革开放 30 年》丛书编委会：《中国交通运输改革开放 30 年》（水运卷），人民交通出版社 2009 年版。

［64］中华人民共和国交通运输部、《中国交通运输改革开放 40 年》丛书编委会：《中国交通运输改革开放 40 年》（综合卷），人民交通出版社股份有限公司 2018 年版。

［65］中国交通运输协会邮轮游艇分会：《2014 中国邮轮发展报告》，2014 年版。

［66］中国交通运输协会邮轮游艇分会：《2016－2017 中国邮轮发展报告》，2017 年版。

［67］中国交通运输协会邮轮游艇分会：《2018 中国邮轮发展报告》，2018 年版。

［68］中国远洋海运集团有限公司：《中国远洋海运发展史》，人民交通出版社股份有限公司 2020 年版。

［69］中华人民共和国交通部水运司：《1998 年中国航运发展报告》，人民交通出版社 1999 年版。

［70］中华人民共和国交通运输部：《2012 年中国航运发展报告》，人民交通出版社 2013 年版。

［71］中华人民共和国交通运输部：《中国水运建设 60 年——建设成就卷》，人民交通出版社 2011 年版。

［72］中华人民共和国国家统计局：《中国交通统计年鉴》，人民交通出版社 2009 年版。

［73］周国东、曹玲、沈尚：《重庆航运交易所带动效应明显，长江上

游航运中心雏形初显》，载《中国水运报》2012 年 3 月9 日。

[74] 周健：《中远中海结盟争蛋糕》，载《珠江水运》2014 年第 4 期。

[75] 周琢等：《国际航运中心建设新模式》，上海人民出版社 2019 年版。

[76] 祝晴：《我国沿海港口资源整合及政策建议》，载《水运管理》2013 年第 1 期。